Hans Wollschläger

Die bewaffneten Wallfahrten gen Jerusalem

Hans Wollschläger

Schriften

in Einzelausgaben

Hans Wollschläger

Die bewaffneten Wallfahrten gen Jerusalem

Geschichte der Kreuzzüge

WALLSTEIN VERLAG

Stecke dein Schwert an seinen Ort! Denn alle, die das Schwert nehmen, werden durch das Schwert umkommen. JESUS VON NAZARETH[1]

Sooft ich in der Bibel lese, finde ich eine ganz andere Religion, als wir jetzt haben.

BISCHOF JOHANNES VI. VON MEISSEN[2]

Die Kirchengeschichte ist wie ein Spiegel, darin das Leben der Kirche durch die Jahrhunderte hin widerstrahlt. Weit mehr noch als die zivile (!) und profane Geschichte beweist sie die souveräne Freiheit Gottes und sein Vorsehungswirken im Ablauf der Ereignisse. Wer sie studiert, darf nie aus dem Blick verlieren, daß sie eine Summe von dogmatischen Tatsachen in sich beschließt, welche vom Glauben erfaßt sein wollen und die in Zweifel zu ziehen niemandem erlaubt ist.

PAPST LEO XIII.[3]

Wer denn unser Büchlein hier zur Hand nimmt oder vor Augen, daß er's läse, der wende auch mit Eifer seines Herzens Einsicht daran, gar fein und gründlich alles zu betrachten, von dem hier gehandelt wird. Er wird darin große und glänzende Dinge finden, wie sie sich einzig und allein auf göttliches Geheiß haben zutragen können und ereignen. Daher wir denn den Leser auch ermahnt wissen wollen, er möge, wenn es ihm so scheint, als sei auch von unserem Volke etliches wider die Frömmigkeit getan worden, doch nie daran zweifeln, daß auch dieses nach göttlichem Willen geschah, welcher ja stets und unbedingt gerecht ist.

DER CHRONIST GUNTHER VON PAIRIS[4]

Wenn die natürlichen Folgen einer Tat nicht mehr ›natürlich‹ sind, sondern durch Begriffs-Gespenster des Aberglaubens, durch ›Gott‹, durch ›Geister‹, durch ›Seelen‹ bewirkt gedacht werden, als bloß ›moralische‹ Konsequenzen, als Lohn, Strafe, Wink, Erziehungs-Mittel, so ist die Voraussetzung zur Erkenntnis zerstört – so hat man das größte Verbrechen an der Menschheit begangen.

FRIEDRICH NIETZSCHE[5]

Inhalt

Vorwort

Die Geschichte der Christlichen Kirche ist mit jenem ganz besonderen Saft geschrieben, dem auch in ihrer Lehre die finsterste Bedeutung zukommt: sie ist die Geschichte eines Schlachtfelds. Seit Konstantin das Kreuz zum Feldzeichen seiner Garde machte, war der christliche Gott ein Kriegsgott, war die angebliche Religion der Liebe eine Todesreligion. Ist dies glaublich?

Es kann belegt werden ... Der Geschichtsabschnitt, der im folgenden dargestellt wird, nimmt innerhalb der christlichen Heilshistorie eine Sonderstellung ein –: seine großen Kriege waren unmittelbare Unternehmungen der Kirche, nicht nur – wie früher, wie später – Objekte intensiver Förderung und Entwicklungshilfe; sie brachten zugleich einen ›Stil‹ der Kriegsführung herauf, für den sich schwer Vergleiche finden lassen. Ist dies bekannt?

Trotz des ungeheuren Quellenmaterials – für keinen Abschnitt der mittelalterlichen Geschichte liegt ein ähnlich reicher Urkundenschatz vor –, trotz einer riesigen Sekundärliteratur auch begegnet man heute immer wieder noch jenem Phänomen, das als »christliche Geschichtsschreibung« hinreichend bezeichnet ist: einem verhornten Gemisch aus Retusche und gespielter Ahnungslosigkeit, das besonders in Schulbüchern, Nachschlagewerken und kurzinformierenden Darstellungen gedeiht. Daß es sich bei dem, was vulgo ›Kreuzzüge‹ heißt, nicht gerade um ein metaphysisches Scheibenschießen gehandelt haben kann, auch nicht bloß um »höhere Seeräuberei«, wie Nietzsche sagte, wird vielleicht von manchem dabei trotzdem geahnt; – um was aber handelte es sich wirklich? Handelt es sich vielleicht wirklich um »eine Folge des kirchlichen Aufschwungs und der religiösen Verinnerlichung«, wie der ›dtv-Atlas zur Weltgeschichte‹ ahnungslos verbreitet? Handelt es sich wirklich um den »großartigsten Ausdruck« der »Einheit des christlichen Abendlandes«, wie der ›Ploetz‹ retuschiert? Handelt es sich, wie ich sage, am Ende um nichts Geringeres als eine Autodefinition des Kirchenchristentums selbst?

Sie werden dieser Frage nicht ausweichen können, wenn Sie diese Darstellung gelesen haben. Sie werden in dieser Darstellung lesen: Unbekanntes, Unglaubliches. Es wird darin belegt. Und da eine nicht kleine Erfahrung lehrt, daß gerade der Leser, der sonst alles Unmögliche glaubt, bei nicht unmöglichen Sachverhalten den tiefsinnigen Skeptiker herauskehrt, wird es mit Originaldokumenten belegt: mit Augenzeugenberichten, mit Chroniken und Annalen der Zeit, mit Urkunden und Briefen. Alles kursiv Gedruckte entstammt diesen Quellen; der Anhang gibt die nötigen Nachweise. Und sollte bezweifelt werden, daß diese Quellen ›rein‹ sind, ›objektiv‹, so hilft vielleicht der Hinweis, daß die Verfasser durchweg Geistliche waren, Angehörige des Standes, über den sie Aussagen machen. Sie sprechen ›für sich‹. Sprechen sie ›für‹ die Christliche Kirche?

Um was es sich handelt bei der Geschichte der Christlichen Kirche, bei dem durch sich selbst in seiner Geschichte definierten Christentum – Sie werden, was immer Ihr Glaube darüber sagen mag, am Ende einiges mehr darüber wissen ...

Kapitel I

Jerusalem, frohlocke!

Von Blut viel Ströme fließen,
indem wir ohn' Verdrießen
das Volk des Irrtums spießen –
Jerusalem, frohlocke!

Des Tempels Pflastersteine
bedeckt sind vom Gebeine
der Toten allgemeine –
Jerusalem, frohlocke!

Stoßt sie in Feuersgluten!
Oh, jauchzet auf, ihr Guten,
dieweil die Bösen bluten –
Jerusalem, frohlocke!

Kreuzfahrerlied, verfasst und gesungen nach der Eroberung Jerusalems 1099[1].

Er hat einmal gestanden, er müßte sich ja aus dieser Welt zurückziehen, wollte er mit Sündern und Beutemachern keine Gemeinschaft mehr halten[2]: ein eher mildes, sehr gelindes Wort. Er, den Petrarca noch eine *vornehme und achtunggebietende Gestalt*[3] nannte, ist für den historischen Rückblick mit einer solchen Fülle von Sündern und Beutemachern, von Räubern und Mördern umgeben, daß er sich allenfalls noch als der Oberste von ihnen abhebt; er, Urban II., bleibt für alle Zeit mit einem der großen, schreienden Verbrechen belastet, mit denen das Kirchenchristentum die Lehre der Nächsten- und Feindesliebe zuschanden richtete.

Odo de Lagery, aus französischem Rittergeschlecht stammend, Schüler des heiligen Bruno von Köln, Archidiakon in Reims, Mönch und Prior in Cluny, 1078 durch Gregor VII. Kardinalbischof von Ostia, 1084 Kurienlegat in Deutschland, wurde am 12.3.1088 auf den Apostolischen Stuhl gewählt. Das kurze Interregnum des dürftigen Viktor III. (Mai 1086 bis September 1087), der sich für seine Konsekration die Peterskirche mit Waffengewalt hatte erobern lassen, war für die Kirchenpolitik folgenlos vorübergegangen; Urban trat gleichsam unmittelbar das Erbe Gregors an. Er übernahm zugleich auch dessen sämtliche Schwierigkeiten: wie Gregor mußte er sich mit den Normannen (den ›Beutemachern‹ des Zitats) kommun stellen, um gegen den von Kaiser Heinrich IV. gestützten Antipapst Clemens gewalttätig werden zu können[4]; erst 1093 öffnete sich ihm der Lateran. Doch so entschieden er sich für die Ziele des unheimlichen Vorgängers erklärte, so anders waren seine Mittel: den grob dekretierten Grundsätzen hielt eine Praxis schlangenwendiger Anpassungspolitik die Waage. Auch die krude Gewaltsamkeit Gregors wich bei ihm der feineren Methode: mit ihr erreichte er, was die Heere Hildebrands nicht hatten durchsetzen können. Seine Frankreich-, seine England-, seine Reichspolitik zeigt überall den gleichen Charakter: eine scheinbare Prinzipienlosigkeit, die aber um so deutlicher das eine, einzig relevante Prinzip der Papstkirche verrät, neben dem sich jedes andere als Adiaphoron ausnimmt: den uneingeschränkten Willen zur Macht. Mit Urban kam der Physiognomie des mittelalterlichen Papsttums ein weiterer stechender Zug hinzu: der kalt geduldiger, gelassen verschlagener, vollkommen amoralischer Diplomatie.

Was alles für die Kirche ›erst‹ kommt, bevor ›dann‹ die Moral kommt, wird eine spätere, nicht mehr christlich infekte Geschichtsschreibung mit der gebührenden Trennschärfe darstellen –, wobei sich freilich auch ›die Moral‹ der Kirche als das zu erkennen geben wird, was sie ist und immer war: der häßliche Schein eines noch häßlicheren Seins. Bloßer Schein in diesem Sinne waren zuletzt auch die Moralbeschlüsse der im März 1095 einberufenen Synode von Piacenza, die sich mit dem ganzen Gehaben brennender Sorge z. B. gegen Priesterehe und Simonie erklärten[5]; in der Praxis blieben sie – wie die Grundsätze des nach wie vor tobenden Investiturstreits (alias: des päpstlichen Anspruchs, auf fremdstaatlichen Territorien Hoheitsrechte auszuüben) – opportunistisch eingesetzte Spielmarken. Im Hintergrund, und eben darum gerade an ›erster‹ Stelle, stand ein politisches Ereignis: eine Gesandtschaft des Kaisers Alexios bat den Heiligen Vater um Waffenhilfe gegen die Türken –: sie wurde zum Vorwand, ein weiteres Konzept Gregors zu verwirklichen: den Kreuzzug gegen den Islam.

Die Herrschaftsverhältnisse im Nahen Osten hatten im letzten Drittel des 11. Jahrhunderts tiefreichende Umbrüche erfahren. In Kleinasien waren die Seldschuken eingedrungen, ein Türkenstamm, der den Kalifen von Bagdad als Oberhaupt anerkannte, und hatten nach einem Sieg bei Mantzikert (1071) über den Ostkaiser Romanos IV. das Sultanat von Rum (Ikonion) errichtet: 1080. Im Zuge ihrer Expansion war auch Syrien dem ägyptischen Fatimidenreich, in dessen Besitz es sich seit hundert Jahren befand, verlorengegangen: 1075 Damaskus, 1077 Jerusalem, 1084 Antiocheia. Man hat diese Verschiebungen vorab als innere Gleichgewichtsschwankungen zwischen den beiden islamischen Großblöcken zu sehen: dem sunnitischen Bagdad und dem schiitischen Kairo (dem *Babylon* der Chronisten); eine unmittelbare Bedrohung des Ostreichs oder gar des Abendlandes war damit nicht gegeben und ließe sich allenfalls aus ganz wenigen, vereinzelten Angriffen auf Konstantinopel deduzieren. Dort war 1081 mit Alexios I. die Komnenen-Dynastie an die Macht gekommen; und wenn der ›Soldatenkaiser‹ mit Kleinasien auch sein ergiebigstes Söldner-Reservoir entbehrte, so hatte er doch keineswegs etwa Daseinskämpfe zu führen: 1092, als das Seldschukenreich bereits wieder zu bröckeln begann, konnte er sogar zu Offensiven übergehen, und in letzter Instanz war das Ansuchen in Piacenza kein Hilferuf, sondern – wenn es wirklich so erfolgte, wie es dann benutzt wurde (die Quellen sind sehr dunkel) – die Aufforderung zu einem Aggressionskrieg.

Urban hat sich – und das war ebenso unerhört, so noch nie dagewesen wie der ganze Plan selbst – der Vorbereitung dieses Krieges persönlich mit einer Energie gewidmet, die mehr verrät, als der kulissenflache Enthusiasmus seiner Chronisten zuzudecken vermag. Nach luxuriöser Pilgerfahrt durch Frankreich las er am 15.8.1095 in Notre Dame du Puy eine feierliche Messe: äußerer Markierungspunkt des erfolgreich hergestellten Einvernehmens mit der französischen Geistlichkeit (und der Bischof von Le Puy, Adhémar de Monteil, begleitete den Kriegszug dann auch als sein Legat an die Schlachtstätten). Anschließend wurde auf den 18.11. nach Clermont das Konzil einberufen, das der Christenheit das allerchristlichste Vorhaben begreiflich machen sollte. Der Zeitpunkt war günstig: Heinrich IV. befand sich nach wie vor im Bann, und der andere Souverän, der den Triumph der Militanten Kirche hätte schmälern können, war zum willkommenen Ärgernis geworden: Philipp I. von Frankreich hatte seine ihn langweilende Ehefrau verstoßen und eine zweite Ehe geschlossen. Das war zwar schon drei Jahre her, doch eben jetzt besann sich Urban, *der nach Leben und Sitten hervorragende Mann*[6], auf diese Unsittlichkeit und nutzte die Stunde, in der er zu einer beispiellosen Mordaktion aufzurufen gedachte, dazu aus, sich als Hüter des Ehestandes sehen zu lassen: Sein und Schein. König Philipp wurde mit dem Bannfluch zur Seite geschafft; Seine Heiligkeit selbst aber trat an die Spitze der abendländischen Ritterschaft, um sie unter seiner alleinigen Konduktion zu vereinen.

Die große Rede, mit der Urban in der vorletzten Versammlung des Konzils am 27.11.1095 *mit höchlichst beredtem Munde*[7] den Kreuzzug ausrief, ist von verschiedenen Chronisten der Zeit verschieden wiedergegeben worden; keiner der Texte jedoch läßt den fanatischen Massenwahn begreifen, den sie entband. Daß er, *Urban, nach Gottes Zulassung durch die Würde des Apostelamts dem Erdkreis vorgesetzt*, zu den anwesenden *Dienern Gottes als Sendbote* gekommen sei, ihnen *das göttliche Geheiß zu enthüllen*[8], war keine sehr neue Eröffnung: so redeten die heiligen Väter seit eh und je. Den Greuelgeschichten über die Bedrückung der Christen im Heiligen Land, über die *Verwüstung des Reiches Gottes* durch die *nichtswürdige Art* der Seldschuken[9], war allerdings schon länger ein fruchtbarer Boden bereitet worden: eine Reihe der Anwesenden gebot über eigene Erfahrung; und in der Tat pilgerte es sich seit einiger Zeit nicht mehr ganz so bequem wie unter den Fatimiden, mit denen seit 1027 ein Toleranzvertrag bestanden hatte. Hält man sich vor Augen, in welchem Stil die höheren Wallfahrer zu reisen pflegten, erwägt man das unbeschwert zur Schau getragene Selbstverständnis des mittelalterlichen Christen gegenüber dem Muslim (Vergleiche zur Gegenwart sind dabei völlig statthaft, hat doch das Christentum sein Mittelalter bis heute fast rein zu erhalten verstanden), so werden allerdings auch gröbere Reaktionen begreiflich. Scheußlichkeiten sind fraglos vorgekommen, waren aber schwerlich die Regel, als die sie ausgegeben wurden; schon 1088 hatte der Kaiser Alexios sie dem Grafen Robert von Flandern in einem ausführlichen Brief geschildert[10], der Urban vielleicht nicht unbekannt geblieben war. Jedenfalls brauchte der Papst jetzt nur noch Andeutungen zu geben, um verstanden zu werden; und im übrigen war nur scheinbar er es, der zu den Anwesenden sprach, und würde nur scheinbar er es auch den *Abwesenden künden und auftragen:* in Wirklichkeit *ist es Christus, der befiehlt.* Als Lohn stellte er schätzbare zeitliche und ewige Vorteile in Aussicht: komplette Sündenvergebung für alle, die bei dem heiligen Unternehmen zu Tode kommen sollten, Unantastbarkeit von Person und Habe, Schuldenaufschub für die gesamte Dauer des Zuges, und nicht zuletzt reiche Beute. Auch wollte er nicht wählerisch sein bei der Auswahl der *Herolde Christi: Mögen denn alle, die früher nur Räuber waren, nun Christi Soldaten werden; möge, wer Söldling sonst war um nur geringen Lohn, jetzt die ew'ge Belohnung gewinnen ... Hier werden die Traurigen sein, die Armen, dort aber die Fröhlichen, Reichen; hier Gottes Feinde, dort aber seine Freunde*[11] ... Die derart vollzogene Enthüllung des göttlichen Geheißes war ungeahnt erfolgreich: der Bischof von Le Puy sank, nach vermutlich sorgsam abgesprochener Regie, *mit strahlender Miene* vor dem Papst in die Knie und erbat sich die Erlaubnis, mitzuziehen; das gewährte Urban in Gnaden, um alsdann die Bestimmung folgen zu lassen, *daß alle ihm gehorchen sollten und daß er selbst von Amtes wegen in allen Dingen dem Heere Schirm und Vater sei*[12]. Worauf die ganze Versammlung (nach Urbans eigener Angabe *12 Erzbischöfe, 18 Bischöfe, 90 Äbte und mehr*[13]; dazu die geladenen weltlichen Barone sowie Volk, viel Volk; die Geschichte fand deswegen unter freiem Himmel statt) in den traditionsreichen Schlachtruf »*Gott will es!*«[14] ausbrach und sich, evangeliengetreu[15], ein leuchtendes Kreuz aus Tuch auf die rechte Schulter heftete – *gegen hunderttausend Männer*[16] laut Ekkehards von Aura geistlicher Übertreibung: *Welch würdiger und lieblicher Anblick für uns alle*[17]! Auf den *Tag der Himmelfahrt der seligen Jungfrau Maria*[18], der zu Ehren Urban auf ebendieser Synode ein klösterliches Officium obligatorisch gemacht hatte (Schein und Sein), auf den 15.8.1096 wurde der allgemeine Aufbruch festgesetzt: *unter der Führung des HErrn*[19].

Was hier begann, war das zentrale Ereignis in Urbans Pontifikat, auch wenn es für den Canon 2 des offiziellen Konzils-Protokolls auf einen einzigen dürren Satz zusammentrocknete: *Wer immer, allein aus Frömmigkeit, nicht um der Ehre oder Geldes willen, zur Befreiung der Kirche*

Gottes gen Jerusalem ziehet, dem soll diese Reise für alle Bußschuld angerechnet werden …[20] Außerhalb der für die Ewigkeit bestimmten Sprachregelungen ging es ausführlicher zu: eine gigantische Propaganda erfaßte das ganze Abendland. Fürsten und Ritter wurden per Sendschreiben erreicht und unschwer gegen das *barbarische Rasen*[21] der Ungläubigen eingenommen; Herolde und Ausrufer befaßten sich mit dem gesunden Volksempfinden. Bald kursierten in der gesamten Christenheit die sogenannten *Excitatoria* – ein Begriff, den man, ohne ihm Gewalt anzutun, mit ›Hetzschriften‹ übersetzen darf: bebilderte Zeitungen, die jedem das Seine gaben, den Alpha- und Analphabeten. Und es mag dem noch Arglosen überraschend sein, wie da unter den vielfältigen Beutereizen nicht nur die sehr anziehenden Reliquien des Ostens in Aussicht gestellt werden, sondern auch dessen mindestens ebenso anziehende Frauen[22], – ein Hinweis, bei dem die Hüter des Ehestandes wohl kaum nur Möglichkeiten optischer Erbauung im Auge hatten … Zum erstenmal in der Kirchengeschichte wurde auch ›das Volk‹ in die Kriegswerbung mit einbezogen, von den Bauern und Kleinkrämern bis hinunter zum Gesindel; man wollte, wie gesagt, nicht wählerisch sein bei der Auswahl der Herolde Christi. Ihre Aufwiegelung besorgten vor allem die Wanderprediger, aus deren Menge der eine fatale Name hervorragt: Peter von Amiens. Bis dahin ein unbekannter Eremit von wenig venerablem Äußeren, ritt er, den Prediger Jesus Christus imitierend, zu Esel über Land, in der einen Faust einen herzzerreißenden Klagebrief des Patriarchen von Jerusalem, in der anderen das Kruzifix, und predigte in Kirchen, auf Märkten und auf Straßen das Heil des Heiligen

Krieges. Und die Massen nahmen ihn als Vater-Fetisch an: *Was er auch tat oder sagte, es schien gleichsam etwas Göttliches daran zu sein, also daß man gar seinem Maulesel einzelne Haare ausriß als Reliquien*[23]. Die Geistesbeschaffenheit seiner Anhänger hat ihn mit zahllosen Legenden umgeben: danach war ihm sein Auftrag selbstredend von Unserem Herrn Jesus Christus selber erteilt worden, gelegentlich eines Schlummers in der Jerusalemer Grabeskirche: *»Es ist an der Zeit, daß die heiligen Stätten gereinigt werden und meinen Dienern Hilfe komme«*[24]! Daß Wilhelm von Tyros ihm *einen lebhaften Verstand und ein scharfblickendes Auge*[25] nachrühmte, muß nicht unbedingt so verstanden werden, wie es gemeint war; hier pries nur ein Kleriker den andern. Jedenfalls war dem scharfblickenden Mann in kürzester Zeit *ein mächtiges Heer* zugelaufen, *unzählbar wie der Sand am Meer*[26]: Gesindel zumeist, dessen Zuchtlosigkeit bald zu abscheulichen Ausschreitungen führte; und das *liebste meiner Christenkinder*, wie Albert von Aachen ihn von Christus angeredet sein läßt[27], geriet wie von selbst an die Spitze einer Horde, der seine wolkige Autorität in nichts mehr gewachsen war. Den Unterhalt der Strolche – es sollen 55 000 gewesen sein – mußten die geplagten Durchzugsgebiete bestreiten; ihre Bewaffnung bestand im wesentlichen aus Stöcken und Sicheln, was sie allerdings für mehr als ausreichend hielten, wußten sie sich doch im Bund mit den vollendet bewaffneten Himmlischen Heerscharen. Da diese Streiter Christi ihren Glaubenseifer nicht bis zum Aufbruch der Ritter mehr zügeln mochten, zogen sie dem eigentlichen Kreuzfahrerheer bereits im April 1096 voraus; ihr Ziel: Konstantinopel.

›Ausschreitungen‹ … Die Ereignisse, die von den Sekundärhistorikern so oft mit diesem konzisen Wort umschrieben und umgangen werden, bilden in der Entsetzensgeschichte des Ersten Kreuzzugs das vielleicht allerentsetzlichste Kapitel: die Verfolgung der Juden, *jenes fluchwürdigen Pöbels, den man allerorten findet*[28], wie Ekkehard von Aura in seinem ohne erkennbare Mißbilligung abgefaßten Bericht sie nennt. *Es war dieses Jahr aber ein Jahr der Trübsal für die Kinder Jakobs, und sie wurden zum Raube gegeben in den Landen der Unbeschnittenen und in allen Städten, dahin sie zerstreut waren worden. Und es kam über sie viel Elend und Verwüstung, wie sie geschrieben stehen im Gesetz Moses und nicht können beschrieben werden in einem Buch.* Sie sind trotzdem beschrieben worden, und wer die hebräischen Chroniken der Zeit vors äußere und innere Auge nimmt, der kann, was immer er sonst zu bestehen lernte, das Fürchten lernen. *Denn es erhoben sich wider sie die unreinen Deutschen und Franzosen – ein Volk von wildem Gesichte, welches nicht Ehrfurcht kennt vor den alten Menschen noch Erbarmen gegen die jungen.* Schon kurz nach dem Clermonter Konzil hatte die französische Judenschaft die rheinischen Gemeinden in einem Zirkularbrief vor den zu erwartenden Heimsuchungen gewarnt, und *sie fasteten alle und streuten sich Asche aufs Haupt und gürteten sich mit Sackleinen und schrien zum Herrn in ihrer Not; doch Er bedeckte Sein Antlitz mit einer Wolke, also daß ihr Gebet nicht sollte zu Ihm dringen*[29]. Am 3.5.1096 fiel die erste Volkshorde unter Führung des Vicomte Wilhelm von Mélun (beibenannt *der Zimmermann, weil er in Kriegen nach Art der Zimmerleute dreinzuschlagen pflegte*[30]) über die

Gemeinde Speyer her und erschlug *zehn heilige Personen. Diese waren die ersten, welche am Sabbathtage ihren Schöpfer heiligten, weil sie sich nicht taufen lassen wollten. Unter ihnen befand sich auch eine fromme Frau, die sich zur Heiligung des göttlichen Namens schlachtete mit selbeigener Hand. Sie war die erste*; ungezählte andere sollten ihr folgen. Konnte der Bischof Johann I., durch jüdisches Gold zur Humanität bewogen, die übrige Gemeinde auch mit Waffengewalt schützen, so ballte sich der Fanatismus der Kreuzzügler, nachdem einmal Blut geflossen war, jetzt doch immer finsterer zusammen. *Sie sprachen in ihrem Herzen: »Sehet, wir ziehen hinab, unseren Heiland zu suchen und Rache zu üben für ihn an den Ismaeliten; hier aber sind die Juden, welche ihn umgebracht haben und gekreuzigt! Auf, lasset denn zuerst an ihnen uns Rache nehmen und sie austilgen unter den Völkern, auf daß vergessen werde der Name Israel; oder sie sollen unseresgleichen werden und zu unserem Glauben sich bekennen!«*[31] Am 18.5. wurde Worms überfallen. Bischof Albrand nahm einen Teil der Juden in seinem Palast auf, wo sie sich, während ihre Verwandten und Freunde draußen zu Tode kamen, noch eine Woche hielten; dann stellte der Bischof selbst sie unter dem Druck der Kreuzfahrer vor die Wahl: Taufe oder Tod. Sie wählten den Tod; in kultischer Inbrunst schlachteten sie selbst einander ab. 800 Menschen fanden in Worms so ihr Ende. Am 25.5. vereinigten sich vor Mainz – *unserm und unserer Väter Geburtsort, der ältesten und berühmtesten Gemeinde des Reichs*[32] – die Rotten Wilhelms mit denen des Grafen Emicho von Leiningen, und der erhitzte Massenwahn erreichte seinen Siedepunkt. *Emicho, der Feind aller*

Juden – mögen seine Gebeine in einer eisernen Mühle zermalmt werden! –, war der schlimmste aller unserer Dränger, der weder Greis noch Jungfrau schonte und nicht für Kind noch Säugling noch Kranke hatte Erbarmen, der das Volk Gottes zertrat wie Staub, der die Jünglinge schlug mit dem Schwerte und schlitzte die schwangeren Frauen auf[33]. Erzbischof Ruthard II. hatte die Juden gegen 300 Mark Silber (etwa 19 000 Goldmark) in seine Residenz aufgenommen, doch als Emicho die Tore zu stürmen begann, leisteten die Wachen kaum Widerstand – (und es sei doch mit festgehalten, daß es ausgerechnet der von der Kirche verfluchte Kaiser Heinrich IV. war, der später – 1098 – eine strenge Untersuchung des Vorfalls anordnete; ihren Folgen entzog sich der Erzchrist durch die Flucht). Wieder kam es zu einem entsetzlichen Gemetzel; wieder kam es zu einem noch entsetzlicheren kultischen Massenselbstmord. *Und die Frauen gürteten mit Kraft ihre Lenden und schlachteten ihre Söhne und Töchter und dann sich selbst; viele Männer stärkten sich und schlachteten ihre Frauen, ihre Kinder und ihr Gesinde; die zarte und weichliche Mutter schlachtete ihr Lieblingskind; alle erhoben sich, Mann wie Frau, und schlachteten einer den andern. Die biedern und frommen Frauen boten eine der andern den Hals dar zur Opferung für die Einheit des göttlichen Namens. Der Mann wurde geschlachtet von seinem Sohn oder Bruder, der Bruder von seiner Schwester, die Frau von ihrem Sohn oder ihrer Tochter, der Bräutigam von seiner Braut, der Verlobte von seiner Verlobten –, einer schlachtete, der andere wurde geschlachtet, bis Blut zu Blut zusammenfloß und sich vermischte das Blut der Männer mit dem der Frauen, das Blut der Väter mit dem der Kinder, das Blut der Brüder mit dem der Schwestern; sie wurden getötet und geschlachtet um der Einheit des herrlichen und furchtbaren göttlichen Namens willen*[34]. Die hebräischen Chroniken dieses Jahrs sind eine einzige Todeslitanei, zusammengepreßt aus den finstersten Lauten der Unmenschlichkeit und durchgellt zugleich vom irren Geheul des Glaubenswahns; und steht über all den Bluttaten als Schuld- und Schandmal das christliche Kreuz, so wird es womöglich überschattet noch vom Molochbild des Synagogengottes, der – nach talmudischer Interpretation[35] – die eine alte Geschichte vom Goldenen Kalb an seinem Volk mit immer neuen Leiden rächte, hin durch die Jahrhunderte und Jahrtausende. Und *ungeteilten Herzens nahmen sie das himmlische Verhängnis an*[36] – von Todesangst und Todestrieb aus dem Gleichgewicht ihres dunkel geduckten Lebens gebracht. Hier prallten zwei gleichstarke Wahnformen aufeinander: das vor allem ließ die Zerstörung der Menschlichkeit solche Ausmaße annehmen. *Warum verdunkelte sich nicht der Himmel, warum zogen die Sterne ihren Lichtglanz nicht ein, und Sonne und Mond, warum verfinsterten sie sich nicht an ihrem Gewölbe, als an einem Tag, dem dritten des Siwan (= 27.5.) 1100 heilige Personen ermordet und hingeschlachtet wurden, so viele Kleine und Säuglinge, die noch nicht gefrevelt und gesündigt, so viele arme und unschuldige Seelen! – Willst du hierbei an dich halten, Ewiger?*[37] Die alte, sinnlose, verfluchte Frage – immer und immer wieder gestellt bis hinein in eine Zeit, in der die Tagesquote noch ungleich höhere Ziffern erreichte ... Ähnlich erging es den Juden in Köln, in Neuß, Altenahr und Wevelinghoven, in Xanten und Moers, in

Dortmund und Kerpen, in Trier, Metz, Regensburg und Prag: sie wurden enthauptet, erstochen, verbrannt, erwürgt, erschlagen, ertränkt, erstickt und lebendig begraben – Albert von Aachen war sich *im unklaren, ob nach Gottes Ratschluß oder aus irgendeiner Geistesverwirrung heraus*[38] – oder gaben sich selbst den Tod *durch die Hand des Herrn, auf daß wir hinkommen, das große Licht zu erschauen*[39]. Nur wenige vermochten sich ihr Leben zu erkaufen, durch Geld, durch Annahme der Zwangsbekehrung zur Religion der Liebe; den Tod fanden insgesamt etwa 12 000 Männer, Frauen, Kinder[40].

Walter Senzavehor (= Habenichts), Folker aus Orléans, Gottschalk der Priester, Emicho von Leiningen, Wilhelm von Mélun –: nur einige Namen aus der Schar der christlichen Bandenführer, die auf solche Art bemüht waren, das Gebot des Papstes zu erfüllen und sich auf die Seite der *Fröhlichen, Reichen* zu schlagen. Denn daß die Mordzüge gegen die Juden wie immer zugleich Raubzüge waren und daß der Heilige Eifer viel weniger die Seelen als die materielle Habe zum Christentum zu konvertieren suchte, muß kaum eigens hervorgehoben werden. Die Judengemeinden waren denn auch in diesem Sinne vollkommen durchmissioniert worden, und die meisten Bauern gewannen erst dadurch die Mittel zu der ökonomisch sonst ganz unvorbereiteten Erlösungsreise. Der ungeheure Pöbelzug – angeblich insgesamt etwa 110 000, Männer, Frauen, Kinder[41]; nicht gerechnet die Scharen, die unterwegs wieder umkehrten, als ihnen aufging, daß Jerusalem nicht in der Gegend des Sauerlandes lag – wälzte sich in einzelnen großen Schüben nach Ungarn hinein, wo die Bevölkerung sie auf Weisung des Königs Kalman gastlich empfing. Zuerst passierten die französischen Bauern des Ritters Walter; sie kamen ohne größere Zwischenfälle über den Balkan, und nur vor Belgrad, wo man ihnen den Markt verweigerte, gerieten sie um den 12.6. mit den Bulgaren aneinander, die sich die gewaltsame Expropriierung ihrer Herden nicht gefallen lassen wollten; Mitte Juli langten sie ohne weitere Verluste vor Konstantinopel an. Weniger gelinde schon erging es dem Haufen Peters von Amiens. Eine Woche nach Walter von Köln aufgebrochen, erfuhren auch die Deutschen zuerst die ungetrübte Freundlichkeit der Ungarn; doch dann stieß Folker von Orléans mit den Resten seiner Horde zu ihnen, der Judenschlächter von Prag, der auch hier mit den Einheimischen ähnlich hatte verfahren wollen und von ihnen bei Neutra vernichtend geschlagen worden war, und damit begann die mühsam genug bewahrte Ordnung zu zerbröckeln. Um den 24.6. griffen die fanatisierten Haufen die Grenzstadt Semlin an, erschlugen über die Hälfte der Verteidiger[42] und eigneten sich an, was sie fanden: *Getreide, Schafherden und Weidevieh, in großer Menge Wein und zahllose Pferde*[43]. Als sie mit ähnlichen Plänen vor Nisch erschienen, ging das Unternehmen allerdings sehr anders aus: sie wurden vollständig geschlagen und versprengt, und nur drei Viertel fanden sich anschließend wieder bei Peter ein. Mit ihnen erschien er am 1.8. in Byzanz. Der vierte Zug, der des Priesters Gottschalk, stellte bereits in Wieselburg – wo auch er, trotz aller Erfahrungen, noch einmal gastlich aufgenommen worden war – den Kriegszustand her: die deutschen Christen nahmen eine Bagatelle zum Anlaß, auf dem Markt einen jungen Ungarn zu pfählen, und das daraufhin ausbrechende Chaos von Raub, Mord, Plünderung und Vergewaltigung bewog König Kalman zu dem Befehl, nun endgültig jedes weitere Vordringen der frommen Armee mit Waffengewalt zu verhindern. Am Martinsberg in der Belgrader Ebene stießen die Heere um den 12.6. zusammen: nur wenige, unter ihnen Gottschalk selbst, entrannen dem Gemetzel. Ein gleiches Schicksal traf den letzten Bandentreck, die Scharen der Herren Emicho und Wilhelm. Kaum auf ungarischem Boden, begannen sie wie – ja, ›die Vandalen‹ gäben ein zu blasses Bild – wie die Kreuzfahrer zu hausen: *In fluchwürdiger Tollwut legten sie Feuer an die öffentlichen Getreidemagazine, taten den Mädchen grausam Gewalt an und raubten ihnen die Jungfernschaft, entführten häufig die Frauen und schändeten die Ehen, rissen ihren Gastgebern den Bart aus oder versengten ihn; keiner dachte mehr daran, sich zu kaufen, was er brauchte für seine Notdurft, sondern lebte ein jeglicher von ihnen, wie er's nur eben vermochte, von Raub und Mord.* Kalman verbot ihnen bei Wieselburg den Durchzug; sie griffen trotzdem an – und fanden ihr Ende: *Die einen fielen durchs Schwert, die anderen verschlang das wilde Wasser des Flusses, wieder andere flohen nach Frankreich zurück, ohne jeglichen Kriegslohn, ja von schändlicher Not bedrückt und, mehr noch, von großer Scham*[44] – dies letztere natürlich nicht ihrer Taten wegen, sondern ob des Mißlingens ihrer Taten. Auch der edle Emicho von Leiningen gewann hier, um den 3.8., durch einen ungarischen Schwertstreich die ewige Seligkeit (nach anderer Quelle[45] behielt ihn die Erde allerdings noch bis zum Jahre 1117, und noch 1123 soll sein überraschend unverklärter Geist, vom Fegefeuer gepeinigt, in der Gegend von Worms gesichtet worden sein). Nur eine sehr zusammengeschmolzene Schar sammelte sich zur Besiegelung der Katastrophe bei Peter in Byzanz.

Hier hausten die Wallfahrer auf bewährte Art, obwohl der Kaiser Befehl gegeben hatte, ihnen friedlich entgegenzukommen und *reichlich Verpflegung anzubieten*[46], und namentlich den heiligmäßigen Peter mit vorsichtiger Güte bei sich aufnahm. Doch was half's: *sie betrugen sich aufs unverschämteste, verwüsteten die Paläste der Stadt, legten Feuer an öffentliche Gebäude, plünderten die Kirchendächer, die mit Blei gedeckt waren, und boten dieses Blei dann den Griechen zum Kauf*[47]. Daraufhin ließ sie Alexios am 6.8. nach Kleinasien hinüberschaffen. Hier, immer noch auf griechischem Grenzgebiet, schlugen sie nach zweitägigem Aufenthalt in Nikomedeia bei Civitot[48] ihr Lager auf, *schmausten in Frieden und Freuden und schliefen sicher vor jedem feindlichen Angriff*[49]. Doch die Gefilde des Antichrist lagen allzu verlockend nahe. Um den 9. und 16.9. unternahmen französische Horden einen Raubzug auf das Gebiet der seldschukischen Residenzstadt Nikaia und drangen, von der Besatzung nur schwach abgewehrt, bis unter die Mauern vor (sie sollen dort kleine Kinder in Stükke gehauen oder lebendig gebraten haben). Um den 26.9. wiederholten deutsche Banditen das Unternehmen, besetzten die für Tafelfreuden reichlich präparierte Grenzburg Xerigordon[50] und wurden dort von einem inzwischen herangerückten Türkenheer des Sultans Kilidsch Arslan eingeschlossen und ausgedürstet: sie fanden, am 6.10., ein Ende mit Schrecken. Der Rest der verführten und von keinerlei Vernunftserwägungen behelligten Halbmenschen fiel schließlich bei Civitot in einen Hinterhalt und wurde niedergemacht, Männer, Frauen, Kinder: am 21.10.1096. Auch Walter Habenichts und Folker von Orléans fanden hier die verdiente Beseitigung. Ein halbes Jahr später sah das Ritterheer die Reste liegen: *Ach, wieviel abgeschlagene Köpfe, wieviel Gebein geschlachteter Menschen fanden wir da auf den Feldern jenseits von Nikomedeia!*[51] Nur Peter von Amiens, der Führer und Verführer, war, wie es Generalsart ist, unbeschädigt geblieben; er hatte sich rechtzeitig wieder nach Konstantinopel abgesetzt und seine Opfer ihrem Schicksal überlassen. *Die Gebeine bildeten einen ungeheuren Haufen, einen hohen Berg … Als später Menschen kamen vom selben Volk wie die dort einst geschlachteten Barbaren und bauten nicht weit davon eine Mauer zu einer Stadt, da mischten sie viele aufgelesene Knochen mit den Steinen und verbanden sie mit Mörtel zu einem einzigen Riesenbau und schufen mit einem Werke so den Lebenden eine Stadt, den Toten aber ihr Grab*[52] … Selig, die in dem HErrn sterben …

Zu Weihnachten 1096 langte nun endlich das erste Hauptheer der abendländischen Ritter vor Konstantinopel an, mit leidlicher Disziplin durch Ungarn und Bulgarien gekommen: Lothringer und Rheinländer unter Führung Gottfrieds von Bouillon. Der Herzog, ein knorrig beschränkter Mann, den die Chronisten hernach zur Hauptfigur des Unternehmens emporpriesen, verdeutlichte den nur erst ahnungsvollen Griechen hier alsbald die lateinische Fürstenart: mehrere Raubzüge in der Umgebung der Stadt erteilten dem Kaiser einen Wink, sich der neuen Heilssituation geschmeidiger anzupassen, als Alexios es geplant hatte.

Als zweite Gruppe erschienen die Normannen unter Bohemund von Tarent, dem Sohn Robert Guiscards, und seinem Neffen (wahrscheinlicher: Vetter) Tankred; zwei Wochen später folgten die Provençalen mit dem Grafen von Toulouse: Raimund von St. Gilles. Dieser klügste, mächtigste und, mit 55 Jahren, älteste der christlichen Heerführer war durch Norditalien, Dalmatien und Albanien auf der alten Via Egnatia zugezogen und hatte auf dem Weg bereits mit einem Anschauungsunterricht in Wallfahrtsfragen begonnen, der auch schwer Begreifenden einleuchten mußte: einmal ließ er, zur Abschreckung, *sechs Slawen die Augen ausstechen, den einen außerdem die Füße absägen, den anderen Nase und Hände abschlagen*[53] ... Am 27.4.1097 konnte seine glückliche Ankunft begrüßt werden. Anfang Mai war mit den Scharen Herzog Roberts von der Normandie sowie der Grafen Stephan von Chartres und Robert von Flandern das ganze riesige Heer beisammen: nach Fulcher von Chartres 600 000 Kämpfer; Kleriker, Kinder und Weiber nicht gerechnet[54]. Alexios hatte die von ihm gerufene Waffenflut mit wachsender Beklemmung heranbranden sehen und sorgte sich vor dem, was seine Tochter Anna Komnene den *unbezähmlichen Eifer und Trieb* der Franken nannte: er wußte, *daß sie vernünftigen Überlegungen stets mit offenem Munde gegenüberstehen und ihre Verträge unbeschwerten Gemüts beim nächstbesten Anlaß wieder brechen*[55]. So bereitete er sich doch für alle Fälle auf Kampf vor und riet namentlich dem nahenden Grafen Raimund durch mehrere Polizei-Scharmützel davon ab, sich allzu selbstverständlich mit dem Herrn des Rhomaier-Reiches zu verwechseln, – was jener sich, im Besitz des stärksten Heeres und *unsern*

Patron[56], den päpstlichen Nuntius Adhémar, dauernd am Ohr, vielleicht hätte einfallen lassen können. Im übrigen aber verlegte er sich mit Schläue und Besonnenheit auf byzantinische Diplomatie; er, der *Falsche*, der *Meineidige*, der *Neidling und heimliche Verfolger der Kirche*, wie Abt Ekkehard von Aura ihm nachrief[57], der *nichtswürdige und heimtückische Mensch*, laut Erzbischof Wilhelm von Tyros[58], er übersah die Beleidigungen, die man ihm im eigenen Palast zufügte; er ließ die christliche Streitlust der Streiter Christi an sich abgleiten; und so erreichte er schließlich (*durch erheuchelte Wohltaten*, weiß Ekkehard[59]), was er hatte erreichen wollen: mit Ausnahme Raimunds schworen ihm sämtliche Heerführer den Lehnseid: ihre Eroberungen waren Eroberungen für das Reich des Basileus.

Die erste Eroberung: Nikaia, traditionsreiche Stadt zweier christlicher Parteitage und *ehedem ein Turm des katholischen Glaubens*[60], dies letztere seit 1080 nicht mehr, dafür stark befestigt und über den Askania-See leicht mit Nachschub zu versorgen. Infolgedessen konnte der Sultan Kilidsch Arslan Ibn Suleiman, *ein sehr erlauchter, jedoch heidnischer Herr*, wie Albert von Aachen ihn mit origineller Sachlichkeit beurteilte[61], der Bevölkerung einen wohlgemuten Aufruf zukommen lassen: *So ermannet euch denn und fürchtet euch nicht; denn morgen noch vor der siebenten Stunde des Tags werdet ihr völlige Tröstung erlangen und eurer Feinde ledig sein!*[62] Doch damit irrte er sich. Am 17.5.1097 wurde sein Entsatzheer vollständig geschlagen, in einer offenen Feldschlacht, die selbst der sonst alles mit den munteren Augen der Vorsehung betrachtende Albert ein *allerblutigstes Gemetzel*[63] nennt, und die drei Tage zuvor begonnene Belagerung, sinnigerweise *am Feste der Himmelfahrt des Herrn*[64], nahm ungehindert ihren Fortgang. Sie dauerte fünf Wochen – und wurde mit allen Mitteln des Totalen Kleinkriegs durchgeführt. Wie es scheint, gaben sich nur die Türken damit ab, Gefangene zu machen; die Christen waren bemüht, den Unglauben in der Welt arithmetisch zu vermindern. Ganze Scharen wurden geköpft, und *mit einer Schleuder warfen die Unseren die Häupter der Getöteten in die Stadt, auf daß die Türken darob in noch größern Schrecken versetzt würden*[65]: religiöse Unterweisung, erzieherisch wertvoll. Nach Albert soll man gar Alexios 1 000 Türkenköpfe in Säcken verpackt als Geschenk nach Civitot geschickt haben[66], und Wilhelm von Tyros fügt die tückische Bemerkung hinzu, man habe *sich dadurch seine höchste Dankbarkeit erworben*[67]. Am 19.6. war die Stadt sturmreif. Doch noch ehe *die riesige Miliz Christi*[68] zur Tat schreiten konnte, erschien mit einemmal auf sämtlichen 240 Türmen das kaiserliche Banner: die humane Diplomatie des Basileus hatte gegen das Versprechen, das Leben der Bevölkerung zu schonen, in aller Stille die kampflose Übergabe erreicht. Nikaia, *um unserer Sünden willen zu einer Lehrerin des Irrtums geworden, ward nun durch Gottes Gewogenheit und seiner sündigen Diener Hände zur Schülerin der Wahrheit*[69] ...

Dies enttäuschte natürlich sehr. Doch was den Bluts-Freunden in Nikaia entgangen war, sollte Dorylaion[70] bringen: am 30.6. standen sie dem Hauptheer des Sultans gegenüber, 360 000 Kämpfern, wie Fulcher behauptet[71]. Und wenn vor Nikaia die abendländischen Ingenieure mit ihren hier so gut wie unbekannten Belagerungsmaschinen im Vorteil gewesen waren, so machten nun auf freier Ebene die Türken sie mit einer nie erfahrenen und gräßlich wirksamen Kampfesweise vertraut: dem Pfeilregen. Er brachte der christlichen Kavallerie solche Verluste bei, daß auch die grellste Ereiferung nichts mehr fruchtete und die Ritter schließlich, den Tod schon unangenehm nah vor Augen, auf die Hilfe des Herrn zurückgreifen mußten: *Demütig erflehten wir von Gott Erbarmen ... und baten Ihn, die Macht unserer Feinde zu zerschmettern und uns Seine Gnadengaben zu gewähren*[71]. Und *möglicherweise versöhnt durch unser Flehen, verlieh uns der Herr allmählich Kraft und lähmte immer mehr die Türken:* – die flohen plötzlich wie vom Scheitan gehetzt, und den Christen blieb nur noch das *Wunder Gottes* anzustaunen, daß die Heiden *nicht aufhörten zu fliehen, weder am folgenden noch am dritten Tag, obschon ihnen kein anderer mehr auf den Fersen war als Gott allein*[72] ...

Der Weitermarsch, am 4.7.1097 angetreten, brachte bald Elend und Not. Da den Freunden Gottes ein entsprechender Ruf vorauseilte, fanden sie nirgends mehr das einfältige Entgegenkommen, das sich anfangs so günstig noch hatte ausnutzen lassen; der mörderische Sommer Kleinasiens fiel mit Hunger und Durst über sie her; Reit- und Zugtiere mußten geschlachtet werden; viele Ritter warfen ihre Armaturen fort oder verkauften sie für ein Stück Brot. Natürlich gab es im Heer *viele schwangere Frauen: die Eingeweide waren ihnen verdorrt und die Adern im Leibe ausgetrocknet ob der Sonnenglut und Hitze des verbrannten Landes, und sie gebaren nun vor aller Augen auf dem freien Feld und ließen die Frucht ihres Leibes an der Erde liegen*[73] ... Dann kam der Herbst, mit starken Regenfällen und nächtlichen Kälteschauern; Ungezählte gingen an Krankheit zugrunde. Erst die christlich-armenischen Städte im Süden sorgten wieder für freundlichere Verhältnisse. In der Stadt Artah, zehn Meilen vor Antiocheia, sahen sich die ansässigen Christen durch die Kunde vom Nahen der bewaffneten Wallfahrer veranlaßt, die türkische Besatzung *zu überfallen und mit dem Schwerte niederzumachen. Sie schnitten ihnen die Köpfe ab und warfen sie aus den Fenstern und über die Mauern ... Und fromm und heiter begrüßten sie alsdann die Pilger*[74]. Am 21.10. kam das Hauptheer vor dem schwerbefestigten Antiocheia an: 100 000 Mann stark[75].

Inzwischen war Herzog Gottfrieds Bruder Balduin mit einer Heeresgruppe von 80 Rittern im Alleingang nach Edessa gezogen. Die armenischen Christen kamen ihm mit *Trompeten und aller Art Musik*[76] entgegen, und der von seinen Untertanen wenig geschätzte, mit Notverordnungen in die eigene Tasche regierende König Thoros erklärte ihn zum Erben – ein Plan, dessen Verwirklichung dadurch beschleunigt wurde, daß eine Volkserhebung den Erblasser unmittelbar danach aufs Himmlische Altenteil setzte, von Balduin wohlwollend gefördert. Edessa wurde Grafschaft, am 10.3.1098, und hat dann ein halbes Jahrhundert lang den Kreuzfahrerstaaten als Bollwerk gedient.

Bislang hatte *Gott in 40 Hauptstädten und 200 Burgen Seiner Kirche in Romanien und Syrien triumphiert*, wie der Patriarch von Jerusalem im Januar 1098 aus dem Lager dem gesamten Abendland meldete[77]. Die Bestürmung Antiocheias, des *mit Menschenkraft nicht einnehmbaren*, zog sich für die sieggewohnten Kämpfer derweil jedoch erheblich in die

Länge, nach Ansicht des Erzbischofs Dagobert von Pisa auf Veranlassung Gottes selbst, der *uns also eigens demütigte, bis unsere aufgeblasene Hoffart sich wieder in Unterwürfigkeit gewandelt*[78]: eine allerdings zeitraubende Geschichte. *Siebenmal haben wir mit dem wildesten Mute gegen die Bürger und die unzähligen Truppen, welche ihnen zu Hilfe kamen, gestritten und in allen diesen sieben Kämpfen dank der Mitarbeit Gottes gesiegt und wahrlich eine Unzahl Feinde getötet*, schrieb Graf Stephan von Chartres an seine Frau Adele (und noch während sein Kaplan Alexander mit der Stilisierung des Briefes beschäftigt war, wurden eben wieder *sechzig Reiter gefangengenommen, getötet und ihre Köpfe zum Heer gebracht*). Leider blieb die Kopfjagd nicht immer einseitig erfolgreich, und mit Bedauern mußte der Graf der Verwandtschaft mitteilen, daß auch die Feinde *bei den häufigen Attacken auf die Stadt viele unserer christlichen Mitbrüder umgebracht und ihre Seelen zu den Freuden des Paradieses geschickt* hatten. Seuchen und Teuerung dezimierten das Heer noch weiter: Anfangs hatten die Beutemacher (*Du kannst es für sicher nehmen, meine Vielgeliebte, daß ich Gold, Silber und andere Reichtümer zurzeit doppelt soviel besitze, als Deine Liebe mir zuteilte, da ich von Dir schied*[79] …) in unbeirrbarer Verschwendung alle Vorräte verpraßt; als die Einnahme der Stadt dann auf sich warten ließ, brachen Chaos und Hungersnot herein. Anfang 1098 gab es im christlichen Lager *kaum noch 100 gute Pferde*[80]; die Lebenskosten stiegen ins Unerschwingliche; *viele der Unseren starben dort, da sie die Preise nicht bezahlen konnten*[81] – nach Matthäus von Edessa jeder Siebte im Heer[82]. *So ward denn die Streitmacht, indem einige sich davonmachten, an-*

dere an Entkräftung und Hunger zugrunde gingen, wieder andere durch das Schwert umkamen, dermaßen verringert, daß kaum noch die Hälfte von ihr schien übrig zu sein[83]. Gerüchte über Kannibalismus liefen um, und es hatte damit nicht immer nur die Bewandtnis, die Wilhelm von Tyros überlieferte: nach seinem Bericht ließ Bohemund gefangene Türken schlachten und befahl, die tranchierten Leichen *auf reichlichem Feuer zu braten und mit aller Sorgfalt gleichwie zu einem Mahle anzurichten;* dazu machte er bekannt, *es würden, so viele der Feinde oder ihrer Kundschafter hinfort sollten ergriffen werden, alle ein nämliches leiden und eine Speise sein den Fürsten und dem Volk zu ihren Mahlzeiten.* Man wird es den Heiden kaum verdenken, daß sie sich derartige Belehrungen zur *Abschreckung* dienen ließen: sie stellten den Christen das Leumundszeugnis aus, *daß dieses Volk nicht nur sämtliche anderen Nationen, sondern auch die wilden Tiere an Grausamkeit und Roheit übertreffe*[84] ...

Bohemund war es schließlich auch, der die Stadt durch List in den Besitz der Kreuzfahrer brachte – nicht ohne sich vorher, in einer Geheimberatung am 29.5.1098, von ihnen zusichern zu lassen, daß sie sein Eigentum werde; der geleistete Lehnseid störte ihn dabei um so weniger, als Tatikios, der Generalissimus des Kaisers, angesichts der Lage schon Ende Januar mit seinem Hilfsheer wieder heimgekehrt war (*ein niederträchtiger und verräterischer Mensch*, wie Erzbischof Wilhelm ihm nachwütete, *welcher eine verstümmelte Nase hatte, zum Abzeichen seines verruchten Sinns*[85]). Der Normanne machte sich an einen armenischen Waffenschmied namens Firûz heran (*der die Gelegenheit ergriff, sich für die schlechte Behandlung zu rächen, welche er von-*

seiten des Kommandanten Baghi Sijan erfahren[86]) und offerierte ihm seine Freundschaft sowie die unschätzbare Aussicht, *in die Christenheit aufgenommen zu werden und sich Reichtümer und große Ehren zu erwerben*[87]. Daraufhin öffnete Firûz ihm bei Nacht einen Turm, der seiner Verantwortung unterstellt war; die Christen drangen mit dem bewährten Ruf *Gott will es!* in die Stadt *und metzelten alle Türken und Sarazenen nieder, die sie fanden*[88] ...: wahllos, wie es traf, denn *es lag Finsternis auf der Erde, und kaum ein Lichtschein war zu erkennen, also daß keiner im mindesten wußte, wen er schonen und wen er treffen sollte*[89]. 10 000 Menschen verloren bei dieser Heilsaktion ihr Leben, nach anderer Quelle sogar 60 000[90], und selbst ein abgebrühter Augenzeuge wie der Chronist Raimund von Aguilers, Zeltkaplan des Grafen von Toulouse, bemerkt kleinlaut, daß es *grausig zu schildern* sei, welcher *verschiedenen und mannigfaltigen Tode sie starben*[91]. Am 3.6.1098 war Antiocheia in der Hand von Siegern, die *in ihrer Mordgier und Gewinnsucht nicht Rang verschonten noch Geschlecht; auch das Alter ihrer Opfer galt ihnen gleich*[92] ... Das Ergebnis: *Auf den Plätzen häuften sich die Toten dermaßen, daß ob des furchtbaren Gestanks es niemand ertragen konnte, dort zu verweilen: keinen Weg mehr gab es durch die Stadt, der nicht über Leichen führte*[93]. Das wollte Gott.

Der damit gegebene Triumph dauerte allerdings nicht lange. Schon drei Tage später zernierte der Emir Kerbogha, der türkische Regent von Mossul (beibenannt Kiwam ad-daula – ›Säule des Reichs‹), die Stadt mit einem riesigen Heer[94] und begann sie seinerseits zu belagern. Hungersnot brach aus; das reichlich geraubte Gold war nichts mehr wert; *man kochte die Häute von Ochsen und Pferden so lange, bis sie eßbar wurden, und verkaufte sie dann, wie auch anderes, was man langezeit nicht mehr hatte beachten müssen, zu teuersten Preisen; die meisten Ritter lebten vom Blut ihrer Pferde*[95]. Albert von Aachen ergänzt, man habe sogar *drei bis sechs Jahre altes, hart und morsch gewordenes Leder, das sich in den Häusern fand, in heißem Wasser aufgeweicht und gegessen*[96]. Begreiflicherweise unterlag bei solchen Verhältnissen das, was moderne Ritter die ›Moral der Truppe‹ nennen, einigem Schwund: die sonst so gar nicht bedenklichen Wallfahrer gedachten auf einmal *ihrer Weiber und Kinder, die sie zu Hause gelassen, und ihrer überreichen Güter, von welchen sie aus Liebe zu Christo geschieden, und beschwerten sich gleichsam über die Undankbarkeit des Herrn, um dess' willen daß Er ihre Bemühungen und ihre ernsthafte Frömmigkeit nicht ansehe, sondern lasse sie in die Hände der Feinde fallen gleichwie ein Volk, das Ihm fremd sei*[97]. Das war in der Tat schwer verständlich. Doch auch hier wurde der Kleinglaube aufs wunderbarste beschämt: der Herr verließ die Seinen nicht, sondern begnadete sie mit dem Fund einer allerhöchsten Reliquie, die sich als geeignet erwies, ihre Frömmigkeit wie auch ihre Bemühungen wieder auf den alten Stand zu bringen: der Heiligen Lanze[98]. Ein provençalischer Bauer, *der Ärmsten und Niedrigsten einer*[99], erspähte, vom hl. Andreas visionär beraten, im Traum das heilige Instrument, unterrichtete die zuständigen Fürsten, und diese begannen zuversichtlich am angegebenen Ort, der Kirche des Apostels Petrus, im Schutt der seit der entscheidenden Letztbenutzung verstrichenen tausend Jahre zu graben: am 14.6.1098. Lange fanden sie nichts, obwohl sogar das Firmament dem Anlaß durch Produktion eines großen Wundersterns gerecht geworden war (er zerbarst in drei Stücke und fiel auf das Lager der Türken); schon wurden sie des Treibens müde und fingen an, kleingläubig wie eh und je, sogar am hl. Andreas zu zweifeln – da stieg der Provençale selber in die Grube, und wundersamerweise kam die verrostete Lanzenspitze nun alsbald ans Licht (was insofern gleich als doppeltes Wunder gelten darf, als sich eine ebensolche Heilige Lanze bereits in den Reliquiensammlungen Konstantinopels befand – neben der authentischen Dornenkrone, Kreuzpartikeln, Nägeln, Leintüchern, den zwölf Körben der Speisung, Überresten der bethlehemitischen Kinder und vielen anderen Schätzen gleicher Dignität[100]). Nun gab es kein Halten mehr. Nach dreitägigem Fasten und Beten – *Leib und Blut des Herrn* nahmen die Kreuzfahrer grundsätzlich vor jedem Gemetzel zu sich[101] – stürzte sich das Heer mit dem alten *unbezähmlichen Eifer* in den Kampf, voran der Priester Raimund mit der Lanze, und alles nahm den gewohnten Lauf. *Heute*, schiebt der Chronist der Gesta Francorum der Mutter Kerboghas in den Mund, *kämpft der Christengott selbst für die Seinen!* [102] – es ging entsprechend aus, zumal, wie derselbe Chronist gewahrte, Unser Erlöser noch eigens ein Hilfsheer schickte: zahllose Haufen mit weißen Pferden und Fahnen *unter dem Kommando der Heiligen Georg, Merkurius und Demetrius*[103]. Etwa 100 000 Türken verloren ihr Leben; der Rest wurde, unter Beihilfe eines gottgesandten Staubwindes, versprengt. Im Lager Kerboghas fanden die Sieger nicht nur reichste Beute (darunter *unzählige Bücher, in welchen die gotteslästerlichen Riten der Sarazenen und Türken auf-*

geschrieben waren mit ganz fluchwürdigen Schriftzeichen), sondern auch *Weiber, zarte Kinder, Säuglinge; die einen hieben sie nieder, die andern zertraten sie mit den Hufen ihrer Pferde und füllten die Felder mit jämmerlich zerfetzten Leichen*[104]. Am 28.6.1098 war auch dieses Heilsgeschäft in gottgewollter Weise erledigt: *Welch wunderbar' Ding!*[105] Nur Petrus Bartholomäus, der Finder der Lanze, sollte der so erfolgreichen Wundertat nicht froh werden: durch die Skepsis der Normannen erbost (und namentlich Arnulfs, des Kaplans Roberts von der Normandie – *welcher, da ein gebildeter Mann, bei vielen Glauben fand*[106]), riskierte er später die Feuerprobe und durchschritt, die Lanze in der Hand und den Kopf voller Wahn, zwei lodernde Scheiterhaufen aus gut brennendem Ölbaumholz, und dabei kam er dermaßen zu Schaden, daß er zwölf Tage hernach selig verschied: Opfer auch er. Bohemund aber wurde absprachegemäß Fürst von Antiocheia, der *Stadt Gottes*, während sein Rivale Raimund ersatzweise im voraus die Grafschaft Tripolis zugesprochen erhielt; – es ging alles ganz gerecht zu.

Das Jahr 1098 verstrich über zahlreichen Klein-Eroberungen; ihre Geschichte bildete eine einzige Chronik menschlichen Elends. Das Verfahren der abendländischen Ritter erwies sich überall als gleich unwiderstehlich: die Hauptarbeit leisteten die klotzigen hölzernen Belagerungsmaschinen, vor allem die fahrbaren Burgen; dahinter *standen die Priester und Kleriker, mit ihren heiligen Gewändern angetan, und baten und beschworen Gott, Sein Volk zu schützen, den christlichen Glauben zu erhöhen, das Heidentum aber niederzuschlagen*[107] – und der göttliche Knockout erfolgte stets mit solcher Regelmäßigkeit, daß die südlichen Emirate es allmählich vorzogen, sich aufs Verhandeln zu verlegen – zum verständlichen Leidwesen mancher Christen, die sich den Erwerb der Seligkeit auf dem Konferenzwege nicht vorstellen konnten. Am 11.12.1098 wurde Marra erobert (Maarat an-numan), und hier wiederholte sich das Schicksal Antiocheias: *in der ganzen Stadt gab es keinen Winkel, der nicht voll Sarazenenleichen lag, und kaum konnte einer durch die Straßen gehen, ohne auf Tote zu treten*[108]. Die wieder einsetzende Hungersnot war so stark, *daß die schon stinkenden Leichen der Feinde vom Christenvolke verzehrt wurden*[109] ... Zu diesen bestialischen Zuständen kamen immer mehr Streitigkeiten zwischen den großen und kleinen Führern, über Prestigefragen, über Beutefragen; es fehlte trotz aller religiösen Verzückung der einigende ›Geist‹, und dies um so mehr, als Adhémar, der päpstliche Legat und Ohrenbläser, am 1.8. jäh im Zuge einer Seuche in Gottes Himmlisches Freudenreich abberufen worden war – (die Epidemie soll 100 000 Opfer gefordert haben[109]). So dauerte es ein ganzes Jahr, bis das Hauptheer der Kreuzfahrer sein letztes und eigentliches Ziel erreichte: Jerusalem, die Hochgebaute Stadt, die inzwischen erneut den Besitzer gewechselt hatte: im Vorjahr war sie den Seldschuken von den ägyptischen Fatimiden wieder entrissen worden.

Drei Jahre nach ihrem Aufbruch, am 7.6.1099, bekamen die Streiter Christi – zusammengeschmolzen auf ein Zehntel ihrer ursprünglichen Stärke[110] – das heilige Gelände erstmals zu Gesicht, nicht ohne den Boden, den sie mit Blut zu tränken gedachten, durch Kuß, Gebet und Barfußgang zu würdigen. Sechs Tage später begann der Angriff auf die

Mauern *unserer Mutter Jerusalem, welche von blutschänderischen Söhnen war vergewaltigt und ihren rechtmäßigen Kindern verweigert worden*[111] ... Doch wieder war die Abwehr zäher als erwartet, und wieder brachen Hunger und Durst im Lager aus. Die Stadt hatte damals ein ebenso spärliches Wasservorkommen wie heute, und von weit her, über drei Meilen oft, mußte die Flüssigkeit in zusammengenähten Rinderhäuten herangeschafft werden, was findige Geister unter den christlichen Idealisten sogleich dazu benutzten, einen schwungvollen Wucherhandel zu eröffnen. Schändlicherweise hatten die Ungläubigen zudem die meisten der wenigen Brunnen und Zisternen unkenntlich gemacht oder verseucht; auch schreckten sie nicht davor zurück, den trinkbedürftigen Freunden Gottes bei den Quellen aufzulauern – Verhaltensweisen, die sicher viel Entrüstung verdienen. Unter diesen Umständen mochten sich mehrere Scharen nun doch zu längerem Bleiben nicht mehr verstehen: sie unternahmen noch einige Ausflüge, badeten heilsam im Jordan, pflückten Palmenzweige in Jericho und begaben sich dann nach Jaffa, um wieder heimzureisen – (wo sie nun allerdings für dieses unfromme Benehmen der Bannfluch des Papstes erwartete). Derweil predigte Peter von Amiens, der immer noch unbeschädigt Vorhandene, auf dem Ölberg, und als Herzog Gottfried dort schließlich gar einen weißen Ritter wandeln sah und mühelos als Engel Gottes begriff, war der Sieg der Guten Sache keine Frage mehr: der letzte Sturm konnte beginnen ...

Am Freitag, dem 15.7.1099, *am Tage des Festes der Aussendung der Apostel*, wie die Chronisten nicht zu bemerken versäumen[112], wurde Jerusalem nach fünfwöchiger Belagerung genommen. Der beziehungsreiche Tag und die beziehungsreiche neunte Stunde, *in welcher unser Herr Jesus Christus es nicht verschmähte, für uns den Tod am Kreuzesholz zu leiden*[113], steigerten Eifer und Mordgier zu höchsten Graden. Unter den ersten bei der Erstürmung waren Gottfried und Tankred, *welche an diesem Tage solche Blutesmengen vergossen, daß es kaum glaublich ist*[114].

Die Verteidiger flohen von den Mauern durch die Stadt, und *die Unseren folgten ihnen und trieben sie vor sich her, sie tötend und köpfend, bis zum Tempel Salomonis; dort entstand ein solches Gemetzel, daß die Unseren bis zu den Knöcheln ihrer Füße im Blute der Feinde wateten* – (nach einem anderen Augenzeugenbericht ging ihnen *das Blut der Sarazenen bis an die Knie der Pferde!*[115]): Gesta Dei per Francos. Graf Raimund durchkämmte die Stadt von der anderen Seite, von dem im Westen gelegenen Davidsturm aus (dessen Besatzung hatte er, *von Habsucht verderbt, gegen ein ungeheures Lösegeld* verschont[116]), und *trieb und tötete die Sarazenen ebenfalls bis zum Tempel Salomos, in dem sie sich gesammelt hatten und den Unseren nun über den ganzen Tag hin den wildesten Kampf lieferten, also daß der ganze Tempel von ihrem Blute durchströmt war. Nachdem die Heiden endlich überwunden, ergriffen die Unseren Männer und Frauen im Tempel und töteten, wen sie wollten, und ließen leben, wen sie wollten*[117]. Fulcher von Chartres macht die ungeheuerliche Angabe, daß allein in der Al-Aksa-Moschee *an die zehntausend Menschen geköpft wurden*[118]. Vor dieser Ausbreitung des Christentums gab es kein Entrinnen: *Weiber, die in betürmten Palästen und Gebäuden Zuflucht gesucht hatten, machten sie nieder mit der Schärfe des Schwerts; Kinder, Säuglinge noch, traten sie mit dem flachen Fuß den Müttern vom Busen oder rissen sie aus den Wiegen, um sie sodann gegen Mauern oder Türschwellen zu schmettern und ihnen das Genick zu brechen; andere schlachteten sie mit den Waffen hin, wieder andere erschlugen sie mit Steinen; nicht Alter noch Geschlecht der Heiden ward verschont*[119] ... Verschont wurden selbstredend auch die Juden nicht: man verbrannte sie lebendig in ihrer Synagoge, in die sie sich geflüchtet hatten. *Alles und alles erfüllten sie mit Blut; und gewißlich war es ein gerechtes Urteil Gottes, daß die, so mit ihren abergläubischen Gebräuchen des Herrn Heiligtum entweiht und den gläubigen Völkern genommen hatten und entfremdet, es nun mit dem Verluste ihres eigenen Blutes sühnen und ihren Frevel mit dem Tode büßen mußten*[120].

Danach allgemeine Plünderung: *Wenn einer sich ein Haus aufgebrochen hatte, so beanspruchte er es mit seinem gesamten Inventar nach dauerndem Recht auf immer als sein Eigen; dies nämlich war vor der Einnahme der Stadt unter ihnen vereinbart worden, es sollte ein jeder, was er sich nach der Erstürmung könne aneignen, unangefochten behalten dürfen nach dem Besitzrecht für alle Zeit. Daher sie denn mit sonderlichem Fleiß die Stadt durchstreiften und die Hinmetzelung der Bürger noch dreister besorgten ... Über dem Eingang der Häuser aber hängten sie ihren Schild oder sonst eine Waffenart auf, den Nahenden zum Zeichen, nicht innezuhalten dort, sondern vorüberzugehen, da der Platz schon von andern besetzt sei*[121] – (daß dies »eines der ältesten Zeugnisse für die Verwendung von Wappenschilden als Identifikationsmittel« war, wie moderne

Historiker an dieser Stelle gern vermerken[122], steht hier nur als Vermerk über die modernen Historiker). Ärmere Kreuzfahrer durchstöberten andere Fundorte nach versteckter Beute: *sie schlitzten den toten Sarazenen die Leiber auf und holten aus ihren Eingeweiden die Goldstücke hervor, welche von den Lebenden mit gierigem Schlunde waren verschluckt worden*[123] ... Zuerst die Beute, dann aber die Moral. Denn moralisch ließen die Kreuzfahrer es an nichts fehlen, und wenn der Chronist Wilhelm von Tyros sie *überall in Tränen* sah und *überall Seufzer* von sich lassen hörte, so konnte er versichern, hier habe nicht *Betrübnis und Kummer* vorgelegen, sondern *glühende Frömmigkeit und höchste Freudigkeit des inneren Menschen, dem Herrn zum Opfer entzündet*[124]. Die Moral: *Glücklich und vor übergroßer Freude weinend zogen die Unseren alsdann zu unseres Erlösers Jesu Grab, es zu verehren, und trugen ihre Dankesschuld ab. Da es aber Frühe ward des andern Tags, stiegen sie getrost auf das Dach des Tempels und drangen auf die Sarazenen ein und köpften sie mit dem bloßen Schwerte, Männer und Frauen. Einige von diesen aber stürzten sich von den Zinnen in die Tiefe* – dies, nebenbei, ein Ausweg der geschundenen Menschen, der den normannischen Ritter Tankred mit *maßlosem Grimm* erfüllte (denn so ist der Satz der Gesta Francorum zu verstehen: er bezieht sich keineswegs, wie die Interpretation will, auf das Gemetzel; das hatte Tankred, nach anderer Quelle[125], selber angeordnet)[126]. *Sie befahlen auch, die toten Sarazenen alle hinauszuwerfen vor die Tore, des unsäglichen Gestankes wegen, denn die ganze Stadt war voll von ihren Leichen, und die lebenden Sarazenen schleppten die toten hinaus und stapelten sie zu Bergen, häuserhoch*[127] ... Zwischen 60 000 und 70 000 Menschen wurden am 15.7.1099 in Jerusalem von den Christen geschlachtet: Männer, Frauen, Kinder[128]. *Und es war nicht nur der Anblick der Leichen, der zerhackten, entstellten, verstümmelten, welcher dem Beschauer bange werden ließ; wahrhaft beklemmend wirkte auch das Bild der Sieger selbst, die vom Scheitel bis zur Sohle von Blute troffen, und ein Grauen packte alle, die ihnen begegneten*[129]. Noch ein halbes Jahr später, zu Weihnachten 1099, war der Verwesungsgeruch in und um Jerusalem so entsetzlich, daß *wir uns Nase und Mund verhüllen mußten*, wie der mitleidige Fulcher klagt[130]; und Ekkehard von Aura hat festgehalten, daß noch im folgenden Sommer 1100 *in ganz Palästina die Luft vom Leichengestank verpestet war*[131]. *Von solchen Gemetzeln hat keiner je im Heidenvolke vernommen, und keiner sah je ihresgleichen. Scheiterhaufen gab es wie Pyramiden so hoch, und niemand weiß ihre Zahl denn Gott allein*[132] ... Das war *das Ende der Wallfahrt*, wie Wilhelm von Tyros verkündet, und so wurde die Heilige Stadt dem Christentum wiedergewonnen: *im Zeichen der Barmherzigkeit des Herrn, dem Ruhm und Ehre sei in alle Ewigkeit. Amen*[133] ...

Urban II., Bischof von Rom, Statthalter Jesu Christi auf Erden, Nachfolger des Apostelfürsten, Pontifex Maximus der Weltkirche, Patriarch des Abendlandes, Heiliger Vater aller Kinder des Kreuzes, hat den Endsieg der heiligen Sache zwar noch erlebt, doch nicht mehr erfahren: er starb zwei Wochen nach der Krönung seines Lebenswerks, am 29.7.1099. Sein Lebenswerk: ein beispielloser Triumph der Militanten Kirche – und ein unverlierbarer Platz in der Chronik der Massenmörder der Menschheit. Sein Lebenswerk: kostete über eine Million Menschen auf entsetzliche Weise das Leben – Heiden, Juden, Christen; Männer, Frauen, Kinder. Am 14.7.1881 wurde Urban II. von der Alleinseligmachenden Kirche offiziell in den Kanon der Seligen aufgenommen.

Kapitel II

Das wahre Jubeljahr

Der Kardinalskonvent mit seiner Überheblichkeit und Habsucht, seiner Heuchelei und vielfältigen Unsittlichkeit, stellt wahrhaftig nicht die Kirche Gottes dar, sondern ein Bank- und Schacherhaus vielmehr und eine Spelunke von Räubern, welche die Geschäfte der Pharisäer und Schriftgelehrten verrichten im Christenvolk ... Selbst der Papst ist nicht, was er zu sein behauptet, ein apostolischer Mann und Hirte der Seelen, sondern ein Blutmensch ist er, der Mord und Sengen mit seinem Amte heiligt, ein Peiniger der Kirchen und Ängstiger der Unschuld; nichts anderes treibt er auf dieser Welt, denn daß er sein Fleisch pfleget; die eigenen Beutel füllt er an und fremde Beutel leert er aus ...

ARNOLD VON BRESCIA IN EINER PREDIGT 1149[1]

Es möchte schwer sein, in der Geschichte einen zweiten so weltklugen geistlichen Schuft aufzutreiben, der zugleich in einem so trefflichen Elemente sich befände, um eine würdige Rolle zu spielen. Er war das Orakel seiner Zeit und beherrschte sie, ob er gleich und eben darum weil er bloß ein Privatmann blieb und andere auf dem ersten Posten stehen ließ. Päpste waren seine Schüler und Könige seine Kreaturen. Er haßte und unterdrückte nach Vermögen alles Strebende und beförderte die dickste Mönchsdummheit, auch war er selbst nur ein Mönchskopf und besaß nichts als Klugheit und Heuchelei ...«[2] Der dieses schrieb, war Friedrich Schiller; der so beschrieben wurde: Bernhard von Clairvaux – der zweite Hauptschuldige der mittelalterlichen Kirchenverbrechen, der zweite große Aufwiegler des größerer Zurechnung nicht fähigen Volkes, der den in Jahrhunderten hergestellten Massenwahn der christlichen Sündenideologie zum Instrument der Massenverführung machte und die dumpfe Gnadensehnsucht der Verführten in Todestriebe ummünzte. Und wenn ihm Schiller auch gleich zweimal Klugheit zusprach, so wäre doch, daß er dies – ›klug‹, ›weltklug‹ – nicht war, das einzige, was von den Umständen seines Daseins mildernd auf das Urteil wirken könnte, das die Nachwelt über ihn zu fällen hat: – sein Bild von der Welt wuchs niemals über die Konventikelenge hinaus, und seine politischen Vorstellungen ließen nicht nur die spätere Geschichtsschreibung auf Gedankenschwäche schließen. Fünfzig Jahre waren seit dem Ersten Kreuzzug vergangen, als er zum Zweiten aufrief; fünfzig Jahre Anschauung christlicher Kreuzesgeschichte hatten keine wahrnehmbare Spur von Vernunft in ihm hinterlassen.

Es fehlte mit Sicherheit nicht an Mitleidigen im Christlichen Abendland, die bei der lärmenden Nachricht vom Großen Sieg in Jerusalem imstande blieben, die Opfer nicht zu vergessen, die er gekostet hatte; und daß der erbauende Gedanke ans Himmlische Jerusalem den Schmerz der auf Erden hinterlassenen Eltern, Frauen und Kinder ganz habe stumm machen können, fällt schwer zu glauben. Doch Furcht und Zittern ihrer Stimmen ging unter im strahlend hysterischen Applaus der Massen, den die geistlichen Claqueure sofort in Bewegung brachten. *Vervielfacht eure Pre-*

digten und Gebete mit Jauchzen und Frohlocken im Angesicht des Herrn, schrieb Erzbischof Dagobert von Pisa im Namen der Pilgerfürsten Gottfried und Raimund an den Papst und alle Gläubigen; *denn Gott hat Großes getan in seiner Barmherzigkeit und an uns erfüllt, was Er in alten Zeiten versprochen!*[3] Und folgsam begannen die Kreuzprediger aufs neue zu schüren, und immer aufs neue griffen Erlösungsbedürftige nach Kreuz und Schwert – die meisten in dem treuherzigen Glauben, daß nun, da die grobe Arbeit getan war, der Weg zu den zeitlichen und ewigen Freuden nicht ganz so dornenvoll mehr sein werde. Doch das war ein Irrtum ...

Im Heiligen Land begann sich unterweil der Gottesstaat zu etablieren. Wie er auszusehen habe – darüber gab es allerdings gleich zu Anfang sehr unbrüderlich geteilte Meinungen: die Kurienvertreter stellten sich ein Patriarchat mit einem König vor, während die Schwertträger mehr ein Königreich mit einem Patriarchen ins Auge faßten: man hatte alle Wahnprobleme des Abendlandes mit eingeschleppt. Die Ritter einigten sich schließlich auf den Hau-Degen Gottfried von Bouillon, einen Mann von zwar schwächlichen Geistesgaben, doch starkem Arm und unverwüstlicher Frömmigkeit, und der entwand sich dem Neid seiner Kumpane wie dem vertrackten Investiturproblem durch den rührend schlauen Ausspruch, daß er die Krone nicht tragen wolle, wo Unser Erlöser dereinst die Dornen getragen, und beschied sich mit dem Titel *Vogt vom Heiligen Grab (Advocatus Sancti Sepulchri)*: dazu ließ er sich am 22.7.1099 feierlich erwählen, eine Woche nach der Einnahme der Stadt. Sein Patriarch wurde, eine weitere Woche später, der bisherige Kaplan des Herzogs Robert von der Normandie, Arnulf von Chocques. Wilhelm von Tyros hat später ein ziemlich giftiges Bildnis von ihm gemalt, und in der Tat scheint er ein Mann gewesen zu sein, der sich dem Amt gewachsen zeigte – was er entsprechend weniger durch geistliche Qualitäten nachwies als durch Unternehmungen wie die Neu-Auffindung des Wahren Kreuzes, dessen Versteck preiszugeben er die Vorbesitzer durch die Folter ermunterte – (der ohnehin schon arg fragmentarische Gegenstand wurde in der Folge derb zerschnitzelt, und mancherlei Späne gelangten in die Schreine des Okzidents – ein *Sakrileg*, durch das laut Albert von Aachen namentlich Erzbischof Dagobert seine Sünden vermehrte[4]). Doch blieb den Kreuzfahrern nicht viel Zeit zu langen frommen Feiern; drei Wochen erst waren seit der Entheidung Jerusalems vergangen, da erschien der Fatimiden-Wesir Al-Afdal mit einem riesigen Entsatzheer vor der Küste, und wieder gab es Gottgewolltes zu verrichten.

Am 12.8.1099 kam es vor Askalon zur Schlacht. Die im letzten Augenblick noch vereinigten Scharen Gottfrieds, der beiden Roberte und Raimunds, 20 000 Kämpfer[5], stürzten sich, als eben der Tag dämmerte, mit altgeübter Wut – und natürlich *im Namen des Herrn Jesu Christi*[6], den Peter von Amiens derweil im sicher entfernten Jerusalem durch Gebetsprozessionen der Guten Sache zu alliieren suchte – auf die *Mauren und Sarazenen*, die von Panik erfaßt wurden und völlig aufgelöst der Stadt zuflohen. *Die Menge der Heiden war unzählbar gewaltig, und niemand außer Gott nur kennt ihre Zahl*[7] – und außer dem Chronisten der Gesta Francorum, der den Sultan hernach die Niederlage von 200 000 Mann beklagen ließ[8]. Wer die Stadttore nicht erreichte, wurde niedergemacht. *In ihrer übergroßen Furcht kletterten sie auf die Bäume, in welchen sie sich verbergen zu können meinten; doch die Unseren schossen mit Pfeilen nach ihnen und töteten sie mit Lanzen und Schwertern, also daß sie zur Erde niederstürzten; andere wieder warfen sich zu Boden, da sie nicht wagten, sich wider uns zu erheben, und die Unseren enthaupteten sie, wie einer Tiere köpft auf dem Markt*[9]. Ein ganzer Trupp wurde in einem Maulbeerhain lebendig verbrannt; andere Flüchtende *trieb Raimund in grausamem Schlachten ins tiefe Meer, wo gegen dreitausend ertranken, vom Massenanprall der Waffen gehetzt*[10]. Nach wenigen Stunden war ein totaler Sieg ermetzelt. *100 000 Berittene und 40 000 Fußsoldaten*, konnten Gottfried und Raimund dem Papst in einer Epistel vom September 1099 melden, *sind von dem kleinen Heere der Christen besiegt und in ihre Schranken verwiesen worden: Gedankt sei Gott!*[11] – im Verein mit der ungeheuren Beute gewiß ein triftiger Grund, drei Tage später das Fest Mariä Himmelfahrt in Jerusalem besonders feierlich zu begehen.

Weitere Feierlichkeiten brachte das Fest Christi Geburt. In Jerusalem erschienen Bohemund von Antiocheia und Balduin von Edessa, um ihrem sattsam bekannten Sein den Schönen Schein anzufügen – d. h. die Erfüllung des Pilgergelübdes, das sie bislang, dringlicher Verrichtungen halber, noch hintangestellt hatten: die Autopsie der Heiligen Stadt. Mit ihnen kam, zuerst zum Freud-, doch bald schon zum Leidwesen der Pilger, ein geistlicher Beistand mit sehr weltlichem Gefolge: Herr Dagobert, Erzbischof von Pisa, *ein mächtig gelehrter und höchst beredter Mann*[12]; und er hatte nicht nur eine Urkunde des mittlerweile schon seligen Urban II. vorzuweisen, die ihn zum Nachfolger des ebenfalls seligen Adhémar bestimmte, sondern auch eine 120 Schiffe starke Flotte der Krämerstadt, die wie andere Krämerstädte rasch begriffen hatte, daß im Heiligen Land neben den ewigen auch zeitliche Geschäfte zu machen waren. So mächtigen Winken konnte Gottfried sich nicht verschließen. Arnulf wurde trotz verständlichen Sträubens auf den Posten des Kanzlers und Reliquienprokurators abgeschoben, und Dagobert bestieg den Patriarchenstuhl, um von dieser erhöhten Plattform aus sogleich den entscheidenden Hoheitsakt zu vollziehen: die offizielle Investitur der Fürsten Gottfried und Bohemund als Lehensträger der Kirche. Das Syndikat hatte sein Werk vollendet.

Ein Vorgang, der den Advokaten des Heiligen Grabes näher bezeichnet, ereignete sich vor der kleinen, ägyptisch besetzten Hafenstadt Arsuf. Sie hatte Verhandlungen mit Jerusalem angeknüpft, Geiseln gestellt und einen Bevollmächtigten Gottfrieds aufgenommen, Gerhard von Avesnes, den Albert als *von ihm geliebten Ritter und vortrefflichen Jüngling* beschreibt[13]. Als der Vogt die Stadt trotzdem zu belagern begann, hängten die Arsufer den Unglücklichen *in der Weise eines Gekreuzigten mit Stricken gefesselt*[14] als Pfeilfang über die Mauer – in der einfältigen Meinung, die Christen würden sich unter solchen Umständen christlich bedenken. Gerhard selbst flehte den in Rufweite stehenden Gottfried um Schonung an, doch der speiste ihn mit Hinweisen auf die Ewigen Freuden ab und gab Schießbefehl; Gerhard wurde von zehn Pfeilen durchbohrt. Die Wirkung dieses Exempels auf die Mohammedaner ist bemerkenswert: *als sie sahen, wie jegliches Mitleid in den Herzen der Christen erstorben war*[15], zogen sie den Halbtoten in die Stadt zurück, pflegten ihn gesund und entließen ihn im März – als Gottfried die Belagerung nach Verwüsten des Vorlandes längst hatte aufgeben müssen – frei wieder nach Jerusalem ...

In diesem Stil setzte der Vogt vom Heiligen Grab – *der Ritterschaft Spiegel, des Volkes Stärke, des Klerus Anker*[16] – im ersten Halbjahr 1100 die Ausbreitung des Christentums fort: mit Raubzügen nach Transjordanien und gegen die fatimidischen Küstenstädte. Doch seine Tage waren gezählt: am 18.7.1100 wurde er vom Typhus aus der Welt geschafft, nachdem er zuvor noch rasch die Stadt Jerusalem dem Patriarchen vermacht hatte, und unter parischem Marmor an geziemendem Ort bestattet: *neben dem Grab des Herrn*[17], *im Vestibül der Grabeskirche*[18]: *der Stätte, die da heißt Golgatha – das ist verdolmetscht: Schädel-Stätte*[19] ...

Mittlerweile hatten sich im Abendland neue Kreuzzüglerhorden zusammengeballt – ein Teil davon nur aus sehr eingeschränktem Freien Willen, denn Urban war, die Kriegslust zu heben, den sogenannten *Strickläufern*[20], jenen einsichtsvollen Christen, die sich *in Kleinmut und schwankem Glauben* bei der greulichen Belagerung Antiocheias für eine Rückkehr in die Heimat entschieden hatten, mit dem Bannfluch gekommen; und sein würdiger Nachfolger Paschalis II. verfügte, daß sie *exkommuniziert bleiben sollten, bis sie mit sichern Garantien das Gelöbnis bekräftigten, ins Heilige Land zurückzukehren*, allwo es nunmehr gelte, *unsere Mutter, die Kirche des Morgenlands, mit vereintem Eifer wieder zu der ihr gebührenden Stellung zu bringen, so der Herr es schenkt*[21]. Dieser erpresserischen Alternative gegenüber (sie betraf neben erträglichen Gestalten wie Stephan von Chartres auch so wenig erträgliche wie den Judenschlächter Wilhelm von Mélun) gab es kaum eine Wahl. Im September 1100 brach ein Heer Lombarden unter Anselm von Buis, dem Erzbischof von Mailand, nach Konstantinopel auf (laut Albert insgesamt 260 000 Wallfahrer[22], davon ein Großteil nichtkämpfende: Gesindel, Dirnen, Kinder), wo sie im Frühjahr 1101 anlangten, auf griechischem Boden von Polizeitruppen des vorsichtigen Basileus geleitet; die konnten freilich nicht verhindern, daß es in der Umgebung der Lager wieder zu den üblichen Plünderungen kam, wobei den frommen Albert besonders entsetzt, daß die Heilsreisenden *das geraubte Vieh und Geflügel sogar in der Woche Quadragesimae und in der Fastenzeit verschlangen ... Auch brachen sie in die Kirchen des frommen Kaisers ein, voll Gier nach den Dingen, welche darin vom Angesicht der so großen Menge waren verborgen worden. Insgleichen war einer von diesen Parasiten – was grausig zu hören ist – so gottlos, einer Frau, welche das Ihre gegen ihn verteidigte, die Brüste abzuschneiden*[23] ... So ist die Erleichterung verständlich, mit der sie *der vermaledeite Alexios*[24] nach Ostern gen Nikomedeia abziehen sah, wo sich dann unter Raimund von Toulouse ein nachgekommenes französisches Heer mit ihnen vereinigte. Ihr Ziel: die Burg Neokaisareia; dort saß der Normanne Bohemund derzeit in Gefangenschaft des Danischmendiden-Emirs Malik Ghazi, und wenn auch Raimund selber den alten Rivalen gern ewig dort hätte sitzen sehen, so wurde er doch überstimmt – zum Unglück für den Zug. Das Heer wälzte sich, schon bald wieder von Nahrungsmangel gequält, nach Ankyra, nach Gangra (das sich nur durch Verwüstung der Umgegend schädigen ließ) und über den Halys, und unweit von Mersiwan kam es Mitte Juli zur Vernichtungsschlacht gegen das alliierte Großheer Kilidsch Arslans, Malik Ghazis und Ridwans von Aleppo. In mehrtägigem Gemetzel wurden die Franken völlig aufgerieben; die Nichtkämpfer endeten unter den Säbeln der Türken oder verschwanden auf den orientalischen Sklavenmärkten; die Zahl der Toten gibt Albert von Aachen mit 160 000 an[25]. Nur die Hauptrhelden entrannen, wie üblich, zur Küste und über den Pontos Euxeinos nach Byzanz. – Nicht anders erging es dem zweiten und dritten Heer der Abendländer – Franzosen unter Wilhelm von Nevers und Franzosen und Deutsche unter dem von der päpstlichen Nötigung betroffenen Hugo von Vermandois, einem Bruder des französischen Königs: vor Herakleia gerieten sie, nacheinander, in Hinterhalte der Türken und wurden niedergemacht; nur allerkleinste Reste[26] fanden sich in Antiocheia wieder zusammen. Der Zug des *vereinten Eifers* war eine einzige Katastrophe geworden; seine Bilanz: Tote, Verstümmelte, Gequälte ohne Zahl: Blut und Blut und Elend.

Nach dem Tode Gottfrieds wurde die Geschichte der Kreuzfahrerstaaten, wenn sie überhaupt je anderes gewesen war, politische Geschichte: Geschichte fortgesetzter Verbrechen gegen den Frieden und gegen die Menschlichkeit, Geschichte aus Blut und Elend. Sein Nachfolger Balduin ließ sich ohne längere Skrupel zum König krönen und verstand es, die Kuratel des Patriarchen abzuschütteln (*welcher auf alle erdenkliche Weise bemüht war, Mord und Zwietracht zu stiften unter den Fürsten und die junge und noch so zarte Kirche zu verstören*[27]). Es entwickelte sich die typische Feudalmonarchie abendländischen Musters. Mit den Landesbewohnern kam es zu allgemeiner Assimilation; dem Handel war ohnehin alles willkommen, was Handel brachte, bekehrte Heidinnen – notfalls auch unbekehrte (wobei man sich freilich nicht erwischen lassen durfte, drohte doch seit dem Konzil von Nabulus die ›Ementulation‹ als Strafe[28]) – brauchten keine Vorurteile zu fürchten und konnten sogar mit Verehelichung rechnen (Balduin selbst etwa hatte eine Armenierin geheiratet, verstieß sie jedoch wieder, 1113, um sich der Witwe Rogers von Sizilien zu widmen – tat also genau das, was Philipp von Frankreich einst den päpstlichen Bannfluch eingetragen hatte …, aber er war schließlich König eines Heiligen Landes und hatte zudem politische Gründe, die auch schwerfälligen Klerikern einleuchten mußten). Dafür entzweiten sich die christlichen Bruderfürsten immer mehr, und mitunter kam es gar so weit, daß sie sich gegeneinander mit muslimischen Nachbarn verbündeten: Schein und Sein. Ins Abendland zog es kaum einen zurück. *Denn die dort mittellos gewesen, hat Gott hier reich gemacht; die wenige Scherflein nur besessen, verfügen hier über zahllose Byzantier, und wer nicht einmal ein Dorf gehabt, dem gehört hier durch des Herrn Geschenk eine ganze Stadt*[29]. So lebten sie ein halbes Jahrhundert dahin.

Ein halbes Jahrhundert nach dem ersten *Erklingen der Heilsposaune* (wie das Unternehmen bei poetisch empfänglichen Chronisten manchmal heißt), am Weihnachtsabend 1144, tat es im Orient jenen Schlag, der im Okzident die alte Hysterie wieder wachrufen sollte: Edessa, Vorburg der christlichen Reiche, fiel nach einem Monat Belagerung in die Hände des Regenten von Mossul und Aleppo, Imad ad-din Zenghi; und sie blieb darin um so leichter, als der Eroberer nach dem ersten Blutbad, das sich bezeichnenderweise nicht gegen die Christen, wohl aber gegen alle Franken in der Stadt richtete, ein mildes Regiment der Koexistenz aufbaute. Im Herbst 1146 wurde Zenghi ermordet; doch der sofort unternommene Versuch des Grafen Joscelin von Edessa, die Stadt zurückzuerobern, schlug fehl: am 3.11. wurde sein Heer am Euphrat vernichtet, und der Sieger, Zenghis Sohn Nur ad-din (auch einer, der sich als ›Licht des Glaubens‹ begriff), leistete ganze Arbeit: *er gab Edessa zur Plünderung frei und machte fast die gesamte Einwohnerschaft zu Sklaven, mit Ausnahme nur einer verschwindend kleinen Zahl, die er am Orte ließ*[30]. Die Stadt selbst wurde dem Erdboden gleichgemacht; sie hat sich erst fünfhundert Jahre später noch einmal zu einiger Bedeutung erheben können.

Die Bedrohung der orientalischen Kreuzstaaten, als die der Fall von Edessa von der abendländischen Geistlichkeit ausgegeben wurde, bestand in Wirklichkeit nicht, wie die Folge bewies. Im Gegenteil: mit Edessa war ein Unruheherd erloschen, von dem aus *die Funken nach allen Seiten geflogen* waren, wie der arabische Chronist Ibn al-Atir berichtet: von hier aus *unternahmen die Franken ihre Plünderungszüge durch alle Länder Mesopotamiens, und ihre Verwüstungen erstreckten sich bis in die entferntesten Regionen der Dschesireh ... Graf Joscelin aber war vermöge seiner Tapferkeit und Verschlagenheit die Seele der fränkischen Pläne und der Führer ihrer Heere*[31]. Darüber hinaus befanden sich die Machtblöcke in leidlichem Gleichgewicht; wo keine Verträge bestanden, bot die Zwietracht der muslimischen Reiche Sicherheit. Daß die alte Legende, nach der Edessas erster christlicher Fürst Abgarus V. mit Unserem Erlöser in Briefwechsel gestanden und von ihm sogar sein Bildnis zugeschickt bekommen hatte, wie Eusebius in seiner Kirchengeschichte erzählt[32], den Christen Europas als Grund zureichte, das Land als angestammtes Eigen zu betrachten, muß zwar angenommen werden; doch nur Narren oder Böswillige konnten die Situation politisch verkennen. Es gab im Orient nichts, was eine umfassende Europäische Verteidigungsgemeinschaft hätte rechtfertigen können: wieder war es, wie fünfzig Jahre zuvor, ein Aggressionskrieg, zu dem Papst Eugen III. mit seiner Kreuzzugsbulle vom 1.12.1145 aufrief, und wieder bot ein Hilfeersuchen des christlichen Orients den Vorwand – präsentiert durch Bischof Hugo von Dschabala, der sich dazu eigens an den päpstlichen Hof nach Viterbo verfügt hatte. Das Schriftstück mit den bezeichnenden Anfangsworten *Quantum predecessores*[33] (denn der nicht eben geniale Eugen träumte vom Ruhm der großen Vorgänger, in Sonderheit des einen, *Unseres Vorgängers Urban glücklichen Angedenkens*, der die *himmlische Posaune* als erster an den Mund gesetzt hatte) stieß bei Ludwig VII. von Frankreich sofort auf freudigen Beifall. Seine Gründe waren allerdings privater Natur: er hatte bei einer Fehde gegen die Stadt Vitry eine christliche Kirche eingeäschert (*in welcher 1300 Seelen verschiedenen Geschlechts und Alters vom Feuer verzehrt worden waren*[34]), und diese Schuld zu tilgen, schien ihm die Einäscherung mohammedanischer Kirchen ein gutes Mittel zu sein. Die französischen Barone, von diesem speziellen Gewissensbiß unbelästigt, zeigten dagegen weniger Neigung. So wandte man sich schließlich an Bernhard von Clairvaux um Rat, und damit geriet die unheilvolle Sache in allerunheilvollste Hände.

Bernhard, *welcher bei allen Völkern Frankreichs und Deutschlands wie ein Prophet oder Apostel verehrt wurde*[35], eben 55 Jahre alt, seit 1115 Erster Abt des Klosters Clairvaux, einer Zweigstiftung von Cîteaux, nebenher vielschreibender und -redender Erbauungsmystiker (von seinen Bewunderern dieserhalb als der *honigtriefende Lehrer* gefeiert: er pflegte nicht nur den Stifter seiner Religion, sondern auch die von ihm geschätzte Jungfrau Maria mit Vorliebe als *süß* zu apostrophieren) – Bernhard war besonders durch seine Parteinahme beim 1130 ausgebrochenen Schisma zur geistlich und politisch führenden Autorität der Catholica geworden, und man *ging ihn gleichwie ein göttliches Orakel um Rat an*[36] – einen Rat, der überreichlich erteilt wurde. Sein dauerndes Dreinreden in die Kuriengeschäfte wurde schon unter Innozenz II. zeitweilig so penetrant, daß der Papst ihm nahelegen mußte, den postalischen Kurierdienst nicht zu überlasten; für Eugen, seinen ehemaligen Schüler, wurde die unablässig triefende Korrespondenz zur albartigen Plage. Eugen selber war eher weich und ermangelte gänzlich der Militanz seines Prädezessors Lucius II. (der das Kapitol so kriegerisch bestürmt hatte, daß er an den Verletzungen, die er sich dabei zugezogen, verstarb); die Verbrechen seines Pontifikats gehen kaum jemals ganz zu seinen Lasten; sein Leben blieb von der fürchterlichen Vatergestalt des Abtes überschattet, sein Handeln unfrei –

so weit, daß Bernhard ihm einmal die selbstgefällige Mitteilung machen konnte, *es gehet die Rede, nicht Ihr wäret Papst, sondern ich*[37] ... Der Briefwechsel zwischen den beiden ungleichen Kreuzstrategen, den die Bulle auslöste, ist nicht erhalten; doch am 1.3.1146 erging von Trastevere eine zweite, endgültige Fassung von *Quantum predecessores*: sie enthielt die Vollmacht für Bernhard, den Kreuzzug zu propagieren, und wurde zum Modell aller späteren Aufrufe zur Wallfahrt gen Jerusalem. Die Festsetzung des Honorars für die Teilnehmer wurde unverändert von Urban übernommen; während aber Eugen, praktischer als sein Schwarmmeister und um einiges auch ›weltklüger‹, bei aller Einsicht in die Notwendigkeit, eschatologisch etwas gegen die Bosheit der Gattung Christ zu unternehmen (und auch Edessa war schließlich nur *infolge unserer Sünden*[38] gefallen), mehr den irdischen Lohn in den Vordergrund rückte, freute sich Bernhard auf eine gigantische himmlische Heils-Armee mit Heidenblut reingewaschener Erlöster: er verzichtete frank auf jeden politischen Weitblick und befaßte sich ausschließlich mit jener Politik, die von der Kirche ›Moral‹ genannt wird. Seine Moral: *Vollkommene Ausrottung der Heiden – oder sichere Bekehrung!*[39] Ob Taufwasser oder Blut, beider Vergießung sollte die Täter höhernorts gut anschreiben.

Am 31.3.1146 begann Bernhard seine Kreuzpredigt auf einem Hoftag zu Vézelay – mit dem Erfolg, daß König Ludwig sich mit seinen Baronen unverzüglich das *Zeichen der Pilgerschaft*, die traditionelle Schulterklappe, anheften ließ. Sodann wurde die Propaganda über ganz Frankreich ausgedehnt, und mit gleichem Erfolg. *Tat ich den Mund nur auf und sprach*, konnte Bernhard dem Papst melden, *so mehrten sich die Teilnehmer unzählig. Leer stehen Städte und Burgen, und kaum noch einen Mann finden sieben Frauen – so viele Witwen sind hinterblieben, deren Männer noch leben*[40]. Dies – leben – sollten sie allerdings nicht mehr lange. Was Bernhard nicht in Person besorgen konnte, besorgten seine Agenten, und den stärksten Effekt machten schließlich die in ganz Europa verbreiteten Kreuzbriefe seiner Kanzlei. *Sehet nun, Brüder*, schallt es darin, *die willkommene Zeit, die überreich heilvollen Tage!* Nun bricht es endlich an, *dies dem Herrn wohlgefällige Jahr, das wahre Jubeljahr*. Und *selig* ist, wer daran partizipiert. Einzig Gott konnte auf eine so *erlesene Heilsgelegenheit* verfallen und sich herbeilassen, *Mörder, Räuber, Meineidige und Kriminelle aller Sorten, ganz als hätten sie stets nach der Gerechtigkeit gelebt, an ihre Dienstpflicht gegen den Allmächtigen zu mahnen:* das ist wahrhaftig die schierste Güte. Dazu der bestechende Lohn: *Wenn du ein kluger Kaufmann bist, wenn nach Erwerb du trachtest dieser Zeit – wohl, einen großen Markt sage ich dir an!* Denn wo ist das schon vorgekommen, daß einer *für Sold seinen Kämpfern den Nachlaß ihrer Vergehen und ewige Herrlichkeit* gewährt? Großes Erstaunen ist angebracht: *Blickt in den Abgrund seiner milden Gnade!* Oder wollen die Brüder etwa *das Heiligtum den Hunden geben und die Perlen den Säuen?* Gewiß, sehr leicht wohl könnte Gott *mehr denn zwölf Legionen Engel* an den syrischen Kriegsschauplatz schicken, doch zieht er es vor, *uns winziges Gewürm* mit den Kampfhandlungen zu betrauen: *Betrachtet, mit welch großer Kunst er euch retten will!*[41]

Es läßt sich verstehen, daß ein derartiges Schmettern der Heilsposaunen erneut vor allem die Juden mit Unheilsahnungen erfüllte. *Ihr Herz ward voll Zagens; Zittern kam sie an daselbst und Angst wie eine Gebärerin. Und sie schrien zum Herrn und sprachen: »Ach, Herr, siehe! noch sind nicht fünfzig Jahre verstrichen, soviel als ein Jubeljahr ausmacht, seit unser Blut ward vergossen wie Wasser um der Heiligung deines großen, starken und furchtbaren Namens willen am Tage des großen Schlachtens!«*[42] Ihre Angst war nicht unbegründet. Im Sommer 1146 tauchte am Rhein ein Zisterzienser namens Radulf auf, *ein Mann, welcher wohl einen religiösen Wandel zeigte und den Ernst der Religion recht künstlich vorzutäuschen wußte, doch in der Schrift nur mäßig beschlagen war*, wie Otto von Freising ihn zur Wahrung der Standesehre kritisierte[43] (ganz als ob religiöser Ernst und Bibelkenntnis den Antisemitismus zuverlässig ausschlössen). Radulf predigte unter hysterischem Massenapplaus das Kreuz, *und in allen Städten, durch die er kam, weckte er das Tier im Menschen und sprach: »Auf, übet die Rache unseres Herrn an seinen Feinden, so unter uns sind; danach dann wollen wir hinabziehen gen Jerusalem!«*[44] Und eine neue Welle von Judenverfolgungen breitete sich aus – selbst in Städten, die Radulfs Predigt nur über das Gerücht erreichte. In Köln nahm die Mordepidemie nach einer Rede des Mönchs im August ihren Anfang: Kreuzfahrer erschlugen den Rabbiner Schimeon, als er sich nicht taufen lassen wollte, *und das Volk weinte gar sehr über den Verlust der teuren Seele, welche aus dem Lande der Lebendigen weggerissen ward um der Missetat seines Volkes willen*[45]: so berichtet mit anrührend einfachen Worten der Chronist Ephraim bar Jakob, der als dreizehnjähriger Junge die Angst der Gemeinde miterlebte. Doch ihr irrationales

Sündenverständnis hinderte die Juden diesmal nicht, ihr Leben nach allen Kräften zu schützen: durch eine *große Summe Geldes* und Verpfändung ihrer sämtlichen Häuser und Habe in Köln bewogen sie den Erzbischof Arnold, ihnen die Festung Wolkenburg zu überlassen, *die ihresgleichen nicht hatte im Lothringerlande*[46], und dort blieben sie sicher, bis die Seuche des Hasses abgeklungen war. Auch andernorts öffnete Geld ihnen die Zufluchtsstätten, die ihnen bei bloßem Verlaß auf die christliche Nächstenliebe verschlossen geblieben wären. Trotzdem kam es überall zu greulichen Bestialitäten, in Speyer, in Mainz, in Worms, in Bacharach, Würzburg und Aschaffenburg. *Die Feinde aber ersannen lügenhafte und heimtückische Verdächtigungen, auf daß sie herfallen könnten über die Gemeinde. Sie sprachen: »Wir haben im Flusse einen Christen gefunden, welchen ihr umgebracht habt und hineingeworfen; doch seht, er ist heilig geworden und läßt Wunder geschehen!« Darauf erhoben sich die Irrenden und der Pöbel voll Freude über solche Torheit und erschlugen die Juden. Der heilige Rabbi Isaak, Sohn des Rabbi Eljakim, ein bescheidener, sanftmütiger und hochedler Mann, ward über seinem Buche sitzend erschlagen und noch einundzwanzig Personen mit ihm. Unter ihnen war auch ein hebräischer Knabe, ein fleißiger Schüler des Rabbi Schimeon bar Isaak, und er empfing zwanzig Wunden und lebte danach noch ein ganzes Jahr*[47] ...: so geschehen in Würzburg am 24.2.1147. In Mainz wußte sich Erzbischof Heinrich keinen anderen Rat, als an den heiligen Bernhard um Hilfe zu schreiben; und das Wunder geschah, der heilige Bernhard war gegen die Ausrottung der Juden; denn irgendwo stand dunkel geschrieben: *Erwürge sie nicht, daß es mein Volk nicht vergesse!*[48] Ja, er war sogar gegen seinen sehr angesehenen Amtsgenossen Peter den Ehrwürdigen, Abt von Cluny, der dem König Ludwig geschrieben hatte, daß er die Ermordung der Juden zwar nicht anrate, doch solle man ihnen zum höheren Zweck ihre Reichtümer nehmen: *Was nämlich frommt es, die Feinde des christlichen Glaubens in weit entlegenen Landen zu verfolgen, wo doch auch die nichtswürdigen Juden, so bei weitem niedriger sind denn die Sarazenen, Christum gelästert haben, und nicht etwa fern von uns, sondern in unserer Mitte!*[49] In Frankreich hatte diese Auffassung – eines Mannes, der zweifelsfrei über religiösen Ernst ebenso gebot wie über Bibelkenntnis – entsprechende Folgen: der König *ließ einen Befehl ergehen, daß einem jeden, der sich zur Kreuzfahrt gen Jerusalem entschließe, seine Schulden bei den Juden erlassen sein sollten; die meisten Darlehen der französischen Juden aber geschahen auf bloßen Kredit – dadurch verloren sie ihr Vermögen*[50]. Bei solcher Rechtslage war der Weg zum Mord nicht weit: in den Städten Ham, Sully, Carentan und Rameru verloren im Frühjahr 1147 mehrere hundert Menschen ihr Leben. Daß Bernhard in Deutschland dieser Entwicklung Einhalt tat, ja daß er *keinerlei Loskaufgeld von den Juden nahm, weil er aus seinem Herzen Gutes sprach von Israel*[51], ist von den hebräischen Chronisten voller Dankbarkeit verzeichnet worden, und bei der Nachzeichnung seines finsteren Bildes sei es nie vergessen – auch wenn seine Motive so gänzlich lupenrein nicht waren. Denn vornehmlich scheint ihn die Tatsache erbost zu haben, daß Radulf, der Voreilige, überhaupt keine Predigerlizenz besaß und somit zu antisemitischen Aufwiegelungen gar nicht befugt war. *Dieser Mensch*, schrieb er verärgert an Erzbischof Heinrich, *von dem da in Euerm Briefe die Rede geht, kommt sich wohl sehr groß vor und ist doch nur erfüllt vom Geiste der Anmaßung! Seine Worte und Werke sollen nur beschönigen, daß er danach trachtet, sich einen Namen zu machen neben dem (!) Namen der Großen, so auf Erden sind, indessen er doch allen Geschicks dazu ermangelt*[52]. Dieses Geschick besaß natürlich nur er, Bernhard, selber, und das Privileg, sich einen Namen zu machen neben den Namen der Großen auf Erden, stand einzig ihm zu: – dieser Mensch wollte ihm den Auftritt stehlen! So reiste er denn, Anfang November 1146, selber eilends an den Rhein, schickte den Hetzprediger in die Wüste (*denn die Stadt muß ihm ja ein Kerker sein, die Einöde hingegen ein Paradies*[53]), nämlich nach Clairvaux zurück, und unternahm es alsdann in eigener Person, bei dem hier ansässigen Winzigen Gewürm für die kunstvolle Gnade Gottes zu werben.

Die Tournee fand frenetischen Beifall. Zwar konnte der Heilige sich nur mit Hilfe eines Dolmetschers verständlich machen, doch was tat's – die Massen hörten, was sie hören wollten, und glaubten, was sie glauben sollten, und dies um so leichter, als Bernhard nicht versäumte, gelegentlich immer wieder einmal ein Wunder zu tun (worüber seine Assistenten präzise Buch führten). Nur bei dem deutschen König Konrad III. wollten seine rhetorischen Künste lange nicht anschlagen; weich, doch nüchtern, sah der Hohenstaufe im Erlösungsrasen der Massen nur ein eben künstlich hochgeblasenes Feuer, und die unermüdlichen Schürer der Kurie widerten ihn an: *stolze, hohe Gesinnung, wie sie den Herr-*

scher ziert, sprach ihm die Kölner Königschronik zu[54]. Dreimal lief Bernhard vergeblich dagegen an; beim viertenmal, zu Weihnachten 1146 auf einem Reichstag zu Speyer, wo er ihm vor allem Volk die Leviten las, rhetorisch die Gestalt Christi selbst annehmend, gelang es. Konrad brach wütend in Tränen aus und ließ sich das Kainszeichen anheften. Das war nun allerdings wieder sehr gegen die Pläne des Papstes, und der König mußte sich brieflich bei ihm entschuldigen, daß *der heilige Geist, der weht, wie er will, Uns keine Muße ließ, von Euch oder andern Uns Rats zu holen*[55]. Denn Eugen hatte sich, in allen Einzelheiten auf das Vorbild des *Vorgängers glücklichen Angedenkens* fixiert, wieder einen rein französischen Kreuzzug eingebildet und grollte Bernhard, wenn auch leise, weil dieser die Predigt auf Deutschland ausgedehnt hatte, ohne ihn vorher zu konsultieren. Dazu kam, daß Konrad in Italien für die Mutter Kirche tätig werden sollte, gegen Rom, das sich, vor drei Jahren schon, zur Beendigung des päpstlichen Regimes und zur Ausrufung der Republik entschlossen hatte – (geführt von den Gedanken des tapferen, redlichen, großen Arnold von Brescia, *des Rede Honig ist, des Lehre aber Gift*, wie Bernhard, der eifersüchtig über allem Honig wachende, gegen ihn schrieb; *der das Haupt einer Taube hat, doch den Schweif eines Skorpionen; den Brescia ausspie, vor dem Rom schauderte, den Frankreich vertrieb und Deutschland verabscheut*[56]: – die Freude, diese Reinigung des kurialen Augiasstalls vereitelt und den Urheber am Galgen enden zu sehen, hat freilich dann erst Eugens Nachfolger, Hadrian IV., erlebt: 1155). Schließlich war aufgrund der bestehenden Bündniskonstellationen kein sehr harmonisches Einvernehmen zwischen Ludwig und Konrad zu erwarten: der französische Kronenträger stand in Kontrakt mit Roger II. von Sizilien, und der war nicht allein mit Konrad befeindet, sondern auch mit dem diesem verschwägerten Ostkaiser Manuel Komnenos, einem Enkel des Alexios. Das alles versprach, für Bernhard schlecht überschaubar, von vornherein Chaos und Konflikte.

Im Februar 1147 begann Konrad auf einem Reichstag in Regensburg sein Heer zu sammeln: ein hochglänzendes Aufgebot, praktisch alles, was in Deutschland gewalttätig war – (und das wirkte sich dann auch entsprechend günstig aus: die Heimat hatte für gut zwei Jahre Ruhe. *Tiefe Stille breitete sich plötzlich über fast den ganzen Okzident*, schrieb Bischof Otto von Freising verdutzt; *nicht nur Kriege zu führen, sondern selbst Waffen öffentlich zu tragen, galt mit einemmal als Verbrechen*[57]). Ende Mai erfolgte der Aufbruch. Und *so unendlich war die Menge der Wallfahrer, daß sie gleichwie Heuschrecken das Angesicht der Erde bedeckten*[58]. Die Chronisten überbieten sich mit ihren Zahlenangaben: *Kein Mensch wird glauben können, welche Menschenmasse dort vereinigt war*[59]. Bescheidene Annalisten begnügen sich mit 50 000 Bewaffneten; der Araber Abu 'l-Faradsch erschrak vor 800 000; eine Zählung an der griechischen Grenze, die der Historiker Kinnamos mitteilt, wurde bei 900 000 resigniert abgebrochen; und Gerhoh von Reichersberg hat in seinem Alterswerk *Die Aufspürung des Antichrist* gar die verstiegene Ziffer sieben Millionen angebracht[60]. *Gleichsam der zehente Teil der gesamten Erdbewohnerschaft*[61] soll sich schließlich unterwegs befunden haben.

Der Zug durch Ungarn, entlang der alten Straße Gottfrieds von Bouillon, verlief in deutscher Zucht und Ordnung; doch nach Überschreiten der Ostreichsgrenze, in Bulgarien, begannen die Horden nach traditioneller Weise zu plündern. Der König, 54 Jahre alt und dem frommen Vorhaben noch immer nicht mit der rechten Freudigkeit zugetan, verlor zunehmend die Kontrolle. Vor Philippopel kam es über einer Bagatelle zur Explosion der gestauten Mordinstinkte. Ein armer Gaukler führte in einer Schenke ein paar Kunststücke mit einer Schlange vor; die deutschen Christen, glaubensmäßig nur einseitig geübt, schrien Zauberei und rissen den unglücklichen Menschen in Stücke. Auf den Tumult hin erschien der Stadtkommandant waffenlos mit seinen Leuten, um Frieden zu stiften; doch man fiel auch über ihn her, und er mußte fliehen. Das erbitterte nun wiederum die Einwohner von Philippopel: *sie unternahmen einen Ausfall; schlugen nun die, vor denen sie geflohen waren, selber in die Flucht; töteten, verwundeten; und hielten erst inne, als sie alle Deutschen aus der Vorstadt vertrieben hatten. Viele von diesen kamen ums Leben … später aber faßten ihre Genossen wieder Mut, bewaffneten sich von neuem und kamen zurück, den Tod ihrer Kameraden zu rächen; – sie verbrannten fast alles außerhalb der Mauern*[62] … Unweit von Adrianopel wurde ein nachzügelnder, weil krank gewordener Baron von einigen Rhomäern bei Nacht beraubt und in seiner Herberge verbrannt –: zur Vergeltung ließ Friedrich von Schwaben, der Neffe Konrads und spätere Kaiser Barbarossa, das in Tatortnähe gelegene Kloster einäschern und sämtliche Bewohner als Mitschuldige umbringen (*obschon er sonst von hochherzigem und vernünftigem Sinne war*[63]): ein mittelalterliches Lidice übelster deutscher Tradition. Auch mit den Truppen des Basileus, die den wüsten Haufen als Geleitschutz zu dirigieren versuchten, kam es zu Schlägereien; das Chaos wuchs täglich, bis schließlich am 8.9.1147 auch noch der Himmel eingriff und das Lager mit Orkan und Überschwemmung ruinierte: in der Choirobachischen Ebene schwoll das sonst harmlose Melas-Flüßchen in kürzester Zeit zu einem reißenden Strom – *ob durch ein Rückfluten des nahen Meeres, durch zu großen Regenfall oder durch den Rächerzorn der Allerhöchsten Majestät, welche die Schleusen des Himmels geöffnet*, wollte der alles erwägende Chronist nicht entscheiden –; jedenfalls riß das Hochwasser die ganze Zeltstadt über den Haufen. *Die einen suchten zu schwimmen, andere klammerten sich an ihre Pferde, wieder andere mühten sich kläglich, an Stricken und Tauen Halt zu finden; manche stürzten sich in kopfloser Panik in den Fluß und gingen unter; die meisten, die glaubten, sie könnten davonkommen, wurden vom Wogenprall fortgerissen, von treibenden Baumstämmen getroffen oder von der Gewalt der Strudel verschlungen und ließen ihr Leben; nicht wenige, die des Schwimmens unkundig waren, hängten sich an andere Schwimmer, wo sie ihrer habhaft werden konnten, ermüdeten diese, also daß die Ruderkraft ihrer Arme erlahmte, und so versanken schließlich beide*[64] … Derweil zelebrierte Bischof Otto von Freising, günstigerweise auf einer trockenen Anhöhe befindlich, die Heilige Messe und sang, *während das Stöhnen und Gebrüll der Unseren heraufdrang*, zur Feier des Geburtstages der Heiligen Jungfrau das *Gaudeamus* …

Am 10.9.1147 stand das Heer vor Konstantinopel. Kaiser Manuel, mit Konrad zweiten Grades verschwägert, zeigte wenig Lust zu einem so umfangreichen Familientreffen und wies dem Verwandten einen Vorortspalast zu (das sogenannte Philopation), den die Deutschen allerdings in kürzester Frist bis auf die Mauern ausplünderten, so daß sich der König einen zweiten Wohnsitz nehmen mußte. In die Stadt selbst ließ man sie nicht, und die zunehmende Brutalität der Gäste verhinderte auch, daß die beiden Herrscher sich in Person begegneten; sie verkehrten nur postalisch miteinander[65]. Endlich zog die riesige Horde dann gegen Schluß des Monats weiter, nachdem Konrad dem Basileus *die Trieren, deren er zur Überfahrt der Massen bedurfte*, mit der Drohung abgepreßt hatte, *wenn sie ihm nicht alsbald zur Verfügung stünden, werde er im kommenden Jahre wiederkehren und mit vielen Tausenden die Stadt berennen*[66]. In Nikaia teilte sich das Heer Mitte Oktober in zwei Züge: die Hauptmasse des Fußvolks trollte sich mitsamt den unbewaffneten Pilgern an der Küste entlang nach Süden, geführt vom Bischof Otto, einem Stiefbruder Konrads; der König selbst schlug mit der Ritterschaft den kürzeren, direkten Weg quer durch Kleinasien ein. Und die Katastrophe begann.

Über Ottos von Freising Zug ist nur wenig bekannt, zumal der heilige Mann selbst in seiner Chronik aufs diskreteste darüber wegging. Kurz nach Betreten türkischen Bodens wurde der schwerfällige Haufen (nach dem maßvollsten Annalisten 15 000 Menschen[67]) von feindlicher Reiterei angegriffen und versprengt; bei Laodikaia gab es in den letzten Tagen des Jahres »ein Blutbad«, wie Geschichtsschreiber stenographieren; das Heer erlitt das Dutzendschicksal seiner Vorgänger. *Viele gingen durch Hunger zugrunde, viele durch die Unwirtlichkeit der Luft, viele durch Überfälle der Feinde, viele durch Krankheit, viele durch Schwäche* – wie Lambert von Ardres[68] stenographiert. Nur ein kleiner Teil, darunter selbstverständlich der Führer Otto, vermochte sich zur Küste nach Attaleia durchzuschlagen und stieg dort zu Schiffe; Ostern 1148 traf der fromme Mann, von Gott und gepumptem Geld gerettet, in Jerusalem ein.

Noch weniger rühmlich erging es Konrad. Zehn Tage nach dem Aufbruch von Nikaia waren die Lebensmittel zu Ende; am elften Tag, dem 26.10.1147 – man hatte sich derweil bis in die Nähe von Dorylaion durchgebracht –, liefen die nur äußerlich eisernen Wallfahrer mitten in einen Großangriff des Seldschukenheers hinein. Die mühsam bewahrte Glaubenszuversicht geriet durch eine Sonnenverfinsterung ins Wanken; Konrad erkannte die Lage und befahl den Rückzug. Er wurde zur regellosen Flucht. *Die Türken hatten keine Furcht mehr, sobald sie erkannten, daß es an Pfeilbogen und schnellen Pferden fehlte, und setzten denn nicht nur der Nachhut, sondern auch dem Vortrab und der Mitte mit ihren Geschossen zu*[69]. *Als die Christen sich auf allen Seiten von den Barbaren umrauscht sahen, sanken die meisten zu Boden, und vielen war der Tod erwünscht*[70]. *So furchtbar hatten Hunger und Durst sie verzehrt, daß sie den anstürmenden Feinden aus freien Stücken den Hals darboten*[71]. *Der ganze Wüstenweg war mit Sterbenden und Toten bedeckt*[72] ... Mit kaum über einem Zehntel seiner Ritter und Mannschaften gelangte Konrad zurück nach Nikaia.

Dort war unterdessen (am 2./3.11.1147) das französische Heer unter König Ludwig eingetroffen (der sich, *weil ihm von Natur ein milder Sinn eigen war*[73], in Byzanz klüger verhalten und den Basileus durch friedlich staunende Besichtigung seiner Reliquien für sich eingenommen hatte), und die beiden Führer beschlossen, ihre Truppen zu vereinigen und sich beim Weitermarsch jetzt dicht an der Küste zu halten: eine Maßnahme, die nach den bisherigen Erfahrungen mit der Göttlichen Vorsehung in Kleinasien nahelag. Von den Seldschuken unbehelligt, doch zunehmend untereinander zerstritten, erreichten Franzosen und Deutsche so schließlich kurz vor Weihnachten Ephesos. Doch hier erlitt Konrad, der zudem von zwei Pfeilschüssen verwundet war, einen Nervenzusammenbruch und blieb zurück; später folgte er einer Einladung des Basileus nach Konstantinopel, wo er dann, von Manuel *in eigener Person und mit eigenen Händen* gepflegt[74], bei Gastmählern, Pferderennen und ähnlichen Festivitäten einen ausgedehnten Winterurlaub verbrachte. Ludwig zog mit dem Heer nach vier Tagen weiter. Um den 5.1.1148 erreichte er Laodikaia: es war verlassen; die Bewohner hatten sich dem christlichen Heilswirken nicht aussetzen wollen und sich mit ihrer Habe ins Gebirge geflüchtet. Unzureichend verproviantiert, von Witterungsunbilden zermürbt, nur mühsam noch geistlich zu begeistern, wälzte sich das Heer über das Kadmos-Gebirge nach Süden, und gegen Mittag des zweiten Marschtages brach auch für diese Armeegruppe Gottes *die willkommene Zeit* an, *das wahre Jubeljahr*. Die Berge *waren noch immer getränkt vom Blute der Deutschen*, die Bischof Otto hier hatte selig werden lassen, *und vor uns zeigten sich die Feinde, die jenen den Tod gebracht.* Auf der einen Seite verwesende Leichenhaufen, auf der anderen türkische Schwadronen, dazu das gräßliche Felsenmonstrum, das es zu überschreiten galt, *der fluchwürdige Berg*, wie Odo von Deuil ihn bezeichnet – kein Wunder, daß sich da so mancher Gedanke der Ewigkeit zuwandte. *Der Berg war schroff und felsig, sein Gipfel schien uns den Himmel zu berühren, und der Wildbach im hohlen Tal dünkte uns in die Hölle hinabzustürzen. Dazwischen staute sich die immer wachsende Menge; die einen drängten die andern, keilten sich fest, und schließlich kamen sie kaum noch von der Stelle. Die Lasttiere strauchelten auf den zerklüfteten Felsgraten und stürzten in die Tiefe des Abgrunds, alle mitreißend, auf die sie trafen. Auch lösten sich immerfort Steinbrocken von ihrem Ort und schufen große Verwüstung.* Dazu ein unaufhörlicher Pfeilregen der Türken (*und Griechen*, wie Odo absichtsvoll hinzufügt): *Der Tag neigte sich, und immer größer ward im Schlunde der Tiefe die Masse unseres Kriegsgeräts.* Vor- und Nachhut boten keinen Schutz mehr; ungehindert drangen die Türken in den Heereskern ein, *und das waffenlose Volk fiel wie eine Herde Hämmel auf der Schlachtbank oder floh.* Mönch Odo, selber dabei, sah schließlich keine andere Möglichkeit mehr, *als den Herrn anzurufen*; doch erst die Nacht setzte dem Gemetzel ein Ende. *Hier starb die Blüte Frankreichs*, klagt der Chronist, *und da ich dies schreibe, rinnen mir die Tränen, und ich seufze aus tiefstem Herzen. Dennoch vermag ein nüchterner Geist sich heilsam damit zu trösten, daß diese ihre Biederkeit weiterleben wird im Gedächtnisse der Welt und daß, die in heißem Glauben und ihrer Irrtümer ledig geendet, sich die Märtyrerkrone verdienten. So kämpften sie denn, und daß sie nicht ungerächt stürben, häufte ein jeglicher Leichen um sich auf*[75]: da mußte die Märtyrerkrone allerdings gleich doppelt gut passen. Odo selbst, der nüchterner Geist genug war, um den heißen Glauben nicht zu übertreiben und die Märtyrerkrone nicht übereilt zu erwerben, gehörte mit zu der sehr zusammengeschmolzenen Schar, die sich nach Attaleia durchschlug. Dort mietete sich Ludwig, der geistlichen Abenteuer überdrüssig, kurzerhand eine kleine Flotte für sich und seinen Hofstaat, um auf dem Seewege weiterzupilgern; die Ritter folgten, da ebenfalls im Besitz der notwendigen Barschaft, ebenfalls per Schiff; dem Rest, Fußvolk und Pilgern, den Verführten und nun von ihren Verführern Verlassenen, wurde anheimgestellt, den Wanderpfad durch Kilikien zu benutzen: – über die Hälfte von ihnen kam auf dem Elendsweg um. Am 19.3.1148 landete Ludwig in St. Symeon an der Mündung des Orontes, wo ihn Fürst Raimund in Person abholte und nach Antiocheia geleitete. Doch so opulent dort auch gefeiert wurde, zu rechtem Einvernehmen wollte es nicht kommen. Von den militärischen Absichten Raimunds (Angriffen auf Aleppo und Kaisareia, die Hauptstützen Nur ad-dins) fühlte der König sich überfordert, und die privaten gefielen ihm noch weniger: der Fürst, Onkel seiner mitreisenden Gattin Eleonore, hatte sich an der reizvollen Nichte allzu onkelartig zu schaffen gemacht, und der 28jährige Ludwig sah keine andere Möglichkeit, als mit der sich sträubenden Dame eilends abzureisen. Anfang Juni erschien er in mäßiger Hochstimmung im heiligen Jerusalem, wo alles unverzüglich in das vom Protokoll vorgeschriebene Festliche Frohlocken ausbrach. Auch Konrad hatte sich dort inzwischen eingefunden, vom Winterurlaub zurück. Der Enthusiasmus der Kreuzfahrerstaaten über den Hohen Besuch war allerdings etwas zwiespältig: einerseits betrachtete man die neuen Streitsucher Christi durchaus als Störenfriede, zum anderen aber wollte man sie, da sie nun einmal da waren, auch angemessen beschäftigen. Doch politisch zwingende Gründe für solche Beschäftigung, wie sie das Abendland noch ohne Schwierigkeit erspäht hatte, ließen sich hier selbst mit religiös überreizten Augen nicht mehr erblicken; also bemühte man sich, sie künstlich zu schaffen. Am 24.6. trat in Akkon der Hohe Rat von Jerusalem zu einem allgemeinen Fürstentag zusammen[76], und nun schlug der politische Aberwitz der Kreuzfahrer seine tollste Kapriole. Man beschloß nämlich, nicht etwa das strategisch wichtige Aleppo zu attackieren (von Edessa war ohnehin keine Rede mehr), sondern vielmehr das seit 1139 mit Jerusalem gegen Aleppo alliierte Damaskus. Damit mußte das so heikel ausbalancierte Gleichgewicht der Mächte in gefährliches Wanken geraten. Die Abendländer, die diesem Plan mit dummer Wonne applaudierten (voran der gewalttätige Bischof von Langres), waren durch Einfalt leidlich entschuldigt: für sie war Aleppo ein bloßer langweiliger Name, während Damaskus – seiner verlockend fruchtbaren Ländereien einmal ganz ungeachtet – immerhin auf das Wirken des Apostels Paulus zurückblicken konnte. Was dagegen die einheimischen Kreuzregenten bewog, jegliche Vernunft derartig zu verabschieden, wird wohl immer unerforschlich bleiben. Zu Konrads Ehre muß gesagt sein, daß er, als offenbar einziger, dem Wahnplan widerriet: er *hat es mit eigenem Mund bezeugt, daß die Kreuzstaaten schwerlich jemals würden größeren Frieden erlangen können*[77]; – er verkannte das echteste Anliegen der Herren; es ging ihnen ganz und gar nicht um den Frieden auf Erden …

Mitte Juli stampfte das Heer, durch zahlreiche Neuanwerbungen auf über 50 000 Mann gebracht[78], vom Sammelpunkt Tiberias nach Norden – sehr uneinig geführt von den drei heiligmäßigen Königen aus Morgen- und Abendland: Konrad, Ludwig und, im Schlagschatten seiner regierenden Mutter Melisende, Balduin III. von Jerusalem. Raimund von Antiocheia beteiligte sich nicht; er verübelte Ludwig den jähen Entzug der Eleonore. Die Truppenmoral zu heben, *wurde das heilsame Holz des lebenspendenden Kreuzes vorangetragen*[79]; dem hielt dann in Damaskus die Ausstellung des vom Kalifen Osman gesammelten Korans die Waage, von dessen Anblick die Belagerten Trost bezogen. Die Belagerung begann am 24.7.1148. Der Atabeg von Damaskus, Muin ad-din Anar, ein *verständiger, frommer, standhafter und tugendreicher Mann*[80], hatte seine Vorkehrungen getroffen und an Nur ad-din und dessen Bruder Seif ad-din eine Bitte um Entsatz gesandt – dies allerdings mit sehr gemischten Gefühlen, denn er wußte ziemlich genau, was ihm selber und seiner Herrschaft bevorstand, wenn er die beiden Zenghi-Söhne in die Stadt ließ. Einstweilen gedachte er diese noch selber zu halten.

Gleich der erste Angriffstag brachte den Franken unschätzbare Vorteile: sie eroberten die westlich der Stadt gelegenen, als Partisanengelände höchst gefährlichen Obsthaine und drangen gegen die Stadtmauern vor – allerdings unter den gewohnten gräßlichen Verlusten. Besonders

Konrad tat sich, wenn man Wilhelm von Tyros glauben will, durch abscheuliche Nahkampfleistungen hervor: *Einem der Feinde, welcher besonders mannhaft und entschlossen kämpfte, soll er, obschon jener einen Harnisch trug, mit einem einzigen Hiebe den Kopf, den Hals, mit diesem die linke Schulter, den linken Arm und zugleich noch einen Teil der anschließenden Leibesseite heruntergehauen haben*[81]: – es empfiehlt sich, bei Gelegenheit einmal in Museen die Waffen in Augenschein zu nehmen, mit denen die Christen des Mittelalters sich um die ewige Seligkeit bemühten; es könnte sein, daß man ein Maschinengewehr im Instrumentarium der zwischenmenschlichen Beziehungen anschließend zu den humanen Gerätschaften zu zählen geneigt ist. *Die Bürger der Stadt, die dies sahen oder durch die Erzählung anderer davon erfuhren, stürzte dieser Vorfall in solches Grausen, daß sie von Grund auf am Widerstand und am Leben verzweifelten*[82] *... Weil aber so viele Muslimin getötet worden waren, herrschte Wehklagen und Hoffnungslosigkeit in der Stadt, und die Einwohner lagen mehrere Tage in Asche*[83]. Trotzdem wagte Muin ad-din am 25.7. einen Ausfall, und es gelang ihm immerhin, die Franken durch zahlreiche Geplänkel so hinzuhalten, daß sie auch am dritten Belagerungstag noch keine weiteren Erfolge erzielt hatten. Dann änderte sich die Lage gründlich.

Die Entsatzheere der Zenghi-Söhne waren – nach dem arabischen Chronisten Al-Hafedh Ibn Dschusi insgesamt 80 000 Reiter[84] – bis nach Emessa herangerückt, und nun stand Muin ad-din vor der Entscheidung, sich entweder den Bundesgenossen in die erdrückenden Arme zu werfen oder sich aber mit den Franken zu arrangieren. Er versuchte das letztere. Und bewirkte damit etwas ebenso Sonderbares wie Obskures. Die Kreuzfahrer gaben – auf wessen Initiative hin, wußten sie kurz darauf selber nicht mehr – die errungenen Positionen auf und verlegten ihr Lager auf die angeblich günstigere Süd- und Ostseite der Stadt – und während die Damaszener die verlassenen Obsthaine eilig wieder besetzten, machten die Christen nun die bittere Feststellung, daß ihnen hier nicht nur der Obstproviant und das Wasser fehlte, sondern daß auch gerade die Ostmauer zu den stärkstbefestigten Abschnitten gehörte. Das war das Ende: man beschloß den Abzug. Die Hintergründe des ›Verrats‹ blieben dunkel, so erbittert sie auch – bei Rittern und Mannschaften – diskutiert wurden; doch dürfte es mit den Gerüchten, die überall umliefen und von den christlichen Chronisten mit schiefer Miene überliefert wurden, jene Richtigkeit gehabt haben, die der arabische Geschichtsschreiber Abu 'l-Faradsch in den lakonischen Satz zusammenfaßte: *Muin addin sendete heimlich an den König von Jerusalem und gewann ihn durch freundliche Worte und durch Gold, nämlich 200 000 Denare*[85], *welche aber sämtlich von Erz und nur mit ägyptischem Golde überzogen waren*[86]. Auch Patriarch Fulcher und die Tempelritter sollen mit ähnlich klingendem Argument für den Frieden gewonnen worden sein. Wilhelm von Tyros, der *die Helfershelfer des Verbrechens* nicht kennen will, übergeht die genannten Namen bei der Erörterung mit auffallender Diskretion: das könnte bei seiner Geistesart einem Beweis gleichkommen[87]. *Der König der Alemannen aber zog, als er die unredliche Gesinnung der anderen Franken merkte, von Damaskus ab und kehrte mit großem Verdruß heim in sein Land*[88] …

Am 28.7.1148 trat das christliche Heer, das unwürdig geführte, sinnlos wie nie dezimierte, den Rückzug an, von den Damaszenern noch tagelang verfolgt. Die Führer des Schand- und Schund-Unternehmens begegneten sich mit wachsender Feindseligkeit, mit Mißtrauen und Vorwürfen. Ein letzter Versuch, die blutige Farce des Kreuzzugs zu krönen, gelang entsprechend: im August wollten Franzosen und Deutsche das ägyptisch besetzte Askalon belagern, doch die Hilfe Jerusalems blieb aus; auch dieser Feldzug wurde aufgegeben. Damit hatte Konrad nun endlich genug von der Kreuzritterei: er gelobte mit feierlichem Ingrimm, er werde den Gottesfreunden im Heiligen Land *niemalen wieder, zu keinem künftigen Zeitpunkt, etwelche Hilfe leisten, weder in eigner Person noch durch irgendeinen der Seinen*[89], und segelte, am 8.9., zum abermaligen Winterurlaub nach Konstantinopel ab, empfangen dort *von mannigfachen Gemütserquickungen, kaiserlichen Palästen, Schauspielen aller Art, Pferderennen und prächtigen Festen, durch welche sein erschöpfter Körper bald wieder zu Kräften kam*[90]. Gekräftigt auch in seinem Realitätssinn, schloß er mit Manuel einen Vertrag – gegen Roger von Sizilien, den unterweil sehr konkret gewordenen Erzfeind des Basileus –, und zwar genau zu der Zeit, da König Ludwig zu entgegengesetztem Bündnis auf normannischen Schiffen nach Sizilien segelte –: die schmutzige Tünche des Einigenden Kreuzgedankens war geplatzt, und die Wirklichkeit kam endlich zum Vorschein …

Für den guten Ruf, dessen sich die Göttliche Vorsehung im Abendland erfreute, war der Ausgang der Wallfahrt eine einzige Katastrophe, und die christlichen Chronisten hatten alle Hände voll zu tun, die Tatsachen mit den Heilseinbildungen auszusöhnen. Bischof Otto von Freising gelang dies mit unnachahmlichem Zungenschlag: *Wenn dieser Feldzug auch nicht nützlich war der Ausweitung unserer Grenzen, noch förderlich der Wohlfahrt unseres Leibes, so war er gut doch für gar vieler Seelen Rettung*[91] ... Doch er meinte damit nicht die Davongekommenen. Er meinte die Opfer, die Gemordeten, Gequälten, in der Sklaverei Verdorbenen und Gestorbenen: über eine Million Opfer.

Wie Bischof Otto übten auch die anderen Chronisten Diskretion. *Weil aber denn alles, was auf dieser Reise geschah, erfüllt ist von Trauer und Elend und Sieglosigkeit, ist es besser, davon zu schweigen und Rücksicht zu nehmen auf die römische Scham und es der Kenntnis der Nachwelt nicht zu überliefern*[92] ... Doch abgesehen davon, daß die römische Scham so tröstungswürdig groß nicht war – zum sogenannten Zweiten Kreuzzug gehörte noch ein weiteres Unternehmen, und dieses ging zum mindesten nicht sieglos aus, wie immer es ausging –: so wurde es überliefert – und sei auch hier referiert – für alle, die den großen Kurienkrieg möglicherweise für verfehlt erachten könnten, weil er sein Ziel verfehlte. Es war, neben dem Kreuzzug gegen die Wenden, die dritte Gewaltbewegung dieser Jahre und die kleinste – und brachte zugleich doch den einzigen strategischen Erfolg: die Eroberung von Lissabon, der wichtigsten Stadt des spanischen Sarazenenreichs.

Auch diesen Zug hat Bernhard dirigiert, immer tiefer verbissen in den Wahn einer ganz Europa umfassenden Anti-Heiden-Aktion. Wieweit er gar auch hier der Initiator war, wohlmöglich noch vor Papst Eugen selbst, ist mit

Sicherheit nicht mehr festzustellen: die entscheidenden Dokumente, etwa die Korrespondenz zwischen der Kurie und dem kastilischen Hof, sind nicht erhalten geblieben. Wohl aber läßt sich die naheliegende Vermutung aus den Zusammenhängen belegen: denn die zweite Fassung der Bulle *Divina dispensatione*, in der zum erstenmal in der Kreuzzugspropaganda der *König von Spanien* auftaucht, der *sich machtvoll wappnet gegen die Sarazenen jener Lande, über welche er durch Gottes Gnade schon häufig triumphiert hat*[93], erging am 11.4.1147 *an alle Gläubigen* – fünf Tage nachdem Seine schwankende Heiligkeit in Clairvaux nach mehreren Jahren wieder mit seinem Lehrer Bernhard zusammengetroffen war; und daß den spanischen Expansionsbemühungen die gleichen Privilegien zugesprochen wurden wie der Bewaffneten Wallfahrt gen Jerusalem, wurde mit Wahrscheinlichkeit bei diesem hochgeweihten Anlaß ausgeheckt. Eindeutig Bernhards Einfluß aber brachte die notwendigen Gewaltmittel zusammen: seine bis nach Britannien verbreiteten Kreuzzugsbriefe erst machten die Horden mobil, die der Expansor Alfons zur Rettung ihrer Seelen einzuladen gedachte: Engländer, Flamen, Normannen und Niederlothringer. *So schallten die Trompeten des Heils durch alle Lande der Erde*[94] …

Am 19.5.1147 war das gemischte Heer nach Hinzukunft einer größeren Ladung Kreuzfahrer aus Köln vollzählig am vereinbarten Treffpunkt, dem Hafen Dartmouth in Devonshire, versammelt: 13 000 *Männer verschiedener Nationen, Sitten und Zungen*[95]. Vier Tage später segelte die Flotte, 164 Schiffe stark[96], in Richtung Heiliges Land von dannen. Doch wenn man mit der klugen Wahl der Reiseroute nun gleich sämtlichen Unbilden, die der Landweg verhieß, zu entgehen geglaubt hatte, so erwies sich das als Irrtum: am 28.5. gerieten die Wallfahrer in einen der Stürme des Golfs von Biscaya, und ihr Gottvertrauen wurde einer anstrengenden Prüfung unterzogen. *Da es aber dunkelte, erhob sich ein Unwetter, und wir wurden in alle Richtungen zerstreut. Der Nacht über die Maßen tiefe Finsternis und das ungewohnte Wogen des Meeres ließen auch die kühnsten Seefahrer verzweifeln. Immer wieder ward der Sang der Sirenen vernommen* (naheliegenderweise: man näherte sich ja Lissabon, der Ulysses-Stadt), *ein gar schauerlicher Laut, ein Klagen bald und bald ein Gelächter und Spotten, gleichwie der Lärm eines tobenden Lagers*[97]. Erst anhaltende Gebetsübungen veranlaßten die Besänftigung der Naturgewalten, und da es günstigerweise just die Nacht auf Himmelfahrt war, in der sich das Ungemach zutrug, ereigneten sich überdies noch zahlreiche Mirakel von stark erbauender Wirkung. Getrost fand sich die Flotte wieder zusammen und segelte, am Abend des 7.6., in die Mündung des Tambre ein, von wo man noch in derselben Nacht zum *Heiligen Jakob*, nämlich nach Santiago de Compostela, pilgerte, um dort anderntags unter entsprechend feierlichen Umständen das Pfingstfest zu begehen. Am 16.6. erschien das Heer im Hafen von Oporto, und hier erwartete die Reisenden bereits eine sorgsam abgesprochene Regie.

Alfons VII. von Kastilien, ein ebenso unternehmender wie gerissener Mann, vom Papst großzügig als *König der Könige* agnosziert, von untergebenen Zeitgenossen noch großzügiger als *Kaiser von Spanien* gefeiert und als *wundertätiger Ausrotter der Feinde des Kreuzes Christi*[98], hatte zur Endlösung der Heidenfrage in Spanien bereits energische Schritte unternommen. Unter anderem war es ihm im März des Jahres gelungen, durch einen nächtlichen Überraschungsangriff Santarém zu erobern, *die mächtigste aller Städte Spaniens* (oder vielmehr hatte *Gott durch unseren König* diese Handlung vollbracht): *Frohlocket mit Händen, alle Völker, und jauchzet Gott mit fröhlichem Schall und sprecht: Hört, o ihr Könige, leiht euer Ohr, ihr Fürsten auf Erden all! Der HErr läßt neue Kriege geschehen in unseren Tagen*[99] *...!* Der neueste Krieg nun sollte sich mit Lissabon befassen, einer der reichsten Maurenstädte, und Alfons hatte sich, vom Nahen der Kreuzzügler unterrichtet, alsbald entschlossen, sich ihren geistlichen Enthusiasmus zunutze zu machen. Er selber war bereits vor zehn Tagen mit seinem Heer vorangezogen, hatte jedoch seinem Stellvertreter, dem Bischof Petrus von Oporto, briefliche Weisung zustellen lassen, die Franken möglichst schmeichelhaft zu empfangen, zu bepredigen und sodann mit ihnen schleunigst nach Lissabon nachzukommen. Der Bischof entledigte sich seiner Aufgabe mit Geschick, und da er die bewährte Redetechnik Bernhards nachahmte, war der Erfolg gar keine Frage.

Die langwierige Predigt, am 17.6. hoch droben auf dem Berg im Friedhof der Kathedrale gehalten, ist vom Chronisten des Zuges, Osbern, vollständig überliefert worden und bildet auch für heutige Feldgeistliche eine immer noch lehrreiche Lektüre. *Selig das Volk, des Gott der Herr ist, das Volk, das er zum Erbe erwählt hat!*[100] – wie sollten sich da nicht alle gleich angesprochen fühlen! *Und glücklich wahrhaft die Erde, die solche Kinder nährt, die so viele Söhne in einmütiger Gemeinschaft am Busen der Mutter Kirche ver-*

einigt! – dies letztere darum ein besonderer Glücksfall, weil die genannten Söhne in gar keiner Weise gesehen hatten und doch blindlings glaubten. Allein dieser Glaube hatte sie mobil gemacht: *Durch keines Predigt noch Mahnung bewogen, sondern allein die Lust zum Gesetz des HErrn im Herzen und vom Wirken des Heiligen Geistes beflügelt,* hatten sie die zahlreichen *Gefahren des Landes und der Meere* wie auch die *Unkosten einer langen Reise* nicht gescheut, um hierher zu kommen: *neueste Beweisführer der Geheimnismacht des Kreuzes ... Wahrhaftig, das ist vom HErrn geschehen und ist ein Wunder vor unsern Augen!*[101] Nun waren sie freilich zugleich auch arge Sünder, und namentlich *der Neid ist Eiter in den Gebeinen*, wie da geschrieben steht[102]; doch gab es schlimmere denn sie: die Mauren, die dem Busen der Mutter Kirche schlechthin übel mitgespielt hatten, also daß sie nun dastand *gleichsam mit abgeschlagenen Armen und entstelltem Angesicht*. Sie war es, die *Vergeltung fordert durch eure Hände; sie ruft euch an darum, wahrhaftig, ja, sie schreit! Übet Rache unter den Heiden und Strafe unter den Völkern!*, wie da geschrieben steht[103]. Nun stand zwar ebenfalls geschrieben, *Wer das Schwert nimmt, der wird durch das Schwert umkommen*[104], und leicht konnte dieser Satz mißverstanden werden; allein, gemeint war lediglich, *wer sich ohne Befehl oder Billigung einer höhern und rechtmäßigen Macht wider das Blut seines Bruders wappnet*, und hier handelte es sich ja keineswegs um Brüder, sondern vielmehr um *Räuber und Mörder, Diebe und Ehebrecher, Gottlose und Giftmischer*. An solchem Abschaum das Rächeramt zu üben war einfach eine *Pflicht, welcher sich gute Menschen mit gutem Gewissen unterziehen*, und wer wollte wohl kein guter Mensch sein? Schon der heilige Hieronymus hatte erkannt, daß *nicht Grausamkeit ist, was vor Gott mit frommem Herzen getan wird*[105], und wer wollte wohl kein frommes Herz besitzen? *Sintemalen es aber eine gerechte Sache ist, die Mörder und Kirchenschänder und Giftmischer zu strafen, kann die Vergießung ihres Blutes fuglich auch nicht Mord genannt werden. Insgleichen ist nicht grausam, wer die Grausamen vernichtet. Und wer die Bösen vertilgt, um dess' willen, daß sie böse sind, und hat Grund, sie zu tilgen, der dienet dem HErrn.* Ähnlich günstig gegen das Jesus-Wort hatte sich auch *unser Isidor* (von Sevilla) geäußert, und der heilige Augustinus, und der heilige Chrysostomos. Bislang hatten die Berufsvertilger auf eigene Rechnung vertilgt (*worüber im einzelnen zu sprechen nicht nottut*); nun aber sollten sie, ohne ihre Taten ändern zu müssen, den Höheren Zweck auf ihre Fahnen schreiben und das Wort des Apostels beherzigen, der da spricht zu den Römern: *Gleichwie ihr begeben habt eure Glieder zum Dienste der Unreinigkeit und von einer Ungerechtigkeit zur andern, also begebet auch nun eure Glieder zum Dienste der Gerechtigkeit, daß sie heilig werden et cetera*[106]. Und da traf es sich günstig, daß eben jetzt eine Gelegenheit zum Heiligwerden vor der Türe stand: ein Krieg gegen Lissabon, das von den Räubern und Mördern, den Gottlosen und Giftmischern et cetera … *So liege es denn in euren Händen, euch fromm, bescheiden, ehrbar und gerecht zu entschließen, zu Lob und Ehr des Namens dessen und seiner allerheiligsten Mutter, der mit Gott dem Vater und dem Heiligen Geiste lebet und regieret von Ewigkeit zu Ewigkeit. Amen*[107] …

Am 26.6. ging die Flotte, den Bischof Petrus und einen weiteren Kollegen als Geiseln an Bord, wie Alfons es zugestanden hatte, nach Lissabon ab; am 28.6. erschien sie vor der Stadt. Die Mannschaften waren bester Dinge, da sie unterwegs wieder einmal ein Zeichen des Herrn zu Gesicht bekommen hatten: umfangreiches weißes Gewölk kollidierte mit heranziehendem schwarzen Qualm und reduzierte ihn binnen kurzem auf kleine Partikel –: da Weiß, die Farbe der Unschuld, zweifelsfrei die Vertilger mit dem frommen Herzen repräsentierte, während Schwarz einhellig für die Mauren stand, war der Sieg mithin durch göttliche Garantie gesichert: *Sehet, der HErr ist mit uns! Zerstreut ward die Macht unserer Feinde!*[108] Entsprechend selbstbewußt konnte man dem in der Nähe lagernden Alfons gegenübertreten, und der König mußte sich entschließen, den Guten Menschen mit dem Guten Gewissen die gesamte bewegliche Habe Lissabons sowie alle anfallenden Lösegelder als Beute zu versprechen, um sie für das Heilswerk zu gewinnen; er selber wollte die ausgeplünderte Stadt dann anschließend als *Advocatus* in seine sauber gebliebenen Hände übernehmen. Am 29.6. wurde der Vertrag geschlossen und von beiden Seiten durch zwanzig prominente Geiseln gesichert.

Bevor man sich nun aber an den schwierigeren Teil der Aufgabe machte, wollte man nicht unterlassen, die Räuber und Mörder im Guten zur Kleinbeigabe zu bewegen. Diesmal war es der höchstwürdige Erzbischof von Braga, der die entsprechenden Leviten las –: er begab sich vor die Stadtmauer, auf der sich der Alcayde von Lissabon mit Begleitung eingefunden hatte, und hielt den verdutzten Muslimin eine schallende Predigt. *Möge der Gott des Friedens und der Liebe den Schleier des Irrtums von euren Herzen ziehen und euch zu sich bekehren! Vom Frieden zu sprechen nämlich sind wir gekommen zu euch. Denn durch Eintracht wachsen kleine Dinge zur Größe, durch Zwietracht aber gehen die größten zugrunde*. Nachdem er in dieser schönen Weise einige Zeit fortgefahren war, kam er zur Sache: da die Heiden nicht Anstand *(natürlichen Gerechtigkeitssinn)* genug besessen hatten, *unaufgefordert mit Frauen und Kindern, mit Habe, Geld und Gut ins Heimatland der Mauren zurückzukehren, aus dem sie gekommen*, war ihnen im Interesse der berufenen Eintracht jetzt dringend anzuraten, die Stadt (d. h. vor allem die Zitadelle) den rechtmäßigen Herren zurückzugeben, wenn sie Streit vermeiden wollten, und das wollten sie doch gewiß. Solchenfalls dürften sie sogar einträchtig mit den Christen leben und wohnen bleiben, *ein jeglicher nach seinen Sitten*; andernfalls drohte ihnen *eine schwere und verderbliche Krankheit*: die Vertilgung. Denn *unrechtlich enthaltet ihr unsern Stadt- und Landbesitz uns vor* – dies nun freilich schon seit dreihundertundachtundfünfzig Jahren (seit 789), doch was tat's – das Recht auf Heimat war eben unverlierbar. *So sehet denn mit Fleiß auf euer Wohlergehen, solang ihr noch Zeit dazu habet*[109] … Die Antwort, die der geistliche Friedensfürst erhielt, war wenig befriedigend. Einer der Ältesten der Stadt wies ihn in höflichen Worten darauf hin, daß hier christlicherseits eine bedauerliche Begriffsverwechslung vorliege: *indem ihr euern Ehrgeiz als Rechtschaffenheitseifer ausgebt, kleidet ihr bare Laster ins Lügengewand von Tugenden!*[110] Im übrigen sei es ersichtlich Gottes Wille gewesen, daß die

Stadt in ihrem, der Muslimin, Besitz geblieben; sollte Ihm es anders gefallen, so werde die Zukunft das schon zeigen.

Die Zukunft zeigte, daß Gott auf Seiten der stärkeren Bataillone war. Am 1.7. begann die Belagerung; sie dauerte sechzehn Wochen. Lissabon (Ulixibona), *das von Ulixes, wie die Geschichten der Sarazenen überliefern, gegründet wurde*, lag, *von bewundernswertem Turm- und Mauerbau umgeben, auf einem für Menschenkraft schier uneinnehmlichen Berge*[111] – (dies letztere, nebenbei, eine Formel, die von den Chronisten ex eventu immer da angebracht wurde, wo es hernach die gelungene Einnahme zu verzeichnen gab). Die Einwohnerzahl war durch Flüchtlinge aus Santarém, Cintra, Almada und Palmela ungewöhnlich hoch gestiegen: 60 000 Familien zahlten Steuern; an waffenfähigen Männern wurden 154 000 verzeichnet – wohingegen es Waffen allerdings nur für rund 15 000 gab –: insgesamt schätzte man die *unabschätzbare Bevölkerung* auf etwa 300 000 Menschen[112]. So hatten die Friedensfreunde Ursache, sich an der Aussicht gütlich zu tun, daß schon bald eine allgemeine Hungersnot ihr frommes Werk unterstützen würde. Gleich am ersten Tag der Belagerung wurden trotz tapferen Widerstands die Vorstädte genommen: *ersichtlich ein Wunder, denn nur etwa dreitausend Bewaffnete überwältigten fünfzehntausend Familien*[113]; dabei fielen vor allem auch die großen Vorratskeller der Stadt in ihre Hände: *gegen einhunderttausend Saum Weizen und Gerste, Hirse und Hülsenfrüchte*[114]. Dann ging man daran, die notwendigen Baulichkeiten zu errichten: zwei Kirchen *zur feierlichen Bestattung der Toten*[115] und zwei Belagerungstürme (von 95 Fuß Höhe) zur entsprechenden Versorgung der zur feierlichen Bestattung der Toten bestimmten Kirchen. Ende August fing man Boten ab, die ein Hilfegesuch an den *König von Évora*, Abu Mohammad, bei sich trugen: der Emir sollte der Stadt zu Hilfe kommen, da ihm sonst in Kürze das nämliche Schicksal blühen werde wie ihr. Doch Abu Mohammad war mit Alfons einen Friedensvertrag eingegangen und konnte den Bedrängten mithin nur raten, ihr Heil bei den Franken mit barem Geld zu versuchen – in völlig richtiger Einschätzung von deren echtestem Anliegen. Das Elend in der Stadt wuchs täglich. Schon *wurden die Sarazenen von solchem Hunger geplagt, daß sie*, wie der Priester Duodechin mit Abscheu vermerkt, *nicht davor zurückschraken, Hunde und Katzen zu verzehren. Viele auch flohen heimlich aus der Stadt und ergaben sich draußen den Christen, welche sie teils durch die Taufe in die christliche Gemeinschaft aufnahmen, teils aber enthaupteten oder mit verstümmelten Gliedern in die Stadt zurückschickten*[116]. Auch die traditionelle Kopfjägerei setzte wieder ein: an einem Tag waren es allein 80 Häupter, die man unter den Mauern auf Lanzen spießte, und es lassen sich einige Schlüsse aus dem Entsetzen ziehen, das der Anblick dieses Brauchtums bei den Mohammedanern weckte: *Die ganze Nacht hindurch ward die Jammerstimme des Wehs und schmerzliches Klagegeheul in fast allen Teilen der Stadt vernommen*[117]. Die immer größeren Totenberge fügten dem Hunger die Seuchengefahr hinzu, denn Lissabon war so dicht bebaut, daß es innerhalb der Mauern keinen Bestattungsplatz gab. Gierig fischten die Eingeschlossenen *die Abfälle auf, die aus den Schiffen geworfen und von den Wellen an die Mauern gespült wurden*[118] …

Am 16.10. stürzte die unterminierte Stadtmauer in einer Breite von 200 Fuß zusammen[119]; am 19. wurde der neu erbaute riesige Belagerungsturm, technisches Wunderwerk eines pisanischen Ingenieurs, von der Seeseite her angefahren – er war nach drei Tagen Transport bis auf vier Fuß an die Mauer gebracht. Da baten die Lissaboner um Waffenstillstand. Alfons gewährte, empfing die Parlamentäre, und nach dreitägigem Verhandeln wurden die Kapitulationsbedingungen formuliert – entsetzliche Bedingungen, die den Frankenhorden gleichwohl noch zu milde vorkamen: um ein Haar hätten sie, vom *altbösen Feind* aufgewiegelt, das Lager des Königs gestürmt, und der *Zephir des Heiligen Geistes* hatte Mühe, den tobenden Strolchen wieder Eintracht einzublasen[120]. Die Bedingungen: nach Besetzung der Zitadelle durch die Kreuzfahrer hatten die Einwohner ihr sämtliches Geld und Gut dort abzuliefern; wer etwas zurückbehielt, war des Todes; anschließend sollte die gesamte Bevölkerung *in Frieden* die Stadt verlassen. Am 24.10. begann die Durchführung. Doch trotz der präzisen Regelungen war das Siegerheer nicht zu bändigen. Namentlich Kölner und Flamen wüsteten in der Stadt, plünderten die Häuser, quälten die Bewohner, vergewaltigten die Mädchen; dem betagten mozarabischen Bischof schnitten sie die Kehle durch. Elend breitete sich aus, noch ehe die elenden Bedingungen erfüllt waren. In der Hauptmoschee fand man ein Lazarett: *über achthundert entkräftete Menschen lagen dort in all ihrem Schmutz und ihrer Scheußlichkeit, dazu fast zweihundert Leichen*[121] *... O welche Freude auf allen Seiten! O welch erlesener Ruhm! O welcher Tränenfluß des Jubels und der Frömmigkeit, da nun zu Lob und Ehre Got-*

tes und der allerheiligsten Jungfrau Maria die Fahne des heilbringenden Kreuzes auf der Zitadelle von allen gesehen ward, der Unterwerfung der Stadt zum Zeichen, und der Erzbischof und die Bischöfe mitsamt dem Klerus und allem Volk in denkwürdigem Jubel und nicht ohne Tränen das ›Te Deum laudamus‹ anstimmten und das ›Asperges me‹ und andachtsvolle Gebete![122] *... Dieser göttliche, nicht menschliche Sieg*, sagt die Kölner Königschronik galant, *ward errungen am Feste der 11 000 Jungfrauen*[123] ... Fünf Tage, vom 25. bis zum 29.10.1147, dauerte der Auszug der aller Habe beraubten mohammedanischen Bevölkerung aus Lissabon: es war *eine solche Menge von Menschen, als ziehe ganz Spanien daraus von dannen*[124] ...

Bernhard von Clairvaux, der *nach Leben und Sitten Ehrwürdige*, der *mit Weisheit und Schriftgelehrsamkeit Begabte*, der *ob seiner Zeichen und Wunder Berühmte*[125], wurde des Sieges von Lissabon nicht froh. Das Versagen der Vorsehung im Orient erfüllte ihn mit tiefster Indignation, zumal es ihm durch einen jähen Schwund seines Ansehens fühlbar gemacht wurde, und seine Bewunderer mußten zu starken Mitteln greifen, um ihn wieder aufzurichten. *Ich will Euch*, schrieb ihm etwa der Zisterzienserabt Johannes von Casa-Maria, *als gleichsam meinem geistlichen Vater – und, damit Ihr nicht in Zweifel ziehet, was ich sage, als Beichte – die Eröffnung machen, daß die Schutzheiligen unseres Klosters, der selige Johannes und Paulus, uns häufig schon ihres Besuches gewürdigt haben, und so ließ ich sie in dieser Sache befragen, und sie antworteten in dem Sinne, wie ich Euch oben geschrieben, und sagten, es sei in den himmlischen*

Heerscharen die Lücke, welche die vielen einst gefallenen Engel hinterlassen, nun aus den Scharen derer, die im Morgenlande gestorben sind, wieder ausgefüllt worden[126] ... Doch Bernhard, so erfreut er sicherlich darüber war, bedurfte stärkerer Künste, sein Selbstgefühl auf die alte Höhe zurückzuheben. Während des unglücklichen Zuges selbst hatte er sich, zu weiterem Eingreifen nicht imstande, ersatzweise seiner zweiten Lieblingsbeschäftigung gewidmet: der Ketzerjagd; sie zeigte ihn im gleichen fratzenhaften Licht. Auf dem Konzil zu Reims, Ende März 1148, auf dem gegen den redlichen Gilbert von Poitiers verhandelt wurde, entwickelte er einen so krankhaften Haß, daß selbst die sonst wahrhaftig vielbefähigten geistlichen Kollegen davor zurückprallten; ihr Grauen vor dem geifernden Abt rettete Gilbert vor dem formellen Anathema. Als dann der Zusammenbruch der Orientexpedition in seiner ganzen Tragweite sichtbar wurde, stand Bernhard auch für die breitere Öffentlichkeit als das da, was er war: als unheilvoller Verführer. Und immer werden die Sätze, die der Würzburger Annalist der Nachwelt herüberreichte, mit gegen die Historiker-Beschönigung zeugen, daß es sich beim Mittelalter um einen menschheitlichen Befindenszustand von genereller geistiger Finsternis gehandelt habe –: *Gott ließ es zu, daß die abendländische Kirche schwer heimgesucht ward ob ihrer maßlosen Sünden. Gewisse Lügenpropheten nämlich kamen an die Macht, Söhne Belials, Zeugen des Antichrist; welche mit eitel nichtigen Worten die Christen verführten und mit leerer Predigt das ganze Menschengeschlecht unter dem Vorwand der Befreiung Jerusalems gegen die Sarazenen hetzten. Und solche Gewalt erlangte ihre Predigt, daß nahe-*

zu aller Lande Bewohner sich in gelobter Eintracht und aus freiem Willen gleichsam zur gemeinsamen Abschlachtung hingaben[127] –: besser ist, in der gebrochenen Sprache der Zeit, das Wesen des Massenwahns nicht erkannt worden. Bernhard selbst erbosten diese Interpretationen zutiefst, und wenn es ihm auch fernlag, sich mit Selbsterkenntnissen zu behelligen, so unternahm er es doch mit ungebrochener Energie, zumindest die eigene Person in besseres Licht zu rücken. Seine muntere Schreibarbeit *Über die Betrachtung*, von der sein Geistesverwandter Martin Luther später fand, sie *sollten billig alle Päpste auswendig kennen*[128], verfaßt 1149, adressiert an den unglücklichen Eugen, ließ die Rechtfertigung ganz wie von selbst mit einfließen. Hatte nicht auch Mose das Volk der Juden auf ausdrücklichen Befehl Gottes ins Gelobte Land zu führen unternommen, ohne es jedoch zu erreichen? *Wohlan denn, jene waren ungläubig und verstockt; was aber sind diese?* Nämlich die Kreuzfahrer. *Frage sie selbst! Wenn jene starben und verdarben um ihrer Herzenshärte willen, was verwundern wir uns, daß diese, so doch ein gleiches sind, auch ein gleiches erlitten!*[129] Im übrigen war es ja, wohlgemerkt, Gott selbst gewesen, der ihm den dienstlichen Auftrag zur Kreuzpredigt erteilte, und wer nun wider ihn, Bernhard, murrte, der murrte wider Ihn, GOtt selbst! Doch *wohl mir, wenn Er mich würdigt, Ihm als Schild zu dienen! Mit Freuden soll mein Leib die Übelreden der Verleumder und die Giftpfeile der Lästerer auffangen, so sie nur Ihn nicht treffen!*[130] Und schon stand der obskure Mensch wieder mit weißer Kutte da. Den Papst, seinen einstigen Zögling, den armen Tropf, forderte er anschließend mit immer strengerem Didaktenfinger zu durchgreifender Verinnerlichung auf; denn auch er war nicht ohne Schuld am üblen Ausgang der Geschichte, nein, beileibe nicht. Er war ein Wechsler und Händler schlimmer Art und trachtete arg nach dem, was weltlich ist. Sollte er sich nicht lieber auf das friedliche *Weiden der Lämmer* beschränken? Da lag nun allerdings der Einwand nahe: *Drachen, so sagst du, mahnst du mich zu weiden und Skorpione, nicht Lämmer! Erst recht denn, sag' ich, sollst du dich an sie machen, doch mit dem Wort, nicht mit dem Eisen des Schwertes!*[131] Wüßte man nicht, hätte man nicht einige Exempel dafür, was Bernhard unter solcher Weidung mit dem Wort verstand, so ließe sich der Satz – wie auch mancher andere der scheinbar so heiligen Schrift – als Goldener Rat noch heute weiterempfehlen. Doch man weiß, vielleicht, wie er gemeint war ... Ein kleines Jahr später, 1150, hatte Bernhard alle etwaigen Skrupel bereits so erfolgreich wieder verdrängt, daß er imstande war, zu Chartres einen neuen Kreuzzug zu predigen: – beinahe hätten ihn die Drachen und Skorpione dabei höchstselbst zum Anführer gewählt, und er war allzu bescheiden, als er an Eugen schrieb, daß er dazu des nötigen Geschicks ermangele. Doch es wurde nichts daraus: die Wahnfähigkeit der Massen war fürs erste dahin. Drei Jahre nach dieser Enttäuschung starb Bernhard eines gottseligen Todes – nicht unter Staub und Blut und Schmerzensschreien wie seine Opfer, sondern im Bett seines Klosters Clairvaux ...

Sieht man – mit Nietzsche – das Prädikat der Heiligkeit als ›Schimpfwort‹, als ›Verbrecher-Abzeichen‹[132], so wird man nicht zuerst an jene traurigen Kreaturen denken, die nur von der gußeisernen Tradition der Catholica durch all die Jahrhunderte hin am widernatürlichen Leben erhalten worden sind – Kreaturen wie etwa den heiligen Nikolaus von Myra, der so durchgeistlicht war, daß er bereits als Säugling fastete – oder die heilige Maria Magdalena von Pazzi, die sich genötigt fühlte, das Feuer göttlicher Liebe in ihrer Brust durch Aufschütten kalten Wassers zu lindern[133]. Wohl aber wird man jenen Bernhard dabei vor Augen haben, dessen Geist sich, durch all die Jahrhunderte hin, wie eine Ewige Krankheit fortgepflanzt hat. Schon zwei Jahrzehnte nach seinem Tod, am 18.1.1174, wurde er offiziell heiliggesprochen – von jenem Alexander III., der sich dann, 1165, vergeblich selber mit einem Kreuzzugsaufruf zu Ehren zu bringen versuchte. Seither verehrt man ihn: immer neue Bücher erscheinen über den ›Adler, der in die Sonne blickt‹[134]; ein ›Internationaler Bernhard-Kongreß‹ hat Zeit zu tagen; immer neue Hagiographen retuschieren das schauerliche Gesicht. Ein Heiliger in Nietzsches Sinn? Wie immer man differenzieren mag – dieser war eine Schrekkensgestalt der Menschengeschichte; dieser beförderte nicht nur die »dickste Mönchsdummheit«, wie Schiller sagte, sondern das Elend der Menschen wie kein zweiter seiner Zeit; dieser war, nehmen Sie alles nur in allem, ein Mörder.

Kapitel III

Ein Volk, das den Tod liebt

O Krieg, der du verhaßt bist den Unschuldigen und ein Graus allen, die dich gesehen! Krieg, nichts Schönes ist an dir, und ein Widersinn ist's, daß man dich ›schön‹ nennt! Mit eigenen Augen sah ich dich, Krieg, ich sah sie ins Eisen rennen alle, als sei der Tod nicht zu fürchten. Ach, welch entsetzliches Unheil, wenn keine Liebe mehr waltet! Der eine trifft, der andere wird getroffen; der kennt kein Erbarmen, und jener will keines; hier verliert einer die Hand, dort einer das Auge … Der menschliche Geist entsetzt sich, wo er solch Elend erblickt …

DER CHRONIST FULCHER VON CHARTRES[1]

Auf die Nacht zum Sechsundzwanzigsten Dschumada II des Jahres Fünfhundertzweiundachtzig der Hedschra, das ist der 19. September 1186 nach Christus, hatten die Astrologen ein Ereignis angesetzt, dem Orient und Okzident mit ungeteilter Spannung entgegensahen: den Weltuntergang. Mehrere Gestirne sollten kollidieren und den Planeten in verderbliche Mitleidenschaft ziehen. Die Gläubigen trafen entsprechende Vorkehrungen: in beiden Hemisphären wurde mit Nachdruck gebüßt und gebetet; Erzbischof Balduin von Canterbury versprach sich von der Anordnung eines dreitägigen Fastens eine Beeinflussung der astronomischen Abläufe; wer praktischer dachte, *ging daran, Löcher in die Erde zu graben und sie mit Proviant auszustatten, um solcherart die Katastrophe zu überstehen*, wie Ibn al-Kadisi trockenen Mundes berichtet[2]: Maßnahmen also, wie sie bekannterweise heute für ähnliche Fälle ähnlich vorgesehen sind. Die Katastrophe fand nicht statt; ein anderes Unheil aber, von niemandem vorhergesehen oder prophezeit, stand für das Folgejahr bevor: der Untergang des Königreichs Jerusalem. *Es ward dieses Jahr das glücklichste für den Islam, denn Allah rächte den Glauben an den Einen Gott am Glauben an die Dreieinigen Götter, indem er blutiges Verderben schickte den Ungläubigen, den Sieg aber der Herrschaft Salah ad-dins*[3].

Al-malik an-nasir Salah ad-din Jusuf ben Ajjub, den die Abendländer Saladin nannten, der *Herrscher*, der *Sieger*, das *Heil des Glaubens*, geboren 1137 als Sohn eines kurdischen Statthalters, nach gloriosen Kriegsdiensten für Nur ad-din 1169 Wesir in Ägypten, nach Stürzung der Fatimiden dort 1171 Alleinherrscher, nach Nur ad-dins Tod 1174 auch Herr über Damaskus und Syrien, als Sultan des immer größeren Reiches vom Kalifen in Bagdad bestätigt und von den Seldschukenfürsten Kleinasiens anerkannt: war innerhalb eines Jahrzehnts zum gefährlichsten Gegner der Kreuzdiktaturen im Heiligen Land geworden – und er ist zugleich ein großartiger Beweis dafür, daß die okzidentalischen Fürsteneigenschaften, jener endlose Katalog der Banditenmoral, mit dem sich die Geschichtsschreibung so sehr gleichmütig abfindet, durchaus nicht jenen Kollektivtypus darstellen, den man irrational-pauschal durch ›das Mittelalter‹ zu verstehen und zu verzeihen gewohnt ist. *Sein Herz war voll Liebe für die Muslimin. Wer neben ihm saß, ahnte nicht, daß der Sultan sein Nachbar sei, sondern mußte glauben, es sei einer seiner Brüder; seinem Wesen nach war er sanftmütig, zu verzeihen bereit, sehr freigiebig ... Sein Maß war das Gesetz des Qur'an, nach anderem schaute er nicht; unerschütterlich vertraute er auf Allah für und für*[4] ... Und wenn ihm sein Sekretär Imad ad-din auch erfahrungsbedingten *Haß gegen die Ungläubigen*[5] nachrühmte, Haß gegen die Meineidigen und habituell Wortbrüchigen, gegen die Mordlüstlinge und Menschenquäler, so war er doch von unbegreiflicher Milde und Gerechtigkeit gegen sie, wenn sie geschlagen waren; sein Wort brach er nie. *Sein menschenfreundliches Wesen warf Strahlen in die Nähe und in die Ferne*[6] ... Für die Franken war die Strahlung Salah ad-dins aus der anfänglichen Ferne bald in größere Nähe gedrungen, und sie empfanden sie als bedrohlich. Schon drei Lustren zuvor hatten sie sich an dem Gedanken erwärmt, seiner stetig wachsenden Macht ihre Äxte in Ägypten an die Wurzeln zu legen; allein die verschiedenen Kreuzfürsten waren zu sehr mit ihren verschiedenen Privatinteressen beschäftigt, als daß sich die notwendige Alliierung sämtlicher Kräfte hätte erreichen lassen, und das Abendland konnte zu neuerlicher Heilstätigkeit noch nicht wieder begeistert werden. Damals, 1172, war ein sehr prominenter Pilger in Jerusalem erschienen, von dem man sich heilsame Gewalttätigkeiten versprach: Heinrich der Löwe; doch leider hatte der Herzog nur religiöse Bedürfnisse und reiste nach deren Befriedigung wieder ab. 1184 segelte eine offizielle Delegation – bestehend aus dem Patriarchen von Jerusalem und den Großmeistern der beiden Raubritterorden – nach Europa, um an den Königshöfen für Kreuz und Schwert zu trommeln; man nahm sie höflich auf und wies sie ebenso höflich wieder ab. Als im März 1185 der mitleidswürdige König Balduin IV. von

Jerusalem vierundzwanzigjährig am Aussatz starb, nahm der Diadochenhader solche Maße an, daß an ein einiges Vorgehen nicht mehr zu denken war. Einigkeit fand nur der Vorschlag des Reichsverwesers Raimund von Tripolis, den Sultan um einen vierjährigen Waffenstillstand zu ersuchen: die Herren erhofften sich davon alle ein ungestörtes Gedeihen ihrer innenpolitischen Kabalen. Salah ad-din nahm an – und nutzte die Freizeit zu einem Zug gegen Mossul, das nun dem Riesenreich als Lehnsstaat hinzukam: überlegene Antwort auf eine Torheit.

Vier Jahre Waffenstillstand: – bei der Wesensbeschaffenheit der Kreuzfürsten eine schöne Absurdität. Denn selbstverständlich wurde auch dieser Friedenskontrakt gebrochen, und selbstverständlich nicht von Salah ad-din. Rainald von Châtillon, Herr von Karak und Transjordanien, ein christlich getauftes Raubtier, fürstlicher Wegelagerer und Bandit, *der Schlimmsten und Bösesten einer*[7], konnte bereits auf eine längere einschlägige Laufbahn zurückblicken. 1181 hatte er, den Waffenstillstand vom Vorjahr brechend, bei der Oase Taima eine große, nach Mekka bestimmte Karawane überfallen und ihrer Waren beraubt – nach der Chronique d'Ernoul Werte von 200 000 Byzantiern[8]; die Genugtuung, die Salah verlangte und Balduin befürwortete, wurde von ihm rundweg verweigert. Ende 1182 unternahm er einen Raubzug ans Rote Meer und eroberte die Stadt Aila am Golf von Akaba; seine Horden segelten an der Westküste entlang bis auf die Höhe von Mekka, *kaperten ein von Dschidda kommendes Pilgerschiff und überfielen zu Lande insgleichen eine starke, von Kus gegen Aidab ziehende Karawane, welche sie bis auf den letzten Mann nieder-*

machten, ohne auch nur einem das Leben zu lassen[9]. Dazu plünderten sie die kleineren Küstenstädte aus, verbrannten nach Mekka bestimmte Proviantransporte und drangen schließlich mordend und sengend bis zum Mekka-Hafen Raghib vor. Das Ganze beschrieb der Junker Ernoul, der einzige abendländische Chronist, der das Unternehmen erwähnenswert fand, als »wissenschaftliche Expedition«[10]. *Derartige Schreckenskunde ward niemals noch im Reiche des Glaubens vernommen, denn wahrlich, kein Rhomäer hatte es gewagt, in diese Gebiete zu dringen. Am schrecklichsten aber war's, daß man hörte, es hätten jene die Absicht, in die Stadt des Propheten selber einzufallen und ihn seinem geheiligten Grab zu entreißen!*[11] Dazu kam es allerdings nicht: der ägyptische Admiral Lulu eroberte Aila zurück und vernichtete die Seeräuberflotte; die Gefangenen wurden in Kairo und vor Mekka, an der Opferstätte Mina, zeremoniell hingerichtet. Rainald selbst hatte sich rechtzeitig wieder auf sein Gebiet zurückgezogen, doch hing seither die Drohung Salahs über ihm, der das Gelübde getan hatte, ihn für seine Greuelhandlungen mit eigener Hand zu dekapitieren. 1186 hatte der Strolch, der es für die ganz normale *Sitte der Könige* hielt, *meineidig zu werden, Verträge zu brechen und das Vertrauen zu mißbrauchen*[12], diese Drohung so weit wieder vergessen, daß er sich neuen Unternehmungen widmen konnte. Ende des Jahres überfiel er eine von Kairo heraufziehende Großkarawane, ließ die Begleitmannschaft niedermachen und zog mit der immensen Beute und den gefangenen Kaufleuten nach Karak. Die von Salah ad-din darauf in aller Form geschickte Gesandtschaft, die mit Hinweis auf den Waffenstillstand um Herausgabe des Raubs und der Beraubten ersuchen sollte, wies er ab, ohne sie anzuhören; bei Guido von Lusignan, dem neuen König in Jerusalem, fand sie zwar ein höflich offenes Ohr, doch keine Unterstützung: Guido hatte, selber nicht sehr stabil, auf Rainald Rücksicht zu nehmen. Das bedeutete: Krieg.

Wieweit die Kreuzherren die Konsequenzen ihrer Taten noch überschauten, ist schwer zu klären; die Folge jedenfalls bewies, daß ihnen neben den moralischen auch verschiedene intellektuelle Qualitäten abgingen. Einzig Raimund von Tripolis, der nun überflüssig gewordene Reichsverweser, rechnete die konkreten Möglichkeiten gegeneinander auf. Eine Niederlage Guidos konnte ihm, sofern er es richtig anfing, selber die erwünschte Krone bringen: – folglich begab er sich in den »Schatten des Sultans«, wo man es ihm nach Kräften wohlsein ließ, schloß mit Salah einen privaten Waffenstillstand ab und gewährte einem Heer von 7000 Mamluken den Durchzug durch Galiläa; – er wäre notfalls *sogar Muslim geworden*, wie Imad ad-din vermerkt, *hätte er nicht seine Glaubensbrüder gefürchtet*[13]. Daß die Glaubensbrüder durch seinen Verrat am 1.5.1187 bei Nazareth eine blutige Niederlage erlitten, erschreckte ihn dann aber offenbar wieder so, daß er den Vertrag mit dem Sieger widerrief und sich reumütig zu König Guido nach Jerusalem begab. Der sammelte nun in aller Eile bei Akkon seine Truppen, während Salah *mit den Heerscharen des Paradieses gegen die Streiter der Hölle*[14] bereits unterwegs war. Und damit nahm die Katastrophe ihren Lauf.

Am 1.7.1187 überschritt Salah ad-din den Jordan und rückte gegen Tiberias vor – mit einer Armee, welche *gleich einem großen Meere das kleine Meer von Tabarija umbrandete*[15], nämlich das galiläische, den See Genezareth. Am nächsten Tag fiel die Stadt nach einstündiger Attacke, während die Burg von der Gräfin Eschiva, der Gattin Raimunds, noch gehalten wurde. Die Nachricht davon veranlaßte das etwa 40 km westlich bei Saffurija lagernde Christenheer zu einem verhängnisvollen Schritt: obwohl Raimund selber, und mit den besten Gründen, widerriet (*er sprach, wenn auch voll Arglist, weise; doch ist kein Rat wider den Herrn, der um der Bosheit der Menschen willen ein schreckliches Strafgericht wollte kommen lassen über das Land*[16]), verließ Guido, vom Großmeister der Templer aufgehetzt, das wasserreiche und strategisch günstige Gelände und zog in die kahle Gebirgswüste hinaus, auf Tiberias zu. Am Abend des 3.7. lagerte das Heer, halb verdurstet und zu Tode erschöpft, bei den *Hörnern von Hattin* (wo Jesus von Nazareth seine Bergpredigt gehalten haben sollte); noch während der Nacht wurde es von Salah vollständig eingeschlossen. *Da aber der Morgen anbrach*, schildert Imad, *rückten unsere Bogenschützen aus, ihre Pfeilspitzen im Feuer wider die Höllenmenschen zu glühen, und als nun diese, gleich Hunden mit durstig heraushängenden Zungen, gegen das Wasser vorrückten, empfing sie daselbst die Hölle mit ihren Funken*[17] ... Die Schlacht von Hattin wurde das vielleicht gräßlichste Gemetzel der Kreuzfahrergeschichte, eine Massenschlachtung ohne Beispiel. Nur vereinzelte Detachements der Franken waren überhaupt noch kampffähig; nicht wenige baten um den Gnadentod, um die Qualen des Verschmachtens zu enden. *Es war aber viel Buschwerk und Heidegewächs auf der Ebene, und es wehte ein sehr starker Wind.*

Da kamen die Sarazenen und legten Feuer daran ringsum, auf daß die Pein der Christen vermehrt werde, vom Feuer soviel als von der Sonne[18]. Der Bischof von Akkon fiel – und mit ihm sank die Reliquie des Wahren Kreuzes, *an dem unser Herr und Erlöser gehangen, an dessen Pfahl das fromme Blut Christi herabfloß, dessen Zeichen die Engel anbeten, die Menschen verehren, die Dämonen aber fliehen, das die Unsern in Kriegen stets zu Siegern machte, ward es ihnen vorangetragen*[19], – zur Förderung der Schlachtbegier –: *da ahnten sie das Verderben*[20]. (Der heilige Gegenstand wurde dann von Salah erbeutet und verscholl, und wenn der Kölner Scholastiker Oliverius später behauptete, man habe *das Holz zuvor in kluger Erwägung in zwei Stücke geteilt und nur das eine Stück mit in die Schlacht genommen, das andere aber verwahrt*[21], so sollte das vermutlich nur eine Fälschung decken …) *Wir fielen über sie her, gleichwie Feuer fällt unter dürres Schilf, und gossen das Wasser des Eisens hinzu, den Brand zu löschen. Wie Gazellen schossen wir sie ab und streckten sie tot zu Boden*[22] … Raimund von Tripolis wagte einen geballten Angriff; es wurde, halb unfreiwillig, ein Durchbruch, denn der Feldherr Muzaffar Taki ad-din, Salahs Neffe, öffnete vor ihm die Front; so konnte er nach Saphet entkommen. Doch für das gesamte übrige Heer gab es keine Rettung. *Wer die Erschlagenen sah, der rief: »Hier sind Gefangene nicht!«, und wer dieser Menge erblickte, der sprach: »Hier sind keine Toten!« … Ich sah die Köpfe fliegen und die Augen glasig werden; ich sah sie daliegen nackt oder in zerrissenen Kleidern, mit gespalteten Knochen und durchschnittener Kehle, mit gebrochenen Lenden und abgeschlagenen Gliedern, mit ausgestochenen Augen und aufgeschlitzten Leibern, mit zersprungenen Lippen und mit zertrümmerter Stirn. Wie Steine unter Steinen lagen sie da, wie man's noch niemals gesehen. Und da ich sie also sah liegen, das Gesicht an der Erde, da gedachte ich der Worte des Qur'an: »Der Ungläubige aber wird sprechen: Ach, wäre ich Staub! ...«*[23]

Zuletzt ging der ganze fränkische Hochadel in Gefangenschaft, darunter auch König Guido. Salah ad-din behandelte ihn mit Achtung und reichte dem halb Verdursteten zu trinken. Dieser wollte den Becher an Rainald von Châtillon weitergeben, doch da warnte ihn der Sultan, daß der Trunk nicht etwa die Verzeihung bedeute. Rainald bekam einen ausführlichen Katalog seiner Vertragsbrüche und Raubzüge zu hören, und als der Strolch durch den Dolmetscher patzig erwidern ließ, er sei *nur dem betretenen Pfade gefolgt*[24], ergriff Salah einen Säbel und schlug ihm, in weiser Erfüllung seines Gelübdes, den Kopf herunter – *das ausgediente und betagte Haupt*, wie der abendländische Chronist bedauernd seufzte[25]. Eine ähnlich gnadenlose Hygienemaßnahme traf die Mitglieder des Templer- und des Hospitaliterordens, jener unheiligen Kongregationen, die sich immer mehr zu Schutz-Staffeln und Sturm-Abteilungen des Reiches entwickelt hatten: *»Ich will die Erde von diesen beiden schmutzigen Arten säubern, und nicht sollen gefangen dienen, die schlimmer noch sind denn die Ungläubigen!«*[26] Sie wurden enthauptet – über 200 Mann[27] – bis auf ihren Führer, den Großmeister der Templer, den der Sieger am Leben ließ: eine Unsitte, die sich leider bis heute gehalten hat.

Der Sieg Salahs war vollkommen, das fränkische Kreuzreich vernichtend geschlagen. 63 000 Mann, Ritter und

Fußvolk, hatten den Mohammedanern bei Hattin gegenübergestanden[28]; davon war die eine Hälfte gefangen (und rief auf den Sklavenmärkten einen Preissturz hervor: in Damaskus kostete ein Christ bald nur noch drei Denare), die andere Hälfte war tot[29]. Ibn al-Atir, der arabische Chronist, besuchte ein Jahr später das Schlachtfeld und *sah dort die Gebeine, in Haufen riesengroß. Hier und da lagen sie auch zerstreut, ungerechnet was Raubtiere und Sturzbäche mochten fortgetragen haben, in die Berge hinaus und hinab in die Täler*[30] …

Salah ad-dins Expedition blieb ein Siegeszug. Einen Tag nach der Schlacht von Hattin übergab die Gräfin Eschiva die Burg von Tiberias und durfte dafür samt Habe und Anhang in allen Ehren nach Tripolis abziehen – mit der kleinen Auflage nur, sich zum Wahren Glauben zu bekehren, was diesmal, zur Abwechslung, der Islam war. Am 9.7.1187 kapitulierte Akkon, am 29.7. Sidon, am 7.8. Beirut, um den 12.8. Dschubail. Am 4.9. fiel Askalon, das die Franken 35 Jahre besessen hatten: *Der Unglaube wich den Gläubigen Allahs, und die Stimme des Muezzin ward wieder vernommen; die ganze Küste lang, von Dschubail bis an die Grenze von Misr* (Ägypten), *war nur noch Sur und Al-Kuds in Feindes Hand*[31]: Tyros – und Jerusalem, das heilige. Am 21.9. erschien Salah vor den Mauern.

Jerusalem war von Flüchtlingen überfüllt, und die Versorgungslage mußte in kürzester Zeit bedrohlich werden. Doch auch die Kampffähigkeit der Bevölkerung reichte nicht zu größeren Illusionen: wenn Imad ad-din sich eine *mit allem Kriegsbedarf wohlversehene Besatzung von 60 000 Mann zu Pferde und zu Fuß* notierte[32], so geschah das lediglich zur höheren Ehre des folgenden Sieges. In Wahrheit gab es ganze zwei Ritter in der Stadt, und selbst an sechzehnjährige Knaben mußten Ritterwaffen ausgegeben werden, damit ein leidlich zählendes Heer zusammenkam. So waren die Aussichten finster, als es den Muslimin am 29.9. gelang, in die Nordmauer eine Bresche zu legen –: zwar wurde unermudlich mit jener Sorte Schwachsinn gekämpft, die sich als ›Todesverachtung‹ rühmlich findet, doch der Angreifer blieben zu viele. Daher begab sich der Baron Balian von Ibelin, den man halb gegen seinen Willen zum Oberbefehlshaber der Stadt gemacht hatte, anderntags ins Lager des Sultans und ersuchte um freien Abzug für die Belagerten. Salah ad-dins Antwort war hart: *»Ich will die Stadt so nehmen, wie die Christen sie vor 91 Jahren von uns genommen; ich will die Männer töten und Frauen und Kinder hinwegführen in die Knechtschaft; solange ich da bin, soll euch kein Heil mehr erwachsen!«* [33] Woraufhin Balian mit einem Verzweiflungskampf drohte, mit der Abschlachtung von 5 000 in Jerusalem befindlichen mohammedanischen Gefangenen und mit der Zerstörung der Sachra – des Felsens, von dem aus der Prophet Mohammed, im Schlaf nach Jerusalem gelangt, seinerzeit zu einem kurzfristigen Besuch in den Himmel geritten war. *»Auch den Qubbet as-sachra* (den Felsendom) *wollen wir zum Einsturz bringen und die Quelle Sulwan* (Siloah) *verstopfen. Geld und Geldeswert wollen wir vernichten und unsere Frauen und Kinder zu Tode bringen und keinen Stein auf dem anderen lassen – alsdann sehet zu, ob euch Segen erwachse aus solchen Trümmern!«* [34] Das war eine riskante Rede, und wäre sie einem Kreuzfahrerfürsten gehalten worden, so hätte dieser vermutlich – es gibt Beispiele – einen Wut- und Blutanfall erlitten und alles kurz und klein geschlagen. Salah ad-din beriet sich mit seinen Emiren und gab nach. Die Christen sollten sich loskaufen dürfen, für zehn Denar der Mann, für fünf die Frau, für zwei jedes Kind[35], und dann frei abziehen. Zur Überwachung wurde eine Kommission eingesetzt; sie vermochte freilich nicht zu verhindern, daß es zu Übergriffen der Kassierer und zu allerhand Gaunereien kam. Doch nicht ein einziger Mensch verlor sein Leben, nachdem Salah am 2.10. in die Stadt eingezogen war. Als er *am nämlichen Tage noch die Vertreter der Emire, Richter und Gottesgelehrten zur Beglückwünschung vor sich ließ, verriet sein Antlitz Mäßigkeit und Bescheidenheit inmitten seines Glücks. Vorlesungen über den Qur'an wechselten mit dem Vortrag von Gedichten und anderen Rezitationen sowie mit Lobpreisungen Allahs*[36] … Mit Ruhe auch ließ er die von den Christen verschandelten mohammedanischen Heiligtümer wiederherstellen, so die Al-Aksa-Moschee, in der sich die Tempelritter eingenistet hatten: *Der Sultan befahl, und sie wuschen die Wände des Hauses rundum mit Rosenwasser und machten sie duftend mit einem süßen Duft, und er ging hinein und betete zum Herrn und ging hinaus*[37]. Der Michrab, der Predigtstuhl, den die Templer mit Getreidemagazinen verbaut hatten (*es ward sogar gesagt, sie hätten aus Haß und Feindschaft gegen uns einen Abort errichtet daselbst*[38]), wurde wieder freigelegt. Zwar fiel, selbstverständlich, das große Goldkreuz auf der Kuppel des Felsendoms; doch die Auferstehungskirche blieb nur drei Tage geschlossen, dann war sie allen Pilgern ohne Hinderung wieder zugänglich. Die kostbaren

Teppiche und Goldbrokate hatte allerdings derweil ein Plünderer ausgeräumt, nämlich der christliche Patriarch von Jerusalem, Heraklios: er fiel den Mohammedanern dadurch auf, daß er nach Entrichtung seiner zehn Denare mit Schätzen beladen davonzog[39], ohne sich im mindesten mit dem Geschick der Zurückbleibenden zu beschweren[40]. Wie er weigerten sich auch die frommen Templer und Hospitaliter, aus ihrem Vermögen Lösegelder für die Armen bereitzustellen. Denn es gab rund 30 000 Unbemittelte in der Stadt, die sich nicht freikaufen konnten, und nur für 7 000 brachte Balian eine Pauschalsumme aus den Staatskassen bei. Da schenkte Salah mehreren Tausenden die Freiheit[41], darunter allen älteren Menschen; die Witwen der Gefallenen erhielten überdies Geschenke aus seiner Privatschatulle: – lesen Sie doch zum Vergleich noch einmal nach, wie sich die Christen in ähnlicher Situation im Jahre 1099 verhalten hatten …

Jerusalem war für Salah ad-din nicht nur ein Beutereservoir. *Das eroberte Land*, berichtete der Kadi al-Fadl in seinem Auftrag dem Kalifen nach Bagdad, *ist von Truppen übersät, seine Vorräte sind geplündert, seine Ernten verzehrt; es braucht jetzt Hilfe, und man sollte von ihm nichts fordern; es muß ruhen, damit es seine Stärke wiedergewinne, und darum sollte es nicht ausgepreßt werden*[42] … Gleichwohl nahm das Elend der Besiegten grausame Gestalten an; noch das blasse Umrißbild in den Chroniken erschüttert. Flüchtlinge, zu Tode erschöpft, verhungernd, stauten sich auf den Landstraßen – und in den wenigen Städten, deren Tore ihnen die christlichen Nächsten nicht verschlossen; mit jeder neuen Eroberung verfielen Tausende der Sklaverei. *Ich besaß in Aleppo*, schreibt Ibn al-Atir, *eine aus Jaffa stam-*

mende Christin zur Sklavin, eine junge Frau noch, welche ein etwa einjähriges Kind hatte, und da sie eines Tages bitterlich weinte und ich sie zu beruhigen suchte, sagte sie: »Ich habe sechs Brüder gehabt, die alle gefallen sind; ich hatte Mann und zwei Schwestern und weiß nicht, wo sie geblieben.« Dies war das Schicksal nur eines einzigen Menschen[43] …

Das Abendland wurde von der Katastrophennachricht bis in die innerste Selbstsicherheit getroffen. Papst Urban III. starb den Toten von Hattin hinterher: *außer sich ob der tiefbitteren Kunde*, wurde er vom Schlag getroffen und *schied aus Seelengram vom Leben*[44]: am 20.10.1187. Sein Nachfolger, Gregor VIII., entfaltete sogleich nach seiner Wahl, die ohne die üblichen Konklave-Raufereien schon am Tag darauf erfolgte, und noch vor seiner Weihe, eine rege enzyklische Tätigkeit. Schon am 27.10. erging *an alle Erzbischöfe, Bischöfe, Äbte und Prälaten der Kirchen in Deutschland* mit der Bulle *Inter divinae* der Befehl zur sofortigen Kreuzzugspropaganda – nicht nur gegenüber *den Fürsten und allem Volk*, sondern namentlich gegenüber *Unserm liebwerten Sohn in Christo Friedrich, dem erlauchten Kaiser der Römer und stetigen Mehrer des Reichs*: Barbarossa –, *auf daß aus solchem euch und ihnen die Zuteilung des Ewigen Lebens müsse vergrößert werden von Ihm, der da schenket allen, die auf Ihn hoffen*[45] … Gregor regierte nur knapp zwei Monate, bevor auch ihn das Ewige Leben ereilte, doch hat er in dieser Zeit den Kreuzkrieg durch nicht weniger als sieben Enzykliken geschürt[46], darunter vor allem die hochelegant stilisierte *Audita tremendi* vom 29.10.1187. Ihr gelangen wahrhaft herzzerreißende Töne angesichts der *Strenge des furchtbaren Gerichts, welches die göttliche*

Hand über das Land Jerusalem verhängte, und sie verstand sich zu einem uneingeschränkten Sündenbewußtsein – (wohl oder übel, denn mit bloßem Mutwillen der Göttlichen Hand ließ sich das Unglück ja nicht gut erklären). Nun hätte es immerhin nahegelegen, unter den *Zwistigkeiten und Ärgernissen, welche Uns aus allen Landen zu Ohren gekommen (also daß Wir mit dem Propheten trauern dürfen und sprechen: »Es ist keine Treue* – die nachfolgende ›Liebe‹ des Hosea-Originals ließ der Papst weg – *und keine Erkenntnis Gottes im Lande; sondern Lügen, Morden und Ehebrechen hat überhandgenommen, und eine Blutschuld kommt nach der andern!«*[47]), speziell das Lügen und Morden im Lande Jerusalem – das nachfolgende ›Ehebrechen‹ des Papst-Originals lasse ich weg – zu begreifen; doch das hätte zwangsläufig ganz und gar unerwünschte Folgerungen zeitigen müssen, denn besonders Blutschulden gedachte Gregor jetzt in verstärktem Maße nach den andern kommen zu lassen: *Was jene* (die Mohammedaner) *wider Gott zu wagen sich nicht fürchten, das lasset uns nun* f ü r *Gott zu tun mitnichten zaudern!* – ein kunstvoller Satz, der sich – wie die ganze Bulle – auch heute noch der Geistlichkeit zur Beheizung künftiger Heidenkriege als Modell empfiehlt. Den Beteiligten versprach der Papst den schon üblich gewordenen Himmlischen Lohn: *Allen, welche zerknirschten Herzens und demütigen Geistes die Mühsal der Reise auf sich nehmen und dabei unter Bereuung ihrer Sünden und im rechten Glauben zu Tode kommen, verheißen Wir die volle Vergebung aller ihrer Verbrechen sowie das ewige Leben*[48]. Bei derart starker Verbilligung konnte der neuen Wallfahrt gen Jerusalem eine lebhafte Beteiligung sicher sein.

Als erster nahm, unmittelbar nach dem Aufruf, Graf Richard von Poitou das Kreuz, Sohn Heinrichs II. von England, beibenannt ›Löwenherz‹ – ein dreißigjähriger Rowdy von unwiderstehlicher Volkstümlichkeit; sein Beispiel löste eine Welle entsprechend kopfloser Begeisterung aus. Am 21.1.1188 stellten die Könige von England und Frankreich – der alt und müde gewordene Heinrich und der agil junge Philipp II., der sich gern *Augustus* zubenennen ließ, nach damaligem Verständnis *Mehrer des Reichs* – ihren frisch begonnenen Krieg ein und gelobten bei Gisors die gemeinsame Kreuzfahrt: – eine eigens erfundene Vermögens- und Einkommensteuer von zehn Prozent – der sogenannte *Saladinszehnte* – sollte den Ländern die notwendigen Reisespesen abpressen. Die Bereitschaft dazu wurde mit allen Künsten geistlicher Agitation hochgewiegelt. Bildzeitungen machten die Runde: nach Boha ad-din ließ *der Markgraf von Tyros* (recte wahrscheinlich der Erzbischof – nämlich Joscius, einer der beiden vom Papst bestellten Obersten Kreuzprediger) ein Blatt kursieren, auf dem die Grabeskirche abgebildet war, und *auf diesem Grabe hatte er einen mohammedanischen Reiter zeichnen lassen, welcher dasselbe zerstampfte … Dieses Bild ließ er in den Straßen und Kirchen der Städte jenseits des Meeres zeigen, indem die Priester mit entblößten Köpfen und mit Säcken bekleidet es trugen und Wehe! riefen; denn Gemälde und Bilder wirken auf die Christen sehr und sind die Grundlage ihres Gottesdienstes*[49] – (dies letztere für den Islam mit seinem Bilderverbot ein besonders abscheulicher Zug). Und Ibn al-Atir berichtet von einem Exzitatorium, auf dem *Jesus, der Sohn Marias, dargestellt war, von einem Araber so geschlagen, daß sein Ant-*

litz mit Blut bedeckt war; und dazu sprachen sie: »Das ist Christus, welchen Mohammed, Prophet der Muselmänner, geschlagen, verwundet und getötet hat«[50] – so einfach ließ (und läßt) sich Geschichte auf geistlichen Zungen wenden. Die Bilder wirkten denn auch auf die Christen sehr: Ibn al-Atir erfuhr hernach von einem gefangenen Abendländer, *daß dessen Mutter kein ander Kind hatte denn ihn, und daß sie ihr Haus, welches ihren ganzen Reichtum ausmachte, verkaufte, um ihn zur Eroberung Jerusalems entsenden zu können*[51]: – nur ein einziges Beispiel.

Völlig problemfrei verlief die Reisewerbung auf deutschem Boden. Zu Anfang 1188 gab der zweite päpstliche Kreuzprediger, Kardinallegat Heinrich von Albano, ehemaliger Abt von Clairvaux und damit bester Tradition entstammend, ein verquollen formuliertes Zirkular von sich, das die gesamte teutonische Welt- und Geistlichkeit aufforderte, sich *unter Hintansetzung allen Müßigganges, aller eitlen Neugierde und aller zeitlichen Ehrsucht, doch vom Feuer der Nächstenliebe entflammt*[52], auf einem Hoftag in Mainz einzufinden, und zwar am Sonntag Laetare, dem 27.3., der großen Freude halber, die allem Volk daselbst widerfahren sollte. Veranstalter war denn auch weder der Papst noch der Kaiser, sondern Unser Erlöser selbst, weshalb die Tagung dann als *Curia Jesu Christi* in die Heilsgeschichte einging. Der alte Kaiser Friedrich I., der schon einmal einen Kreuzzug mitgemacht hatte, den seines Onkels Konrad, nahm das ihm angetragene Todeszeichen wohl oder übel auf die Schulter und befahl die allgemeine Mobilmachung der folgsam vom Feuer der Nächstenliebe entflammten Reichsbarone: ein Jahr sollte über der Rüstung hingehen. Die Begeisterungswelle erfaßte nach alter Art das Land, und kurze Zeit schien es, als sollte für die Juden Deutschlands ein drittes Mal die Leidenszeit anbrechen. Doch Friedrich beugte vor, und wenn auch der Chronist Elasar bar Juda behauptet, es wäre *alles für volles Geld geschehen*, so sei doch auch die bezahlte Barmherzigkeit nicht vergessen: am 29.3. *erging für die Juden das Friedenswort: »Wer einen Juden anrührt und ihn verwundet, dess' Hand werde abgehauen, und wer einen Juden zu Tode bringt, der sei selber des Todes.«* Auch die Bischöfe drohten mit dem Bann: *Wer seine Hand gegen die Juden ausstreckt, der wird vernichtet, und seine Kreuzfahrt kann ihm nichts nützen*[53] ...

Nachdem dies alles geregelt war, setzte der Kaiser sich hin und schrieb einen feierlichen Fehdebrief an den Sultan Saladin – (das am 26.5.1188 abgesandte Schriftstück hat mit Sicherheit existiert; der überlieferte Text allerdings muß nach der neuesten Argumentation[54] als unauthentisch gelten, nicht als ›Fälschung‹ zwar, doch als zeitgenössisches [englisches] Fabrikat; da es so immer noch eine allgemeine Zeitstimmung reproduziert, darf es gleichwohl mit unter den Dokumenten aufgeführt werden): darin beanspruchte er, in sehr korpulenten Tönen, nicht weniger als die Obergewalt über praktisch den gesamten Orient (inclusive Persien, Syrien, Äthiopien, Arabien und Ägypten) und erbot sich für den Fall der Widersetzlichkeit zu einem ausgiebigen Anschauungsunterricht darüber, *was Unsere siegreichen Adler, was die verbündeten Truppen der verschiedenen Nationen, was die deutsche Wut* (der bekannte ›furor teutonicus‹), *die auch im Frieden die Waffen nicht von sich legt, was das un-*

bezwungene Haupt des Rheins, was die Jugend, welche nie die Flucht gekannt, was der schlanke Bayer, was der listige Schwabe, was das umsichtige Franken, was Schottland, was Jütland, was das schwerttänzerische Sachsen, was Thüringen, was Westfalen, was das geschäftige Brabant, was das den Frieden nicht kennende Lothringen, was das unruhige Burgund, was die Alpenbewohnerschaft, was das im Speerwurf unübertroffene Friesland, was das freiwillig todesfreudige Böhmen, was Polen, wilder noch denn seine wilden Tiere, was Österreich, was das illyrische Land, was die Lombardei, was die Toskana, was die Mark Ancona, was der flottenlenkende Venezier, was der schiffereiche Pisaner, und endlich was Unsere eigene Rechte vermag[55] … Salah ad-din, eher peinlich berührt von diesem fatalen Katalog, antwortete *seinem großen und erlauchten Freunde Friedrich*, er habe den Besuch eines Herrn namens Heinrich erhalten[56] und von diesem ein vorgeblich von ihm, Friedrich, stammendes Schriftstück ausgefolgt bekommen; dasselbe sei ihm, mit mündlichen Erläuterungen angereichert, vorgelesen worden. Was nun das Verzeichnis der diversen Kriegswilligen im Abendland betreffe, so könne er leider aus Raumgründen mit ähnlichem nicht dienen; nur soviel erlaube er sich betreffs seiner eigenen Vasallen und Verbündeten zu sagen: es wären ihrer bei weitem mehr. Mit ihnen dem Freunde Friedrich entgegenzuziehen, trage er mithin nicht die geringsten Bedenken. *Wenn Ihr Uns aber nach dem Gute des Friedens fragt*[57]*, so wollen Wir Euch das Heilige Kreuz zurückgeben und wollen allen gefangenen Christen, so in Unserm ganzen Lande sind, die Freiheit schenken und wollen mit Euch Frieden halten und Euch einen Priester beim Grabe gestatten* *und Euch alle Abteien zurückgeben, welche zur Heidenzeit einmal Euer waren, und ihnen Gutes erweisen und erlauben, daß Pilger kommen in Unserm ganzen Leben, und wollen Frieden mit Euch halten*[58] ... Doch die deutschen Christen gedachten nicht nach dem Gut des Friedens zu fragen, und sie wollten auch keine Kleinigkeiten. Sie wollten: Alles.

Sie bekamen: Nichts. – Das Unternehmen Barbarossa, im Gegensatz zu früheren und späteren Expeditionen ähnlicher Sorte mit Erfahrung und Umsicht organisiert, begann mit gewalttätigen Triumphen und endete in Katastrophen: sinnlos und entsetzlich in einem. Am 11.5.1189 brach das deutsche Massenheer – zwischen 83 000 und 300 000 Mann stark[59] – von Regensburg, der alten Sammelstelle, auf und fiel in Ungarn ein. Der Durchzug wurde mit ›Verträgen‹ gesichert, doch kamen diese wohl kaum anders zustande, als der Reichsverweser von Kilikien es trocken und knapp in einem Brief dem Sultan schilderte: Friedrich *zwang den König von Ungarn* (Bela III.), *ihm sich zu unterwerfen und gehorsam zu sein, und nahm ihm von Gütern und Mannschaften, was ihm beliebte*[60]. Auf byzantinischem Gebiet flammte das Feuer der Nächstenliebe zu den schon traditionellen Bränden auf: Ausschreitungen und Vergeltungsschläge quälten beide Seiten; Westchristen und Ostchristen schlugen mit Kreuz und Schwert aufeinander ein. Dazu brach unerwartet heftig der Winter herein: *Schneegestöber und Hunger setzten ihnen zu; die Saumtiere dienten zum Lebensunterhalt; ein Teil des hölzernen Kriegsgeräts mußte dem Feuer preisgegeben werden. Täglich minderte sich die Zahl ihrer Mannen*[61] ... Der Basileus, Isaak II. aus der Dynastie der Angeloi, die 1185 unter den üblichen blutigen Umständen die Komnenen abgelöst hatten, beugte sich schließlich der Gewalt und stellte im ›Vertrag‹ von Adrianopel (Friedrich nahm ihm *seinen Sohn, seinen Bruder und vierzig andere vornehme Männer als Geiseln*[62]) seine gesamte Flotte für die Überfahrt zur Verfügung, froh der Möglichkeit, auf diese Weise den Heilskelch der Kreuzreise an seiner Hauptstadt vorübergehen zu lassen. Als das Barbarossa-Heer – trotz aller Dezimierung *um die Hälfte*, wie Imad festhielt, *immer noch ein Gewoge als wie von sieben Meeren*[63] – am 25.4.1190 ins Sultanat Rum einbrach, hatte es Verwüstung und Trümmer hinter sich gelassen. Auch mit dem Seldschuken-Sultan, Kilidsch Arslan II. ben Masud, waren vorab Vereinbarungen getroffen worden; Friedrich sandte ihm Geschenke und ließ ihm ausrichten: *»Unser Marsch gilt nicht deinem Lande, noch wollen wir es; Unser Reiseziel ist das Baitu 'l-mukaddas* (das ›Haus des Heiligtums‹: Jerusalem)[64]. Doch inzwischen war der friedwillige Sultan von seinem Sohn Kutb ad-din Malikschah entmachtet worden, und dieser, Salah ad-din als Schwiegersohn verpflichtet, zögerte nicht lange, die Invasoren anzugreifen. Am 18.5.1190 fand Barbarossa vor Ikonion Gelegenheit zu einer glorreichen Siegesschlacht, bei der sich der alte Mann persönlich (denn *seine Rüstigkeit war ebenso stupend als rühmenswert*[65]) um Schlächterverdienste bemühte; es war seine letzte. Als das Heer nach mühseliger Überwindung der kilikischen Gebirge auf dem Marsch nach Seleukeia den Kalykadnos überschreiten wollte, *wünschte der deutsche Kaiser im Flusse zu baden, um den Schmutz zu entfernen, als eine jähe Krankheit ihn befiel und er ins Höllenfeuer stürzte*[66]: am 10.6.1190 – so hielt Imad ad-din lakonisch das Ereignis fest. Die Umstände wurden von den

Chronisten unterschiedlich gedeutet; doch ob den 67jährigen nun die schwere Rüstung ertrinken ließ oder ob ihn durch die plötzliche Abkühlung ein Herzschlag traf – er konnte nur noch tot geborgen werden. Nach diesem Unglück brach die Einheit des Heeres auseinander, und wenn hier auch mitnichten *der Menschen größter* verschwunden war, wie das Itinerarium peregrinorum will[67], so doch eine der großen Autoritäten der Zeit; sie war nicht ersetzbar. Mehrere Gruppen traten den Rückzug in die Heimat an; das Restheer zog unter Friedrich von Schwaben, Barbarossas Sohn, weiter. *Als er Heerschau über die Truppen hielt, waren es einige 40 000; doch Pest und Tod fielen über sie her, und bei ihrer Ankunft in Antakija* (Antiocheia) *sahen sie aus, als hätte man sie aus den Gräbern aufgeschaufelt*[68]: da waren es nur noch rund 6 000. Mit nur 1 000 Mann traf Friedrich schließlich am 7.10.1190 vor Akkon ein: sie sind dort im Blutsumpf der Kämpfe verschwunden.

Während das deutsche Heer so unbeirrbar und gottesfürchtig seinen Gräbern entgegenmarschierte, war in England und Frankreich der anfangs so glücklich geschürte Todes-Enthusiasmus wieder auf Abwege geraten. Richard Löwenherz hatte, als Handübung für die geplante Erlösungsexpedition, rasch noch einen Krieg mit seinem Nachbarn, dem Grafen von Toulouse, angefangen; Philipp, durch den Saladins-Zehnten zu klirrendem Auftreten befähigt, ergriff Partei; und im Handumdrehen schwangen Engländer und Franzosen das zu ganz anderen Zwecken geschmiedete Kreuz gegeneinander. Die Geistlichkeit sah dieser Zweckentfremdung mit Besorgnis zu, und ein erneuter Werbefeldzug für die Ewigen Güter wurde angesetzt. Unter den geweihten Aufwieglern ragt eine besonders peinliche Gestalt hervor: Peter von Blois, Archidiakon von Bath und schlecht geratener Schüler des Johannes von Salisbury. Sein Exzitatorium *Über die Beschleunigung der Wallfahrt gen Jerusalem*, eine wie alle seine Opuscula von Bibelsprüchen fettig durchwachsene Wortfolge, leistete zu dem geplanten Massenmord die nachhaltigste Beihilfe; mehr noch aber gelang seiner *Rainalds-Passion* die Programmierung der hoffnungslos verdummten Massenchristen – (ein wiederum vorbildlich frommes Gebilde: 195 Bibelzitate durchwuchern 20 krude Spalten Text). Zeitgeschichte in christlicher Sicht: Da sitzt der Antichrist in seinem *Lustzelt*, und unter der Türe hockt *eine grausame Bestie, in deren Mund der Tod der Streiter Christi* ist: Salah ad-din, der *Hund aus Babylon*, der *Sohn des Verderbens*, ein *bluttriefendes Untier, mit dessen mörderischem und verdammtem Namen ich widerwillig und voll Schmerz dieses Sendschreiben besudele*, ein Scheusal, umgeben von *gepanzerten Soldaten, welche sich zur Ermordung der Heiligen bereitet hatten*. Ein Glücksfall nur, daß in dieser weithin trostlosen Welt auch eine Lichtgestalt zu erblicken ist: ein *starker und heldenmütiger Athlet des Herrn*, ein *auserwählter Zeuge Christi*: Rainald von Châtillon *ruhmreichen Angedenkens, weiland* (nämlich bis 1163) *Fürst von Antiocheia, Herr von Montréal, ein tugendhafter und beständiger Bekenner Christi, dem es gar bald bestimmt sein sollte, für Christus mit glücklichem Martyrium gekrönt zu werden*; und nach einem langen Kapitel *Über das Leben und die Tugenden des Fürsten Rainald* wird Leiden und Sterben des Gangsters in knalligen Farben breitgemalt[69]. Dergleichen hatte auch der wahrhaftig nicht müßige Balduin von Canterbury kaum zustande gebracht, der – Zisterzienser wie ehedem der heilige Bernhard – des letzteren rhetorische De- und Seduktionstechnik in England zu neuen Triumphen führte und sich dann selbst auf dem Kriegsschauplatz zu schaffen machte. Die Wirkung fiel zur vollen Zufriedenheit des Syndikats aus. Zwar flammte der hinderliche Krieg zwischen England und Frankreich im Frühsommer 1189 noch einmal hoch und gab damit der Kurie den so raren Anlaß, einmal für den Frieden zu plädieren, doch am 4.7. mußte Heinrich II. sich zur bedingungslosen Kapitulation verstehen; er starb zwei Tage später, und damit war der Weg für den Kreuzzug frei: sein Nachfolger Richard Löwenherz arrangierte sich mit Philipp, und gemeinsam traten die beiden Kumpane nach einem Jahr von Vézelay aus die Heilsreise an. Richard hatte seine Flotte nach Marseille bestellt; Philipp charterte in Genua bei den stets umsatzfreudigen Krämern für schweres Silber die nötigen Vehikel. Im September waren sie in Messina wieder vereint.

Sie hatten es, trotz des langen Verzugs, durchaus nicht eilig, der vollen Vergebung ihrer Verbrechen entgegenzusegeln. Richard, mit dem vor knapp Jahresfrist verstorbenen König Wilhelm II. von Sizilien verschwägert gewesen, begann sich mit dem Nachfolger Tankred um Erbmobilien zu zanken, und als zwischen Angebot und Nachfrage ein unerledigter Rest blieb, benutzte er die günstige Gelegenheit eines Volksaufruhrs, um am 3.10.1190 Messina im Handstreich zu besetzen. Seine Soldaten, die den Bürgern gegenüber ohnehin mit penetranter Herrenmoral aufgetreten waren, plünderten die Stadt in aller Gründlichkeit aus (*... auch edle Frauen raubten sich die Sieger*[70] ...) und verbrannten im Hafen die Flotte. Tankred mußte sich zu einem kostspieligen Kontrakt bequemen; Philipp, der ihm unter der Hand etwas voreilig die Koalition gegen Richard angetragen hatte, stand auf einmal in sehr schiefem Lichte da, und von nun an lagen sich die beiden gekrönten Galgenvögel immer öfter in den Haaren.

Zwist begann sich vor allem über der Vergabe der noch gar nicht wiedergewonnenen Herrschaft Jerusalem abzuzeichnen. Guido von Lusignan, von Salah ad-din im Sommer 1188 gegen das feierliche eidliche Versprechen aus der Gefangenschaft entlassen, unverzüglich ins Abendland heimzukehren und sich künftig jeder Feindseligkeit gegen den Islam zu enthalten, war formell zwar immer noch König des Reiches, und dies um so mehr, als er bald einen Geistlichen auftrieb, der ihn namens der allmächtigen Mutter Kirche, die da bindet und löset nach ihrem Wohlgefallen, seines Eides ledig sprach. Doch unterdessen war ein anderer, nämlich der Markgraf von Tyros, Konrad von Montferrat, zur eigentlichen Säule des Reichs geworden: seiner Zähigkeit und Härte verdankten es die Christen, daß ihnen mit Tyros inmitten des Zusammenbruchs ein Bollwerk blieb, dem Salah trotz zweimaligen Versuchs nicht beizukommen vermochte. Konrad nun war mit Philipp von Frankreich vervettert, und so lag es nahe, daß sich Guido bei seinem Verwandten Richard, dem Lehnsherrn seiner Familie, um Unterstützung seiner Ansprüche bemühte. Denn Konrad hatte wenig Lust, sich als bloßer Vasall verdient gemacht zu haben, und immer häufiger sah er im Geist die Krone bereits auf dem eigenen Kopfe sitzen. Eine Entscheidung wurde auf die Ankunft der abendländischen Monarchen verschoben.

Am 20.4.1191 traf der erste der auf Steuerkosten im Mittelmeer reisenden Herren Machthaber vor Akkon ein: Philipp, vom Markgrafen Konrad dienstfertig begleitet. Das Löwenherz Richard brauchte wesentlich länger: *ein durch Gottes nie fehlende Vorsehung gefügter Sturm*[71] hatte seine Flotte nach Zypern geraten lassen, wo – mehr schlecht als recht – der Komnene Isaak Dukas residierte, *ein übler Mensch und schwer zu dämpfender Verderber*, wie der Historiker Niketas ebenso knapp wie richtig sagt[72], und als der an einigen englischen Schiffbrüchigen allzu grobe Hoheitsrechte übte, traf Richard freudig grimmige Anstalten, sich auch hier einen Krieg zu genehmigen: *er glaubte nicht an dieser Insel vorüberfahren zu dürfen, ohne dieselbe sich zu eigen zu machen und seiner Herrschaft zu unterwerfen*, sagt Boha ad-din schlicht[73]. Nach drei Wochen war sie in seiner Hand – und mit ihr unermeßliche Beute. Von deren Anblick gestärkt, konnte er sich nun gelassen wieder seinem Seelenheil zuwenden und endlich das Heilige Land selbst ansteuern: am 8.6.1191 traf auch er vor Akkon ein.

Seit fast zwei Jahren (Ende August 1189) wurde die stark befestigte Stadt nun schon von den Christen belagert, ohne daß es Salah gelungen war, die Umklammerung von außen zu sprengen. Aber auch die frommen Umklammerer machten keine Fortschritte: so viel Verstärkung sie auch über See erhielten, der vom Sultan zuvor berufene Baumeister Karakusch, dem auch Kairo seine Mauern verdankte, hatte nur zu gute Arbeit geleistet. Keins der zahllosen Gemetzel vor den Toren brachte eine Entscheidung: *Wir erschlugen ihrer mehr denn 60 000 während der zweijährigen Belagerung auf jegliche Todesart; doch wieviel sie auch verlieren mochten zu*

Lande, sie ergänzten sich immerfort aufs neue von der See her; ihre Zahl betrug wohl 100 000[74] ... ›Wir‹ – das waren in diesem Fall die Mohammedaner, die nach den rauschenden Anfangssiegen hinsichtlich ihrer Feinde sehr hatten umlernen müssen: *In der Schlacht hielten die Franken mutig aus; sie standen wie starke Gebäude, die nicht ins Wanken zu bringen sind, wie lückenlose Kreise, wie ein Mauerrund ohne Zugang, wie hohe Berge, die sich nicht erklimmen lassen*[75] ... In den beiden Wintern brachen Hungersnöte aus, im Frühjahr Krankheiten und Seuchen, die ungezählte Opfer forderten. Eines von ihnen wurde, am 20.1.1191, auch Friedrich von Schwaben –: wunderlicherweise glaubten die Ärzte ihn heilen zu können, *wenn er sich venerischer Mittel bedienen wolle*, doch er entgegnete stark, *er wolle lieber sterben, als auf der göttlichen Wallfahrt seinen Leib mit Triebesgier beflecken*[76], und starb. Mit dieser Auffassung, die vom Kölner Königschronisten als Frömmigkeitsnachweis gewertet wurde, stand er allerdings im Christenlager ziemlich einsam da; das Christenlager war alles andere als eine bloß fromm die Schwerter wetzende Gemeinschaft der Heiligen. Der lustige Taumel des Weltuntergangs hatte alle erfaßt; daß nach äußersten Kräften gezecht und getafelt wurde, war noch das Geringste, was dem Beschauer auffiel – (Petrus Cantor berichtet in einer erbaulichen Homilie *Über das Fasten*, der Sultan Saladin selbst habe sich bei der Kunde, die Christen nähmen drei- bis viergängige Mahlzeiten zu sich, sehr gewundert, daß dergleichen frei auf Erden herumlaufen dürfe: *Die Mäßigkeit der Mohammedaner übertrifft heute die der Christen bei weitem*[77]). Denn die Abendländer geboten über äußerst vielseitige Tugenden, und Bischof Jakob von Vitry hat sich der dankenswerten Mühe unterzogen, die Beiträge der einzelnen Nationen und Landschaften zum Bildnis des Christlichen Kreuzfahrers in einem Katalog übersichtlich zu machen: *Die Engländer*, schrieb er, *galten als Säufer und Hurenböcke, die Lateiner in Syrien als blasiert, verzärtelt und weibisch, die Deutschen als Wüteriche und Unflate bei ihren Zechgelagen, die Normannen als öde Prahler, die Aquitanier als Verräter und käufliche Materialisten, die Burgunder als stumpfsinnig und beschränkt* – und so fort[78]. Eine derart erlesene Gesellschaft widersetzte sich über lang jeder Regulierung; der dauernde Zusammenbruch der Versorgung war nur ein Symptom ... *Die Lebensmittel verteuerten sich bei den Franken so, daß ein großer Sack Getreide bald mehr als hundert Denar kostete ... In Scharen liefen ihre Soldaten zu uns über und waren damit in Sicherheit vor dem Hunger; wer sich satt gegessen, zeigte kaum mehr Lust zur Rückkehr; manche nahmen den Islam an und wurden gute Muslimin, manche verdingten sich als Knechte und wurden ihren Herren freund*[79] ... Es war ein aberwitziger Krieg; es war, zuletzt, ein kreischender Offenbarungseid der Kirchlichen Militanz. Die Ideologien zerbröckelten; manchmal kam es zwischen den Gefechten zu Verbrüderungsszenen. Fassungslos standen die Mohammedaner, denen von abendländischen Historikern so gern Fanatismus bescheinigt wurde und wird, dem Fanatismus neuankommender Christen gegenüber: *Der Papst in Rumija* (Rom) *verbietet ihnen Essen und Trinken und spricht: »Wer nicht hinabzieht gen Al-Kuds* (Jerusalem), *es zu befreien, der sei im Fluche bei mir; nicht heiraten soll er noch essen!« Darum folgt einer dem andern nach, und so laufen sie ins Verderben*[80] ... Und die Diagnose, die der arabische Chronist nach Bagdad meldete, hat in ihrer hellsichtigen Klarheit, die keiner seiner abendländischen Kollegen auch nur annähernd erreichte, einen immer noch unheimlichen Zug: *Der Islam*, urteilte er, *hat es hier mit einem Volke zu tun, das den Tod liebt ... Sie eifern dem von ihnen Angebeteten nach; sie wünschen für sein Grab umzukommen und für die Unratskirche*[81] *verbrannt zu werden ... Sie gehen mit solchem Ungestüm vor, wie die Motten des Abends fliegen ins Licht*[82] ... Es war ein christlicher Krieg; eine Krankheit; eine Seuche. Der Christliche Soldat – das war, in aller Kürze, einer, *der Leute und Land im Stiche läßt, seinem Priester gehorsam ist und seinem Markis ergeben* ... Und wenn dieser Priester, wenn der Oberste Priester, der Papst, wenn *dieser Verfluchte sich erhebt, so bleibt keiner sitzen, und ein Jeder, der da behauptet, daß Allah eine Familie habe und einen Sohn, hält mit den Seinigen zu ihm*[83] ... Eine Krankheit.

Richards Erscheinen brachte die Wendung. Der – innerhalb der hier zuständigen geringen Dimensionen – intelligentere Philipp hatte inzwischen, in richtiger Einschätzung der Chancen, allerlei ballistisches Großgerät bauen und die Mauern bombardieren lassen; den eigentlichen ›Geist‹ aber, dessen die Christen zum Siegen bedurften, brachte erst der Mann mit dem Herzen des Löwen. Die Legende hat ihn mit allen strahlend imbezillen Zügen des Volkshelden ausgestattet, vergrößernd zwar, doch kaum verzerrend: auch das Bildnis der allesamt für ihn anfälligen Chronisten ist noch schauerlich genug ausgefallen, um wahr zu sein. Wenn etwas für ihn einnehmen kann, so einzig seine rechteckige

Verachtung für die Kreuzesheuchelei (er verspürte auch keinerlei Bedürfnis, etwa nach Jerusalem zu pilgern, als dies später möglich geworden war) und die Vorwandsfreiheit, mit der er zeigte, was ihn hergeführt hatte: Mord- und Beutelust. Beider Befriedigung wurde ihm, dank Gottes Güte, in reichem Maße zuteil. Eben nur ein Monat verging, da war die Besatzung von Akkon so zermürbt, daß sie Kapitulationsverhandlungen einleitete. Salah ad-din, unfähig, durch den Belagerungsring in die Stadt vorzudringen, bemühte sich verzweifelt, die Eingeschlossenen zum Ausharren zu bewegen, doch umsonst; sie konnten nicht mehr. So blieb ihm nichts mehr übrig, als wenigstens nach Möglichkeit ihr Leben zu retten. Richard verlangte für den freien Abzug der Besatzung – die Kopfzahl schwankt bei den Chronisten zwischen 12 000 und 2 600[84] – nicht weniger als 200 000 Denar[85], die Freilassung von 500 christlichen Gefangenen, Rückgabe des vor Hattin verlorengegangenen Wahren Kreuzes sowie eine Aufwandsentschädigung von 14 000 Denar für Konrad, den Markgrafen von Tyros. Salah ad-din hatte keine Wahl; er mag mit einiger Schwermut an seine eigenen Bedingungen vor Jerusalem gedacht haben. Als jedoch die Templer, an die er sich um Garantien für die redliche Einhaltung der Bedingungen wandte, eine eidliche Erhärtung verweigerten, ahnte er bereits, daß er es auch hier mit der christlichen Tradition zu tun bekommen würde; – *ist ja die Treulosigkeit der Franken bekannt: dieses Volk schließt einen Waffenstillstand, wenn es schwach ist, und bricht ihn, wenn es sich stark fühlt*[86]. Hier und diesmal fühlte es sich sehr stark. *Kaum waren die Franken im Besitze Akkons* (am 12.7.1191), *als sie wider den Vertrag Hand legten an die Muslimin und ihr Eigentum und sie in den Kerker warfen, bis ihnen, so sagten sie, das Zugesicherte ausgehändigt wäre.* Salah entließ daraufhin seine sämtlichen Gefangenen, doch was er dafür erhielt, waren nur *Troßknechte, Arme und Kurden und überhaupt Leute ohne Bedeutung, während die Christen die Emire und Begüterten festhielten und von ihnen Lösegeld verlangten*[87]. Da wurde der Sultan verständlicherweise sehr zurückhaltend. Für die Barzahlung war eine Frist von zwei Monaten ab Rechnungsdatum vereinbart worden; Salah ad-din ließ nur eine Woche verstreichen – da gefiel sich Richard bereits in einem, vermutlich künstlich produzierten Wutanfall und in der Behauptung, der Sultan habe seine Verpflichtung nicht eingehalten (nach der Kölner Königschronik gehörte dazu sogar noch die *Rückgabe der Stadt Jerusalem*[88]: man fühlte sich sehr stark): er ließ mehrere tausend seiner Kriegsgefangenen mitsamt Frauen und Kindern vor der Stadt abschlachten[89]; nur sehr reiche oder sehr vornehme Leute, *welche den Königen für ihre Rettung höchste Summen boten*, wurden verschont[90]. Seine Soldaten machten die Henker – mit jenem Enthusiasmus, der sich nur mangels Gelegenheit später nicht in grammvoll ertragenen Befehlsnotstand verwandeln mußte ...

Mit dieser Krönung der Einnahme Akkons sah die französische Majestät die fromme Unternehmung als beendigt an: unter grimmigen Segenswünschen für eine gedeihliche Fortsetzung ließ Philipp am letzten Julitag zur Heimfahrt blasen und ging in See – dem Vaterland entgegen, das ihn mit dem gereimten Spott der Troubadoure empfing. Mit seinem löwenherzigen Kumpan verschiedener unquittiert empfangener Prankenschläge halber verfeindet, hatte er sich lediglich noch das Versprechen abringen lassen, bis zu Richards Rückkehr in Kriegsunternehmungen gegen englischen Besitz Askese zu üben – einer jener Vorsätze, mit denen bei der hier in Rede stehenden Gattung Lebewesen der Weg zur Hölle gepflastert ist. Richard setzte den Kampf gegen Salah ad-din noch über ein Jahr lang fort, besiegte den Sultan in offener Feldschlacht bei Arsuf, brachte Jaffa in seine Hand. Doch das eigentliche Prestigeziel, die Rückgewinnung Jerusalems, wurde nicht erreicht: beide Versuche, zu Anfang und Mitte 1192, scheiterten. Diese unentschiedene Lage ließ Richard wie den müde gewordenen, von Malaria zermürbten Salah an Verhandlungen denken. Zeitweilig trug sich der englische Kreuzkönig mit reichlich sonderbaren Plänen: da wollte er seine vakant gewordene Schwester, die sizilianische Witwe Johanna, mit Al-Adil abu Bakr ben Ajjub verheiraten, dem Bruder Salah ad-dins, um die christlichen wie die mohammedanischen Teile Palästinas unter einen Königshut zu bringen: die Aufforderung, den Turban dafür abzulegen, wollte dem also Bedachten aber nicht gefallen. Schließlich wurde dann, am 2.9.1192, ein dreijähriger Waffenstillstandsvertrag zustande gebracht: danach blieb den Christen ein schmales Küstenreich von Jaffa bis Tyros, während nach Jerusalem friedlicher Pilgerverkehr zugelassen wurde. Der Streit um die Krone hatte sich unterdessen von selbst erledigt: Richard hatte Guido widerwillig aufgegeben (um ihm in der Folge dann die Krone Zyperns zu verkaufen), und der daraufhin ungehindert gewählte Konrad wurde am 28.4.1192 unter obskuren Umständen in Tyros ermordet (die Täter waren zwei Assassinen; *im Verhör befragt, wer sie zu dem Morde angestiftet habe, erwiderten sie: »Der englische König«*[91]: der Fall wurde, wie es bei hochstehenden Kriminellen vorkommt, nie ganz aufgeklärt). Damit ging der so monströs begonnene Kreuzzug in stiller Dürftigkeit zu Ende: der Berg der Opfer hatte nichts als eine Maus geboren …

Richard verließ das Heilige Land am 9.10.1192, zum Vorteil des Heiligen Landes. Die Hergänge seiner Heimreise sind bekannt: Herzog Leopold von Österreich vergalt ihm eine vor Akkon erfolgte Beleidigung durch Gefangennahme, lieferte ihn an Kaiser Heinrich VI. aus, und dieser entließ ihn erst im Februar 1194 gegen ein Lösegeld von 150 000 Mark Silber wieder nach England, zum Nachteil Englands. Den Rest seines Lebens verbrachte er mit Kampfhandlungen gegen seinen einstigen Kreuzkumpan Philipp von Frankreich; den ihm gemäßen Tod fand er am 6.4.1199: an den Folgen einer Kampfhandlung.

Salah ad-din, *der siegreiche Sultan, der Beschützer des Wahren Glaubens, welcher das Panier der Gerechtigkeit und Gnade erhebt, der Beherrscher des Islam und der Gläubigen, dessen Glück Allah möge dauern lassen, dessen Herrlichkeiten Er mehre, dessen Lebensatem Er erhalte und dessen Hoffnungen Er durch Größe und Glanz auf das vollständigste erfülle*[92], hat das Begräbnis seiner Hoffnungen nur um ein halbes Jahr überlebt. Er *ging aus der Wohnung der Vergänglichkeit ein in die Wohnung des Bleibens*[93] am 4.3.1193: einer der größten, achtbaren Herrscher der mittelalterlichen Geschichte. Dem militanten Christentum hat niemand einen klareren Spiegel vorgehalten, als er es durch sein Dasein tat: als Politiker, als Glaubender, als Mensch.

Kapitel IV

Die ›Mutter der Welt‹

O meine Stadt, meine Stadt, du Augapfel aller Städte! Die du in aller Welt gepriesen warst und über alle Welten schön zu schauen! Nährmutter der Kirchen du und Ahnherrin des Glaubens! Du Pflegestätte des Geistes und Heimat alles Schönen! ... Ach, einstens kinderreich, in Linnengespinst gekleidet und königlichen Purpur, wie bist du auf einmal so schmutzig und rauh, mit vielen Übeln behaftet, und mußt dich sehnen nach deinen rechtmäßigen Kindern! Ach, du noch jüngst so hochthronende, groß und erhaben, von Äußerm edel und schön, wie's deiner Würde entsprach – gestürzt bist du nun, zerrissen liegt dein herrliches Gewand, und dein strahlendes Auge, es ist gebrochen! Zerfurcht ist von schlaffen Falten dein früher so glänzendes, freudenvolles Gesicht ...

DER HISTORIKER NIKETAS VON CHONAI NACH DER VERWÜSTUNG KONSTANTINOPELS 1204[1]

Von einem Triumph und Sieg, wie er noch nie vernommen ward seit Anbeginn der Zeiten, wollen wir nun den Völkern des ganzen Erdenrunds berichten, auf daß es im Gedächtnis bleibe allen, die mit uns leben und die nach uns kommen. Doch wo die Himmel sich wundern, das Weltgefüge erbebt, die Bergesgipfel sich neigen, die Meere fliehen, die Flüsse umkehren in ihrem Lauf, ja selbst die Elemente ob des gewaltigen Geschehens erzittern, die Vögel des Himmels innehalten in ihrem gewohnten Flug, die Fische rückwärts durch die Wassergassen eilen, die wilden Tiere der Wälder, die Schafe und Rinder und alles Vieh auf den

Feldern stille stehn wie betäubt – da wird es wohl verständlich sein, wenn wir den Gang der Ereignisse nicht im einzelnen darzustellen vermögen, denn es würden uns doch bald die stilistischen Feinheiten der Dichter ausgehen. So wollen wir denn das Allgemeine ganz allgemein zur Kenntnis bringen und in aller Kürze mitteilen, daß der HErr[2] ... – nein, es ist nicht in aller Kürze mitzuteilen, was der Herr, was *die Vorsehung des Allerhöchsten* hier neuerlich der Menschheit beschert hatte, und das um so weniger, als die sehr christlichen Gründe, die den Verfasser des zitierten Briefes leiteten, nicht lupenreiner waren als seine Poesie. Das Ereignis, dessentwegen der Natur eine so erstaunliche Revolution zugemutet wurde, hätte in einer Besseren Welt allerdings die Steine zum Schreien bringen müssen; die mittelalterliche war, bei aller Glaubensfähigkeit, doch realistisch genug, nicht ernstlich damit zu rechnen. Man schwor habituell die kompliziertesten Zustände auf sich herab und brach habituell die Kontrakte, die man damit hatte festigen wollen; selbst der Eid bei Gott war in der Realpolitik – falls er nicht zusätzlich durch Geiseln gesichert wurde – ein bloßer Aktenschnörkel geworden: eine stilistische Feinheit. Das Ereignis, der Triumph und Sieg, dessentwegen der Natur hier eine solche Fülle stilistischer Feinheiten zugemutet wurde, gehört zu den allerschändlichsten Greueln der abendländischen, der christlichen Geschichte –: noch heute muß erzittern, wer sie »im einzelnen« zur Kenntnis nimmt.

Die bei den Historikern üblich gewordene Numerierung dessen, was später so begründet wortkarg ›Kreuzzüge‹ hieß, läßt leicht vergessen, daß jedes einzelne dieser Großverbrechen zugleich von ganzen Schwärmen relativ kleinerer

Kriminalien umgeben war – zeitlich und räumlich enger begrenzten Kriegen, deren unauffälligem Gedeihen der allgemeine, alles überschattende Kreuzeswahn zugute kam. Ihre Aufzählung ergäbe eine Litanei aus allerscheußlichsten Geräuschen; wenn sie Ihnen hier erspart bleibt, so allerdings nicht aus Gründen der Diskretion. Die vergleichsweise leiseren Schmerzenslaute im Großen Schall der Menschenleiden hörbar zu machen, nachzuweisen, daß sie alle aus dem gleichen thematischen Material zurechtgekrümmt sind und in letzter Instanz doch eine einzige greuliche Komposition der einen einzigen greulichen Urheberin bilden, erforderte eine Umständlichkeit der Analyse, die dem Faktenreferat zuviel Raum nähme. Es ginge das zuletzt auf jene alte immergrüne Historikerübung hinaus, die sich von der multiplen Fülle ihrer Gesichte nur allzu gern bewegen läßt, das All-Gemeine dann »ganz allgemein zur Kenntnis zu bringen«: solcher Schonung verdankt die Menschengesellschaft unter anderem, daß sie aus ihrer Geschichte meist so gut wie nichts zu lernen brauchte. So sollen denn bei dem hier zu berichtenden Triumph und Sieg der Barbarei, dem IV. Kreuzzug offizieller Zählung, dem der Christen gegen die Christen, alle ihn umgebenden Machtkriege des vom Kurien-Syndikat gelenkten Abendlandes beiseite bleiben, so eng sie auch mit ihm verknüpft waren und so unübersehbar das Kreuz vor und hinter ihnen allen stand und stehen blieb, und nur ein einziger von ihnen sei mit skizziert: ein Vorspiel scheinbar – und doch wesentlich mehr …

Als Kaiser Heinrich VI. Ostern 1195 an seinem Hof in Bari zur allgemeinen Überraschung erneut das Kreuz predigen ließ (nur seine engste Umgebung wußte, daß er selbst bereits seit dem Karfreitag das Mordzeichen unsichtbar an der Schulter trug), geschah es, zum erstenmal in der Geschichte der Blutigen Wallfahrten, weder auf Betreiben des Papstes noch um irgendwelcher strategischen Bedürfnisse des Heiligen Landes willen. Es sollte das letzte, größte Siegel unter eine Machtpolitik setzen, mit der sich der deutsche Kaiser an die Spitze eines wiederhergestellten vormittelalterlichen Mediterran-Imperiums zu bringen gedachte (*denn er grübelte unablässig angestrengt darüber nach, wie er sich der alleinigen Herrschaft bemächtigen und Herr werden könne über alle umliegenden Reiche*[3]): ein Plan, der seit dem gelungenen, mit Richards Lösegeld finanzierten Zweiten Krieg gegen Sizilien und der Königskrönung Heinrichs in Palermo (Weihnachten 1194) fast verwirklicht schien. Ein Kreuzzug des Abendlandes, an der Spitze der Kaiser des Römischen Reiches und König Beider Sizilien, der Lehnsherr Englands zudem, mußte den errungenen Erfolgen vor aller Welt die gewünschte Augenfälligkeit verschaffen – und bot zugleich Gelegenheit, den Papst, der sich schwerlich gegen den hochheiligen Vorwand erklären konnte, auf einen Vasallenplatz abzudrängen. Der neunzigjährige Cölestin III., selber altgeübter Kreuzprediger (in Spanien hatte er, vor noch nicht zehn Jahren, die heilige Sache als Kardinallegat so rabiat vertreten, daß der König von Portugal ihn aus dem Lande weisen ließ), durchschaute sofort und war nicht glücklich darüber. Zwar beeilte er sich, dem Kaiser unter dem 27.4.1195 einen Brief zu schreiben und ihn mit gequetschten Worten für den Plan einer bewaffneten Pilgerreise zu belobigen, doch konnte er es sich durchaus nicht versagen, ihm dabei zugleich das Erlöserwort in den Bart zu zitieren: *Was hülfe es dem Menschen, so er die ganze Welt gewönne und nähme doch Schaden an seiner Seele!*[4] – ein feinsinniger Hinweis, den Heinrich in aller Ruhe ignorierte. Erst drei Monate später hinkte der Papst dann ohnmächtig mit einem eigenen Kreuzzugsaufruf nach; und das Dokument ist derart in gottseliges Geschwafel eingepackt, daß der eigentliche Kriegspredigtbefehl darin fast verschwindet – so unsicher war Cölestin, ob es ihm gelingen würde, die so raffiniert ins Schwanken gebrachte Balance zwischen Kaiser- und Papsttum wiederherzustellen. Doch der zentrale Wahnsinnssatz der früheren Aufrufe kehrt auch hier wieder, in bezeichnend verquollener, sperrig gequälter Form, und er soll in dieser Form auch hier wieder unter den Zitaten stehen: *Allen, welche aus Liebe zum göttlichen Wesen die Mühsal dieses Zuges auf sich nehmen und denselben, soweit es an ihnen liegt, zu vollenden trachten, gewähren Wir kraft der Uns von Gott verliehenen Vollmacht Unseres Amtes jenen Erlaß der ihnen durch Seine priesterlichen Diener auferlegten Buße, welchen schon Unsere Vorgänger, wie bekannt ist, zu ihren Zeiten festgesetzt haben, daß nämlich ein jeder, der zerknirschten Herzens und in demütigem Geiste die Mühsal dieser Reise auf sich nimmt und unter Bereuung seiner Sünden und im rechten Glauben aus dem Leben scheidet, die volle Vergebung seiner Verbrechen und um dess' willen das ewige Leben erlangen soll*[5] … Die himmlischen Gnaden also verteilte der Papst wieder einmal mit vollen Händen; mit der eigenen Gnade, der ja auch wesentlich konkreteren, ging er allerdings sparsamer um: als Heinrich im Sommer 1196 zu ›politischen Gesprächen‹ vor den Toren Roms erschien, weigerte sich

Cölestin, ihn zu empfangen, und der Kaiser mußte nach einem ganzen Monat Wartezeit mitsamt seinen sehr erstaunlichen Offerten nach Sizilien weiterziehen: ein nur scheinbar geringer Erfolg der Kurie, der in Wahrheit jedoch die Schlappe vom Vorjahr wieder wettmachte.

Die Einzelheiten der Reichspolitik gehören nicht hierher; auf die Vorbereitungen zum Kreuzzug blieben sie, da beide Parteien den Schein zu wahren hatten, ohne Einfluß. In Deutschland war von den päpstlichen Emissären ein voller Erfolg erpredigt worden: aus der Prominenz nahmen drei Erzbischöfe, neun Bischöfe, vier Äbte, fünf Herzöge, fünf weitere Fürsten und zweiundzwanzig Grafen das Kreuz. Im Mai 1197 landeten die ersten Scharen in Sizilien, wo sie sogleich Gelegenheit fanden, sich auf das Erlösungsunternehmen einzuüben. Die normannischen Barone hatten einen Aufstand zuwege gebracht, bei dessen Planung der Papst nicht nur Mitwisser war, und Heinrich bediente sich der Kreuzzügler, um die Revolte in wahren Fluten von Blut zu ersticken. Müßte für die Nachwelt nicht schon die Bestialität, mit der er sich zweieinhalb Jahre zuvor bei der Eroberung Siziliens seiner Gegner entledigt hatte, voll ausreichen, um auch unter dieser Krone das Raubtier sichtbar zu machen, so unretuschierbar jetzt die neuerliche Rache am normannischen Adel: Heinrich entfaltete dabei eine Grausamkeit, daß selbst seiner näheren Umgebung übel davon wurde. *Ihr wißt wohl noch*, schrieb im Folgejahr der Papst an Klerus, Adel und Volk von Capua – und er drückte sich dabei noch sehr gewählt und gelinde aus –, *ihr wißt wohl noch, wie eure Edlen mit Verbannung gequält worden sind, wie man sie an ihren edelsten Gliedern verstümmelt hat, wie man sie den Flammen überantwortete und sie lebendig ihr Grab im Meere finden ließ, daß sie zur Köderspeise der Fische wurden und zum erbärmlichen Fraß dem Ungetier ... Kaum einer ist im ganzen Königreich, der nicht an sich oder den Seinen, an Person oder Habe, an Blutsverwandten oder Freunden schweren Schaden durch die Deutschen erfahren hätte*[6]. Das wiederholte sich jetzt, und Niketas von Chonai hat einige Details festgehalten: *Den einen ließ der König in einen Kessel werfen mit siedendem Wasser, tat ihn alsdann gleichwie eine Speise in einen Korb und sandte ihn seinen Verwandten ... Den Anführer aber der Verschwörergruppe und zur Herrschaft nach ihm Erwählten verurteilte er zu einer noch schwereren Strafe denn die übrigen: er ließ nämlich aus Erz eine Stirnkrone machen, welche Löcher hatte rundum, einander gegenüberliegend, und diese Krone setzte er dem Empörer auf und ließ sie ihm alsdann mit vier großen Spannägeln, die durch und durch getrieben wurden, auf dem Haupte festnageln*[7] ... Nachdem dies Geschäft erledigt war, segelten die Kreuzherren gutgelaunt dem weiteren Erwerb des Ewigen Lebens entgegen; im August trafen die ersten Gruppen unter Herzog Heinrich von Brabant in Akkon ein.

Heinrich von Champagne, ungekrönter Inhaber der Königsfunktionen im gegenwärtigen Restreich, sah der Landung der abendländischen Streitbarkeit sehr unbegeistert zu. Er fürchtete die Folgen einer blinden Provokation – und wie recht er damit hatte, zeigte sich alsbald in aller Deutlichkeit, als Al-Adil, der Bruder Salah ad-dins und Stärkste seiner Thronerben, einen Raubzug der Wallfahrer nach Galiläa mit der Mobilmachung quittierte und mit geballter Macht herangerückt kam. Die deutschen Raubzügler nahmen schon bei der Nachricht davon geschlossen Reißaus, doch Al-Adil ließ sich nun so einfach nicht mehr wegschicken: er setzte ihnen langsam und beharrlich nach, und bald war zu erkennen, daß er es auf Jaffa abgesehen hatte. Da konnte auch Heinrich von Champagne nicht länger zögern. Er sammelte seine Truppen und war eben zum Aufbruch nach Jaffa fertig – da enthob ihn ein nicht vorhergesehener Vorgang aller weiteren Beschäftigungen: bei einer Heerschau am 10.9.1197 stürzte er aus einem der oberen Fenster seines Palastes in den Hof und brach sich das Genick. Es war ein banaler Unfall – auch wenn manche Zeitgenossen, wie der Chronist Arnold von Lübeck für mitteilenswert hielt, sogleich der Ansicht waren, daß er vom Finger Gottes gestoßen worden sei, *um dess' willen, daß ihn die Ankunft der Deutschen verdrossen und er ihnen die Befreiung des Heiligen Landes geneidet habe.* Herzog Heinrich von Brabant übernahm provisorisch die Regierung, und als zehn Tage später ein weiteres deutsches Truppenkontingent – immer noch nur Vorhut des Hauptheers, das der Kaiser in Messina um sich sammelte – unter Erzbischof Konrad von Mainz sich einstellte, konnte die Befreiung des Heiligen Landes unbeeinträchtigt ihren Fortgang nehmen. Für Akkon war es allerdings zu spät: die Stadt hatte inzwischen widerstandslos kapituliert. So wandte man sich küstenaufwärts, nachdem das unvermeidliche Frohlocken über die *Vereinigung der Söhne Gottes* und die *Frömmigkeit der so gewaltigen, alldort in Christo versammelten Kirche* absolviert war. Sidon und Beirut wurden im Handstreich genommen, das erste als ganzer, das zweite als halber Trümmerhaufen, von den widerstandsunfähigen Muslimin zerstört: eine Kriegsfolge, deren Verschuldung die Christen dadurch verdrängten, daß sie pathetisch Klage riefen über *die mit so vielerlei Zierrat geschmückten Häuser aus Stein und Zedernholz, die zu bewohnen ein Ruhm, die zu zerstören aber erbärmlich war und ein Jammer*[8]. Doch schon kamen ihnen, nach dem so wohlfeilen Sukzeß, immer lebhaftere Flausen ein, Jerusalem selbst zu attackieren. Fürs erste warfen sie sich nun auf die Festung Toron, etwa 30 km südöstlich von Tyros gelegen. Die Besatzung konnte sich, vor allem beim Gedanken an den Fall Akkons und die Hinschlachtung der Gefangenen, der Einsicht nicht verschließen, daß sie es hier mit *einer Menschenart* zu tun hatten, welche *über die Maßen hartnäckig ist und von jähem Zorn und nach unserem Blute giert*[9], und entschloß sich zu Unterhandlungen. Die Abgesandten führten, wenn man den Dialog beim Wort nimmt, den Arnold von Lübeck aufgezeichnet hat, eine sehr humile Sprache: sie mahnten die Christen – was man ja auch wahrhaftig nicht oft genug tun konnte – an ihren Milde gebietenden Christlichen Glauben und ersuchten ergebenst darum, denselben auch an ihnen wahrzumachen. *Denn sind wir auch verschiedener Religion, so haben wir doch einen Schöpfer und einen Vater, und somit steht es fest, daß wir Brüder sind, wenn nicht von Bekenntnis, so doch von Menschennatur und -art*. So möge man denn insofern brüderliche Milde walten lassen, als man ihnen lediglich ihren gesamten Besitz nehme, das Leben aber lasse, dazu, wenn möglich, noch ein *einfaches Gewand*. Ein Teil der christlichen Brüder fand diesen Vorschlag erwägenswert, ein anderer dagegen, der hartnäckige, jähzornige und nach

Blut gierende, sah sich dabei um das Beste geprellt. Ihr Sprecher, der Erzbischof Konrad, vertrat die traditionelle Politik des absolut reinen Tisches. *Wenn wir*, so lautete die Begründung, *jene im Ansturm überwältigen, so werden wir keine Widersacher mehr haben, denn der Fall einer so gewaltigen Festung wird die allergrößte Furcht verbreiten, also daß allen die Ohren klingen müssen, die uns widerstehen wollen!*[10] Die Absichten, die hinter diesen homiletischen Ausführungen standen, waren so unzweideutig, daß die besorgten Barone der Kreuzstaaten schließlich keinen anderen Ausweg sahen, als Al-Adil selbst einen Wink zukommen zu lassen – des Inhalts, es gelte hier für ihn nicht nur den Fall einer Festung zu verhindern, sondern einen Massenmord. Aber noch ehe das daraufhin in Bewegung gebrachte Entsatzheer von Ägypten herangezogen kam, brachte ein anderes, ganz unerwartetes Ereignis das Ende des gesamten Kreuzzuges: die Nachricht, daß Kaiser Heinrich VI. in Messina gestorben war – an Malaria, am 28.9.1197, eben 32 Jahre alt – (und allgemein unbetrauert: *nicht nur den Rhomäern kam dieser Tod sehr gelegen, sondern auch den abendländischen Völkern war er ein rechtes Freudenfest, denn jener hatte sie mit Gewalt mehr denn durch gütliches Überreden an sich gekettet*[11]). In Deutschland drohte der Bürgerkrieg, dem Erzbischof Konrad selbstverständlich nicht fernbleiben konnte; so wurde die Belagerung von Toron aufgegeben, und Anfang Februar 1198 verließ das deutsche Heer einigermaßen kleinlaut den Markt des Sündenablasses, auf dem es wieder einmal nur schlechte Geschäfte gemacht hatte. Auch dieser Kreuzzug war zusammengebrochen.

Mit ihm brach eine ganze, wenn auch kurze Geschichtsepoche zusammen, und eine neue begann: für den Machtkampf zwischen Reich und Kurie ebenso wie für die Bewaffneten Wallfahrten. Der greise Cölestin war dem Kaiser am 8.1.1198 nachgestorben; am selben Tag noch, da er unter Marmor kam, nahm, durch fast einstimmige Wahl hinaufbefördert, ein Mann auf dem Apostolischen Sessel Platz, der eine neue lodernde Epoche der Kirchenherrschaft heraufführen sollte (was das für die Beherrschten hieß, muß nicht erläutert werden): Lotario di Segni, genannt Innozenz III., der vielleicht größte Souverän, den die Catholica je gehabt hat. Er war erst 37 Jahre alt, als man ihn erwählte, ein Umstand, in dem er in seiner Thronbesteigungsanzeige die *unaussprechliche Weisheit des Schöpfers* zu bewundern empfahl, der *alles, was Er in seinem hohen Ratschlusse von Ewigkeit beschlossen, durch aller schwankenden Zeiten Wechsel auf wunderbare Weise hinausführt*[12], und Walthers von der Vogelweide berühmte Klausner-Klage *O weh, der Papst ist viel zu jung: hilf, Herre, deiner Christenheit!*[13] war insofern sehr berechtigt, als man nicht erwarten durfte, dieses Papstes über kurz wieder durch den Alterstod ledig zu werden. Das Gemisch aus kunstvoll stilisierter Demut und gelassener Selbstzufriedenheit, das alle seine Worte und Werke bezeichnet, trat gleich zu Anfang hervor; in der Predigt bei seiner Konsekration, die er in bescheidener Absicht auf das Fest der Stuhlbesteigung Petri (22.2.) hinauszuzögern verstand, einem raffiniert verfädelten Häkelwerk aus fast hundert Bibelsprüchen, artikulierte er es so: *Wer aber bin ich oder was ist das Haus meines Vaters, daß ich höher und prächtiger sitze denn die Könige und habe den*

Thron der Herrlichkeit inne? Wahrlich, mir wird gesagt im Propheten: »Siehe, ich habe dich gesetzt über Völker und Königreiche, daß du ausreißen sollst und zerbrechen, verstören und verderben, und bauen und pflanzen!« Insgleichen ist mir gesagt beim Apostel: »Ich will dir des Himmelreichs Schlüssel geben, und alles, was du binden wirst auf Erden, das soll auch im Himmel gebunden sein und so weiter.«[14] Ein so beneidenswert rüstiges Selbstverständnis konnte auch die praktische Politik nicht lange ungeschoren lassen, und so bekam etwa der Basileus Alexios III. sehr bald eine Belehrung darüber zu lesen, wer von wem sein Licht empfange: *Am Firmament des Himmels*, schrieb ihm Innozenz, *das ist, der Allgemeinen Kirche, schuf Gott zwei große Lichter, das ist, zwei hohe Würden, das priesterliche Ansehen und die königliche Gewalt. Das erstere, welches über die Tage, das ist, über die geistigen Dinge herrscht, ist das höhere, und die letztere, welche über fleischliche Dinge herrscht, ist die geringere, daher denn auch zwischen Priestern und Königen derselbe Unterschied ist wie zwischen Sonne und Mond*[15]: ein Unterschied alias ›wie Tag und Nacht‹ – Sie werden noch sehen, ob das Bild tatsächlich zutrifft. Man steht zuweilen nicht ohne Staunen vor den Künsten dieses Herrschers über die Geistigen Dinge, und eine Geistes-Analyse des Papsttums findet nirgends reicheres Material als in den vier Folianten, die mit seinen Briefen, Erlassen und Predigten gefüllt sind[16] – (die literarischen Opuscula lassen sich daneben leicht entbehren – der bläßlich barocke *Dialog zwischen Gott und Sünder* etwa oder der frohgemute Traktat *Über die Weltverachtung*[17]: sie gelangten nicht über rhetorisches Kunstgewerbe hinaus). Kein

Papst des Mittelalters hat sich gleich schrankenlos als Weltregent verstanden; selbst die Herrschaftsphantasien der beiden letzten Stauferkaiser, deren Konzept, geistlich travestiert, er übernahm, verblassen vor der Grandezza seiner Gesten. Gelegentlich kam ihn »im Traum« sogar der berauschende Einfall an: ob er nicht am Ende gar größer noch sei als Unser Erlöser selbst? Der Chronist Salimbene de Adam hat in aller Unschuld die Geschichte festgehalten, wie Innozenz sich einmal den *ungenähten, durch und durch gewirkten Rock des Herrn*[18] (der als Reliquie im Lateran aufbewahrt wurde) anmaß, um genau festzustellen, ob etwas daran sei; er wurde allerdings enttäuscht, denn *als er sich das Kleid angelegt hatte, erschien es ihm gewaltiglich größer denn er selber. Und so ward ihm angst, und er verehrte es, wie es billig war*[19]. Seine privaten und amtlichen Gemütsbewegungen drückte er grundsätzlich in Gottes-Worten aus –: als er nach mancherlei gar nicht eleganten Frontwechseln den Welfen Otto IV., der sich selbst so erfreulich als *König von Gottes und des Papstes Gnaden* verstand[20], zur Kaiserkrönung begrüßte, tat er es mit dem würdigen Satz *»Dies ist mein lieber Sohn, an welchem ich Wohlgefallen habe!«*[21]; und als dieses Wohlgefallen nachließ und Otto die Gestalt eines *pestilenzialischen Tyrannen von Kirche und Reich*[22] annahm, imitierte Innozenz den enttäuschten Schöpfer: *»Es reut mich, daß ich den Menschen gemacht habe!«*[23] –: das alles wollte durchaus gelernt sein. Ein umfassendes Charakterbild dieses Papstes kann hier nicht entworfen werden; vielleicht aber setzen sich solche Einzelzüge ausreichend dicht zusammen, um erkennen zu lassen, wes Geistes Herrscher hier über Völker und Königreiche gesetzt worden war.

Schon eine der ersten Episteln des neuen Papstes beschäftigte sich mit Kreuzzugsgedanken – zu genau der Zeit, als das selbstherrlich begonnene Unternehmen des toten Kaisers Heinrich eben zusammenbrach. Die Eile ist begreiflich: es galt auch auf diesem Gebiet den empfindlich lädierten Primat der Kurie wiederherzustellen. Am 15.8.1198 erging der erste Aufruf zu einer erneuten Pilgerfahrt ins Morgenland. Er faßte die Leser, wie so oft schon, beim Mitleid – und vergaß dabei, dem heiligen Zweck zum Schaden, daß die konkreten Leiden der letzten Kreuzkriege zu frisch noch im Bewußtsein der Hinterbliebenen gegenwärtig waren, als daß es sich auf diese Weise schon wieder hätte einnebeln lassen: *Nach dem jammervollen Untergang des Landes Jerusalem, nach der beweinenswerten Vernichtung des christlichen Volkes, nach der tränentreibenden Besetzung jenes Bodens, auf welchem dereinst die Füße Christi standen und woselbst Gott unser König vor Zeiten mitten auf Erden das Heil der Welt* und so weiter und so weiter, *hat der Apostolische Stuhl, bestürzt ob der Züchtigungen solchen Unglücks, Leid getragen voll Schreiens und Wehklagens, also daß ihm vor unaufhörlichem Jammern die Kehle rauh ward und vor heftigem Weinen fast die Augen erblindeten*[24] ... Das schöne Bild vom bestürzten und leidtragenden Stuhl mit der rauhen Kehle war nun allerdings schwerlich dazu angetan, mehr als Achtungsapplaus zu erzielen, und so sehr sich Innozenz auch mühte, seine Krokodilstränen verströmten ohne Effekt. Die neue Bewegung entstand ein weiteres Mal ›von unten herauf‹: ein Volksprediger namens Fulko, Priester in Neuilly, trieb die Massen unter dem Pilgerkreuz zusammen – riesige Massen: er selber behauptete später, das Mordzeichen an wohl 200 000 Menschen ausgeteilt zu haben. Sein Bild entspricht dem dutzendhaft bekannten Modell: nach ziemlich lustiger Jugend gewann er, von Unbildung und Fanatismus in glücklicher Verbindung unterstützt, mit zunehmenden Jahren zunehmenden Geschmack an der Askese und fühlte sich gedrängt, der Mitmenschheit die gleiche Wandlung nahezulegen – (auch Richard Löwenherz bepredigte er in diesem Sinne, mit geringerem Erfolg allerdings als bei der gläubigen Menge). Innozenz nahm den betriebsamen *Mann von heiligem Ruf*[25] in näheren Augenschein, erkannte seine Fähigkeiten und erteilte ihm am 5.11.1198 den Predigtauftrag, *indem Wir dem Beispiele des HErrn folgen, welcher da etliche bestellte zu Aposteln, etliche zu Propheten, etliche gar zu Evangelisten, auf daß der Schall ihrer Stimme hinausdringe in alles Land und ihr Wort bis an die Grenzen des Erdkreises*[26]; – das offizielle – d. h. in den vom Papst beaufsichtigten *Taten des Papstes Innozenz* für die Nachwelt verzeichnete – Verdienst strich dann allerdings der offizielle Kardinallegat ein, Herr Peter von Capua[27]. Doch die Kurie verstand zu warten; die Volksbewegung allein konnte ihr nichts nützen. Erst als im Spätherbst 1199, *zu Beginn des Advents*, auf einem Turnier zu Écry-sur-Aisne eine Predigt Fulkos die Kreuznahme mehrerer Barone bewirkte, an ihrer Spitze der Graf Thibaut von Champagne, sah Innozenz den Augenblick gekommen, und am letzten Tag des Jahrhunderts erging der zweite Kreuzzugsaufruf des Papstes an seinen Klerus: *Weil denn die höchste Notwendigkeit und der allgemeine Nutzen es erfordern, daß das Christenvolk nicht nur in Dingen, sondern auch in Personen ohne Verzug dem heiligen Lande wider die Heiden zu Hilfe eile, tragen Wir*

Eurer Brüderlichkeit hiermit durch apostolisches Schreiben auf, selbst und durch andere tüchtige Männer mit Klugheit und Eifer die Gläubigen zu ermuntern und zu verleiten, daß alle, die imstande sind, den Kampf des Herrn zu kämpfen, im Namen des Herrn Zebaoth das Zeichen des Kreuzes annehmen, die andern aber nach Maß ihres Vermögens fromme Almosen in Fülle spenden[28]... Die Gnadenofferte enthielt diesmal nämlich insofern etwas Neues, als nicht nur die Teilnehmer der Fahrt ihre sämtlichen Sünden loswerden sollten, sondern außerdem alle, die bereit waren, die Fahrt eines Pilgers auf mindestens ein Jahr zu finanzieren: ein Entsühnungsverfahren, das der in Bankgeschäften wohlbewanderten Kurie völlig zwanglos von der Hand ging. Einen Bußrabatt von 25% erhielt weiterhin jeder, der *von seinen Gütern in angemessener Weise* beitrug[29]; die Geistlichkeit wurde, da mit der Sündenvergebung schwerer zu verlocken und ohnehin nicht sehr spendefreudig, mit einer empfindlichen Steuer geschröpft – (*Schon wird euch von den Laien übel vorgeworfen, daß ihr aus dem Erbteil Jesu Christi lieber Schauspielern Hilfe leiht als Christo selber und mehr auf die Hunde- und Vogelzucht verwendet, als ihr zu Seinem Beistand ausgeben wollt*, schrieb Innozenz den französischen Klerikern[30]); dem armen Volk schließlich legte man nahe, den überall eigens aufgestellten Opferstock zu füllen. Walther von der Vogelweide hat ihm kalt ins Gesicht gesehen, dem *Herrn Stock*, den *der Papst uns hergesendet: Ich denk', des Silbers wenig kommt zu Hilf' in Gottes Land: / großen Schatz verteilet selten Pfaffenhand. / Herr Stock, Ihr seid zum Schaden hergesandt, / daß Ihr aus deutschen Leuten suchet Törinnen und Narren!*[31] Es war die landläufige Meinung. Viel Geld scheint denn auch nicht zusammengepredigt worden zu sein, und bei der Geistlichkeit mußte Innozenz sich schließlich aufs Drohen verlegen: im Weigerungsfall, schrieb er an die Kleriker der Lombardei, werde er es ihnen besorgen und sie *mit Unserer, ja des Erlösers Verachtung strafen, und zwar um so strenger, als Wir gerade euch besonders lieben und wünschen, daß ihr in den Werken der Nächstenliebe den andern vorangeht*[32] – eine Liebeserklärung, deren Pointe darin liegt, daß sie eine Woche später wörtlich gleichlautend auch dem Klerus der Normandie zugestellt wurde[33].

Gleichwohl hatte die jetzt energisch vorangetriebene Kreuzpredigt bei Törinnen und Narren den hohen Erfolg, der dem Vorkommen dieser Menschengruppe entspricht. *Alle Anwesenden waren heftig ergriffen*, schrieb der Mönch und Magister Gunther von Pairis, der eine Predigt – und den ganzen Kreuzzug – seines Abtes Martin, des zweiten päpstlich bestellten Exzitators, für die Nachwelt aufgezeichnet hat; *man konnte sehen, wie reichlich Tränen ihm über das Antlitz und allen über die Gesichter flossen, und vernahm allenthalben Ächzen, Schluchzen und Seufzer sowie andere Anzeichen innerer Reuigkeit.* Die Predigt Martins gibt einen guten Einblick in die Technik der Exzitation. Man reproduzierte vor allem sehr wort- und tränenreich das Lamento des ersten innozentischen Aufrufs und verstand sich dabei selbstredend als Mundstück Gottes selbst: *Christus ist meiner Worte Urheber; ich bin nur sein zerbrechlich Werkzeug. Christus spricht heute zu euch durch meinen Mund mit seinen eigenen Worten und klagt euch die Ungerechtigkeiten, welche man ihm getan. Verstoßen ward Christus von seiner heiligen Stätte, von seinem Sitz, ward vertrieben aus jener Stadt, die er selber sich mit dem eigenen Blute geweiht hat. Ach Schmerz! Wo einst die Ankunft des Gottessohns im Fleische von heiligen Propheten geweissagt ward* ... und so weiter und so immer weiter – bis hin zur Moral der herzzerreißenden Geschichte: *Nehmet denn jetzt, meine Brüder, mit frohen Sinnen das triumphale Zeichen des Kreuzes, damit die Sache des Herrn ein gutes Ende finde durch euch und ihr um kurze und mäßige Arbeit euch hohen, ewigen Lohn erwerbt!* – zu schweigen vom weltlichen, der in einem Lande winkte, das *bei weitem reicher und fruchtbarer ist denn dieses hier; und leicht wohl mag es geschehen, daß viele von euch dort auch in den zeitlichen Dingen ein günstiger Schicksal finden als hier*[34]. Das war wieder der alte Ton des längst heiligen Bernhard von Clairvaux: das Lied vom *Großen Markt*.

Das bei weitem reichere und fruchtbarere Land sollte allerdings diesmal nicht das heilige sein, in dem einst die Ankunft des Gottessohns im Fleische von heiligen Propheten geweissagt ward, sondern vielmehr: Ägypten. Hier dem Islam direkt an die Gurgel zu fahren (und auf diese Weise *nicht so sehr das Kriegsglück denn die Macht der göttlichen Stärke zu erproben*[35]) wurde nun endgültig beschlossen – Wiederaufnahme eines Plans, der noch auf Richard Löwenherz zurückging. Die nötigen Vehikel zum Seetransport des Heeres sollte Venedig stellen – natürlich nicht gegen Sündenablaß, sondern gegen bar: ein Einfall, der von Innozenz selber stammte. Er sollte ihn noch bereuen. Im Februar 1201 erschienen sechs prominente Abgesandte in der Krämer-Republik, um mit dem Dogen zu verhandeln (*denn sie wußten, daß kein Volk so große Macht besaß als er und das seine*[36]) – an der Spitze der Marschall der Champagne, Geoffroi de Villehardouin, dem Geschichte und Literatur ein farbiges, französisch geschriebenes Erzählwerk über den Kreuzzug verdanken. Der Doge, Enrico Dandolo, ein fast blinder, 93jähriger Greis von gleichwohl fürchterlicher Rüstigkeit, machte ein glänzendes Geschäft: für die horrende Summe von 85 000 Mark Silber kölnischen Gewichts hatte Venedig das Kreuzheer (nach der Vorschätzung 33 500 Mann) ein Jahr lang mit seiner Flotte zu transportieren und zu versorgen[37]; die Stadt selber wollte sich mit einem halben Hundert Galeeren beteiligen, wofür sie mit einem halben Hundert Prozent an der Beute zu beteiligen war.

Die Vorbereitungen ließen ein weiteres Jahr verstreichen. Erst im Frühsommer 1202 begannen sich die himmlischen Heerscharen in Venedig zu sammeln, wo man sie nun keineswegs als liebe Brüder in Christo, sondern als zahlende Gäste von wenig vertrauenerweckender Reputation behandelte: sie *wurden aus den Häusern der Stadt vertrieben* (mußten sich ergo darin wohl schon eingenistet haben) *und auf der Insel des seligen Nikolaus untergebracht* (San Nicolò di Lido). *Sooft es den Venezianern einfiel, gaben sie Weisung, daß niemand einen der Pilger von der genannten Insel herunterbringen dürfe, und hielten sie also gleich Gefangenen.* Eine solche Lehre konnte dem bedenklich geschwächten Realitätssinn der Pilger nur zuträglich sein, und *viele* sahen sich davon bewogen, schon jetzt ins Vaterland heimzukehren: *nur ein allerkleinster Teil blieb zurück.* Was immer den Chronisten bewogen haben mag, diesem allerkleinsten Teil auch noch eine *erstaunlich hohe Sterblichkeit* zu attestieren, *also daß von den Lebenden kaum die Toten konnten bestattet werden*[38] – Tatsache ist, daß von der geschätzten Heeresstärke schließlich nur ein knappes Drittel greifbar war. Und das brachte nun alsbald sehr greifbare Schwierigkeiten, denn es mangelte entsprechend an Bargeld, und als die Restraten der Vertragssumme fällig wurden[39], mußten die Kreuzzügler sich insolvent erklären. Da wußte der Doge nun allerdings Rat: auf dem Vertrag, teilte er den Baronen mit, müsse zwar bestanden werden, doch erblicke er eine Möglichkeit für die Herren, die Schuldsumme abzuarbeiten – und zwar indem sie für Venedig doch rasch die dalmatinische Hafenstadt Zara eroberten (denn *diese habe sich ihrem, der Venezianer, Nutzen allzeit zuwider verhalten*[40]); so könne das gottgefällige Vorhaben mit einer kleinen Nebengefälligkeit verbunden werden, die nicht nur bequem zu bewerkstelligen sei, sondern ihr Gutes auch darin habe, daß sie den Schuldnern zweifellos die Mittel verschaffen werde, ihre Gläubiger zufriedenzustellen.

Zara gehörte zum Reich des Königs von Ungarn, der selber das Kreuz genommen hatte; die Bewohner waren natürlich Christen. Und das jagte den Pilgern – zu ihrer Ehre, zu ihrer Schande? – nun doch einen gelinden Schrekken ein: sollten wirklich *Krieger des Kreuzes Christi wider Christenmenschen mit Morden, Raub und Sengen angehen, wie dergleichen bei der Eroberung von Städten ja häufig vorkommt*[41]? Daß es auch vorkommt, wenn bloß Menschen gegen Menschen angehen, war den Kriegern des Kreuzes keineswegs unbekannt, wurde von ihnen aber nicht für bedenklich erachtet. Sie waren nur in Glaubensfragen heikel. So lehnte sich denn ein Teil des Heeres gegen den Zara-Plan auf, darunter auch einige Prominente wie der Graf Simon IV. von Montfort, der später noch wieder zu erwähnen sein wird. Doch die Haupthähne, Graf Balduin von Flandern und Bonifaz von Montferrat, der gewählte Nachfolger des im Vorjahre jäh verewigten Thibaut, *ein sehr tapferer Ritter und einer der geschätztesten, die heute leben*[42], hatten im Führer der Venezianer längst den Geistesverwandten erkannt und waren rasch mit ihm einig: am 8.10.1202 liefen die Flotten – *40 Segler, 72 Galeeren, 100 Frachtschiffe*[43] – mit unisono gesungenem *Veni Creator Spiritus* aus[44] und machten sich innerhalb eines Monats ganz Istrien (mit Triest und Muggia), Dalmatien und Slavinien tributpflichtig. Am 11.11., dem *Fest des seligen Martin*, brachen sie in den Hafen von Zara ein; am 25.11. ergab sich die Stadt[45]. Der Doge strich die eine Hälfte für die Venezianer ein, die andere erhielten die Pilger zugesprochen; beide plünderten sie dann in Kompanie *ohne Barmherzigkeit* aus. Im Anschluß gerieten sie sich gegenseitig in die Haare, und fast 100 Menschen fanden dabei den Tod. Der Anlaß ist vom Chronisten der *Devastatio* in trockenen Zeilen festgehalten worden: *Die Barone behielten das Beutegut der Stadt für sich, sie gaben den Armen nichts ab, die Armen litten bitteren Mangel und Hunger* ... Zur Krönung der frommen Tat *zerstörten die Venezianer alsdann die Mauern und Häuser so gründlich, daß nicht ein Stein auf dem andern blieb*[46].

Die Rolle des Papstes in dieser schandbaren Geschichte war keineswegs rühmlich. Moderne Historiker halten sich gern damit auf, seine profunde Bestürzung auszumalen, und sehen ihn durch seine schließlichen Maßnahmen zumindest doch halb entschuldigt. Daß er selber jedoch von dieser Schuldlosigkeit nicht sonderlich durchdrungen war, zeigt die gewundene Dringlichkeit, mit der ihn die von ihm kontrollierten *Gesten*, seine Hauschronik, zu exkulpieren suchen. Danach wollte er bereits im Anfang, als ihn Franken und Venezianer um Billigung des Grundvertrags ersuchten, *in Vorahnung dessen, was geschehen würde, vorsichtig geantwortet* haben, es müsse absolut gesichert sein, daß unterwegs *keine Christen geschädigt würden, es sei denn, diese behinderten vielleicht böswillig den Zug, oder es ergebe sich ein anderer gerechter oder zwingender Grund, der keine Wahl lasse*[47] –: die Stelle läßt sich – Vorahnungen in Ehren – schwerlich anders denn als Ex-eventu-Fabrikat ansehen. In Wahrheit war Innozenz anfangs völlig ahnungslos, und er blieb es noch eine ganze Weile. Als sein Legat, der Meister Peter von Capua, am 22.7.1202 *(am Fest der seligen Maria Magdalena)* in Venedig erschien und *alle Pilger durch die Ermunterung seiner Predigt auf wundersame Weise tröstete*[48], da lautete sein Auftrag, *mit ihnen zu ziehen im Namen des Erlösers* und nichts weiter. Und daß er dann wieder nach Rom zurückreiste, geschah nicht etwa, weil er von dem Zara-Plan erfahren hätte (von dem ihn zu unterrichten der Doge und Bonifaz wahrhaftig keinen Anlaß hatten), sondern weil er vom *Führer der Venezianer und seinen Ratgebern* brüskiert worden war: sie teilten ihm nämlich mit, *wenn er mit ihnen gehen wolle, dann nicht als Legat, sondern nur als Prediger;* passe ihm das nicht, so möge er gütigst verschwinden. Denn, so wissen die *Gesten* aus Kenntnis der Folgeereignisse, *sie fürchteten, er werde dem Plan, den sie übel ersonnen, Hindernisse in den Weg legen.*

Nun aber – und mit dieser durchsichtig bezweckten Interpolation schoß die Hauschronik des Papstes abermals über ihr Ziel hinaus – soll Innozenz an die Vereinigten Kreuzfahrer einen Brief geschrieben haben, der ihnen *abermals streng verbot, christliche Länder anzugreifen, namentlich Zara, welches dem König von Ungarn gehörte, der ebenfalls das Kreuz genommen*[49]; im Übertretungsfall drohe ihnen der Bann. Es gibt keinen Beweis dafür, daß dieser Brief je existiert hat; dagegen spricht vielmehr ein gewichtiger Umstand. Denn die eigentliche Banndrohung expedierte der Papst erst (und zweimal bloß zu drohen war durchaus seine Art nicht), nachdem er erfahren hatte, daß die Venezianer *die Mauern Zaras zum Einsturz gebracht, die Kirchen geplündert, die Gebäude zerstört* und daß die Kreuzfahrer *mit ihnen die Beute geteilt* hatten: da allerdings schrieb er ihnen eine grußlose Epistel mit der Ermahnung, *Zara nicht weiter zu zerstören, als es bis jetzt zerstört ward, noch, soweit es an euch liegt, seine weitere Zerstörung zuzulassen, sondern Sorge zu tragen, daß den Boten des Königs von Ungarn alles Geraubte ersetzt wird. Andernfalls mögt ihr wissen, daß ihr dem Spruch der Exkommunikation verfallt und der euch versprochenen Sündenvergebung verlustig geht*[50]. Und so kam es denn auch: die Kreuzfahrer blieben nicht auf halbem Wege stehen und verfielen dem Bann. Von hier ab nun beginnt die Mitschuld des Papstes: seine Schwäche. Denn als die Heilsreisenden, die der Vernichtung Zaras natürlich *voller Schmerz und vom Zwang genötigt zugesehen*[51] hatten, eine Gesandtschaft nach Rom schickten und *den Herrn Papst demütiglich baten, er möge die erzwungene Schandtat, welche unsere Soldaten um*

Christi Ehre willen an Christen begangen, ihnen doch gnädig nachsehen[52], da sah er gnädig nach und opferte Recht und Autorität seines Amtes, um die größere Schandtat, den eigentlichen Kreuzzug, nicht scheitern zu lassen – eine Haltung, die Gunther von Pairis in ekelerzeugenden Byzantinismen besungen hat. Nur die Venezianer blieben gebannt, was sie als echte Geschäftsleute *mit Geduld und Demut*, d. h. mit völliger Gleichgültigkeit, zu tragen wußten. Innozenz hatte sich gerade durch sein Nachgeben um allen politischen Respekt gebracht. Als sich viel später dann Herr Heinrich Dandolo, *Dalmatiens und Kroatiens Führer*, bequemte, ihm einen formellen Entschuldigungsbrief zu schreiben (in dem er, wenig zerknirscht, seiner Verwunderung Ausdruck gab, daß Seine Heiligkeit Menschen in dero Schutz nehme – die Bewohner Zaras –, die das Kreuz nur trügen, um sich damit sehen zu lassen, indessen er selber und die Venezianer doch ...), geschah es stellenweise in Tönen, die sich wie eine lederne Parodie auf den päpstlichen Epistelstil ausnehmen: *Nachdem dann, mehr aus göttlicher Eingebung denn, wie wir meinen, aus menschlicher Überlegung, Alexios zu uns stieß, haben wir uns eilends auf den Weg gemacht, um*[53] ... Doch der Greuelplan, zu dem die Kreuzreise nunmehr aus göttlicher Eingebung ausgenutzt wurde, gehört bereits zu einem neuen Kapitel: Zara war nur ein Vorspiel gewesen.

Wann dieser Plan in den Gehirnen der drei Hauptverantwortlichen entstand, ob er von längerer Hand vorbereitet, ob aus dem Augenblick gekommen war – adhuc sub iudice lis est. Spätestens zu Anfang 1203 aber wurde er mit Entschlossenheit beraten: da erschien, am 1.1. *(am Tag der Be-*

schneidung des Herrn), eine Gesandtschaft des Stauferkönigs Philipp und suchte bei dem befreundeten Bonifaz um Inthronisationshilfe für den verschwägerten Alexios Angelos nach. Dessen Vater Isaak II. saß zur Zeit, von seinem eigenen Bruder Alexios III. gestürzt und geblendet, in Konstantinopel im Kerker, und Alexios junior, der daraus hatte fliehen können, bereiste seit Herbst 1201 das lateinische Abendland, um für die Beseitigung seines Onkels zu werben. Auch beim Papst war er dieserhalb vorstellig geworden, doch inzwischen hatte Innozenz vom regierenden Kaiser *Boten und Briefe wider jenen* empfangen[54], ihn selber schnell als den Windbeutel erkannt, der er war, und ihn abschlägig beschieden. Daraufhin begab sich der hoffnungsvolle Sprößling – er war grad kleine 19 Jahre alt – zu den Verwandten nach Deutschland, und hier fand er jene gastliche Aufnahme, deren Folge jetzt im Lager bei Zara sichtbar wurde. Die dort überwinternde unheilige Dreieinigkeit – der Doge, Bonifaz und Balduin von Flandern – bedachte sich nicht lange. Ein Feldzug gegen Konstantinopel – dieser Gedanke mußte den beiden Grafen, die das Kreuz ja ohnehin nur zur Verbesserung ihrer irdischen Verhältnisse genommen hatten, sofort einleuchten. Der Doge, auch hier die treibende Kraft, hatte neben den geschäftlichen Gründen noch ein starkes privates Motiv: er verdankte seine Fast-Blindheit, die er sich vor 30 Jahren als Gesandter in Byzanz zugezogen hatte, dem Kaiser Manuel; auf dessen Befehl hatte man ihn beim Eintritt in den Audienzsaal mit einem Hohlspiegel geblendet, und daß ihm die Verletzung seither als unversiegliche Haßquelle gedient hatte, ist nicht weiter erstaunlich. Das gemeine Heer allerdings mußte erst rigoros bei der Beutelust gepackt werden, ehe es sich mit dem neuen Kurs abfand; beim ersten Bekanntwerden des Plans gab es ein rechtschaffenes Getümmel, und eine größere Gruppe, voran Abt Guido von Vaux, Graf Simon von Montfort und Engelrant von Boves, verließ das Heer und begab sich zum König von Ungarn. Ganz wiederhergestellt wurde die christliche Eintracht erst, als Alexios selbst am 25.4.1203 aus Deutschland im Lager eintraf: – der hochgeborene Reisende teilte mit vollen Händen die kostspieligsten Versprechungen aus (allein an Bargeld wollte er, wenn er nur erst Kaiser sei, 300 000 Mark Silber springen lassen[55]): da mochte natürlich niemand mehr glauben, die *gewaltsame Besetzung der Stadt durch die Unseren werde dem Höchsten Bischof oder gar Gott selbst etwa mißfallen können.* Und dann gab es – die bald gewonnenen Bischöfe wußten es überzeugend zu predigen – noch einen sehr triftigen Grund, und *das war der Ratschluß der göttlichen Güte, welche mit diesem Gang der Ereignisse den Zweck verfolgte, jenes um seines weltlichen Reichtums willen überheblich gewordene Volk in seinem Hochmut zu dämpfen und zu Frieden und Eintracht mit der heiligen Allgemeinen Kirche zurückzurufen. Denn es war wohl nicht mehr denn recht und billig, daß jenes Volk, wenn es denn anders gebessert nicht werden konnte, mit dem Tode von Wenigen und dem Verlust der zeitlichen Dinge bestraft wurde, mit denen es sich immer mehr blähte, daß auch das Pilgervolk bereichert ward durch die Beute der Hoffärtigen und die abendländische Kirche erleuchtet durch die allerheiligsten Reliquien, deren jene sich unwürdig gezeigt, auf daß sie ihre Freude daran hätte ewiglich*[56] ... Es gab kein Problem, mit dem die christliche Logik nicht fertig wurde.

Im Mai 1203 brach die Flotte von Zara auf, am 24.6. erschien sie vor Byzanz, am 6.7. *(am Feste Peter und Paul)* durchbrach sie die gewaltige Hafenkette und segelte ins Goldene Horn ein. *Ihr könnt euch denken, mit welchem Staunen die Pilger Konstantinopel betrachteten – sie, die es noch nie gesehen, denn sie vermochten sich einfach nicht vorzustellen, daß es in der ganzen Welt noch einmal eine so prächtige Stadt geben könnte, als sie die hohen Mauern sahen und die vielen Türme, von denen es gänzlich im Rund umschlossen war, und die herrlichen Paläste und die ragenden Kirchen, von denen es so viele gab, daß keiner es geglaubt, hätt' er es nicht mit eigenen Augen gesehen*[57]. Unmittelbar unter den Mauern des Blachernenpalasts begann nun der Angriff – jenes ›Angehen‹, das bei der Eroberung von Städten häufig vorkommt; es dauerte ein ganzes Dutzend Tage. Kaiser Alexios III., ein träger Hedonist, der während seiner Amtszeit außer mit Jagd und Lustgartenpflege vornehmlich mit seiner Bereicherung befaßt gewesen war und die übrigen Regierungsgeschäfte seiner Gemahlin Euphrosyne und den ihr Konkumbierenden überlassen hatte (*der schwächste Windhauch*, sagt Niketas, *konnte ihn bewegen*[58]), fühlte sich zum Feldherrn ganz und gar nicht berufen, und es kostete ihn starke Überwindung, sich an die Spitze seines Heeres zu begeben, als am 17.7. ein allgemeiner Sturm der Belagerer einsetzte. Sie konnten die Stadt zwar nicht nehmen – nur ein Teil wurde von den Venezianern geplündert und in Brand gesteckt –, doch den Kaiser bedünkte die Lage derart ernst, daß er in aller Eile seine Kisten packte und bei Nacht in Begleitung von zehn Zentnern Gold und allerlei edlem Gestein in eine wirtlichere Weltgegend abreiste. *Er war der erbärmlichste der Menschen*, rief ihm Niketas nach, bescheinigte ihm aber auch *das große und den Königen schwerfallende Verdienst*, daß er *kein Schlächter der Menschen* gewesen sei: *In all der Zeit, da er den finsterfarbenen Purpur trug, mußte keine Frau um seinetwillen Schwarz anlegen und trauern um einen Mann, welchen der schwarze Tod umfangen*[59] ... Die Griechen holten nun den blinden Isaak aus seinem Verlies und setzten ihn wieder auf den Thron – eine Maßnahme, die insofern sehr klug war, als sie den Lateinern jeden Rechtstitel für eine Fortsetzung der Kampf-Handlungen nahm, zumal der neue Basileus die Zusagen seines Sohnes korrekt zu erfüllen versprach. Auch hatten sich der Doge und sein Kumpan Bonifaz, den Junior an der Hand, in längeren Predigten vor den Mauern allzu sehr festgelegt, als daß sie jetzt so ohne weiteres ihrem sagen wir Herzen hätten folgen können: *Sehet, hier steht euer natürlicher Herr, und wisset, daß wir nicht kamen, euch Böses zu tun, sondern gekommen sind, euch zu schützen und zu verteidigen, wenn ihr tut, was eure Schuldigkeit ist. Denn dem ihr jetzt gehorcht als eurem Herrn* (Alexios III. nämlich), *der beherrscht euch zu Unrecht und in Sünden, wider Gott und wider die Vernunft; hier aber sehet den rechtmäßigen Erben! Haltet ihr zu ihm, so tut ihr, was eure Schuldigkeit ist; sträubt ihr euch aber, so werden wir euch soviel Übles tun, als wir nur immer vermögen!*[60] Das war eine deutliche Alternative, die begriffen wurde, und so hielten die Lateiner in Friedensengelgestalt Einzug in die Stadt – mit zweifellos unfroh gemischten Gefühlen –, und am 1.8. wurde der junge Natürliche Herr in der Hagia Sophia als Alexios IV. feierlich zum Mitkaiser gekrönt. Das Üble, das die Kreuzfahrer vermochten, hatte sich noch einmal aufschieben lassen.

Es war nur ein kurzer Aufschub. Obwohl Alexios sich hoch und kostspielig verschworen hatte, seine Versprechen zu erfüllen (auch Geiseln waren entsprechend freigiebig gestellt worden, da ohne sie, wie schon gesagt, der schönste und christlichste Eid keine Haltbarkeit besaß), mußte er bald erkennen, daß er auch als Basileus nicht alles möglich machen konnte. Unfähig bis in die Spitzen seiner langen Finger, empfahl er sich seinen Untertanen sogleich durch neue Steuern und die Beschlagnahmung von Kirchenschätzen (*... man mußte mit ansehen, wie die heiligen Ikonen Christi mit Äxten heruntergeschlagen und zu Boden geworfen wurden und wie man, nicht etwa mit Schonung, sondern wie es traf, alles Schmückende herabriß, um es dem Feuer zu überantworten, zum Einschmelzen*[61] ...), und damit erreichte er gleich zweierlei auf einmal: schwindende Zuneigung bei ›seinem‹ Volk – und wachsende Abneigung bei den Fremden; denn trotz aller herrscherlichen Finanzpolitik brachte er schließlich doch nur die Hälfte der vereinbarten Summe zusammen. Schon nach kurzer Zeit hatte sich ein latenter Kriegszustand zwischen der beunruhigten Stadt und dem Frankenlager in Pera hergestellt; es kam zu immer neuen blutigen Zusammenstößen; und als am 22.8. 1203 eine abendländische Horde, um endlich etwas Heidenfeindliches zu unternehmen, eine Moschee in Brand steckte, ging ein ganzes Stadtviertel in Flammen auf. Man sah *die hohen Kirchen und die reichen Paläste zusammenstürzen und vergehen und die großen Geschäftsstraßen in Flammen verbrennen ... Es dauerte acht Tage, ohne daß* *einer zu löschen vermochte, und das Feuer bildete eine Front von wohl einer halben Meile. Von dem Schaden an Reichtum und Besitz, der da zugrunde ging, kann keiner die Zahl euch nennen, noch von den Männern, den Frauen und Kindern, deren viele verbrannten*[62] ... Auch die großzügig versprochene Kirchen-Union wollte sich nicht so einfach, wie der Natürliche Herr gemeint hatte, mit einem kaiserlichen Federstrich vollziehen lassen. Das war dem Dogen zwar herzlich gleich, doch in Geldsachen verstand er keine Späße, und als er Ende November mit Alexios zu einer Ultimatverhandlung zusammentraf und von ihm zu hören bekam, er *werde nicht mehr tun, als bereits getan* sei, ergrimmte er aufs künstlichste und fuhr den gekrönten Dummkopf an: *»Elender Wicht! Wir haben dich aus dem Dreck gezogen, und in den Dreck werden wir dich wieder zurückstoßen! Ich biete dir Trotz, und merke dir wohl, daß ich dich verfolgen werde von nun an, so böse, als ich's vermag!«*[63]

Er vermochte viel, und die Tage des vierten Alexios erwiesen sich als gezählt. Am 25.1.1204 war die Zeit für den fünften gekommen: Alexios Dukas Murzuphlos, Schwiegersohn des entwichenen dritten, inszenierte einen mehrtägigen Pöbelaufstand und ergriff mit robuster Hand die schwankende Macht – (in die Kulturgeschichte hat sich das Unternehmen dadurch Eingang zu schaffen gewußt, daß es die Menschheit die Athena-Statue des Phidias kostete, die auf dem Konstantin-Forum stand: sie wurde in Stücke geschlagen, und nur die ergreifende Totenrede, die Niketas ihr nachsprach, hat der Nachwelt ihr Bild erhalten[64]). Am 5.2. bezog der neue Herr als Alexios V. gekrönt den Kaiserpalast, und der überflüssig gewordene IV. wanderte in den

Kerker, wo ihm der Nachfolger dann in aller Stille das Lebenslicht ausblies; – der *traurige Isaak* war schon vorher *aus allzu großem Grame* verschieden ...[65]

Eine der ersten Amtshandlungen des neuen Kaisers war ein Ultimatum an das Kreuzheer, sich binnen acht Tagen hinwegzuscheren. Das bedeutete offenen Krieg. Dem Dogen ging das alles ganz nach Wunsch; man darf annehmen, daß er, bei dem sich außer verblasenen Lippenbekenntnissen keinerlei Neigung feststellen läßt, durch irgendwelchen Radau im Heiligen Land die günstigen Handelsbeziehungen zwischen Venedig und dem Orient zu stören, von allem Anfang an eisern geplant hat, was folgte. Und da ihn *die andern stets in ungewissen Dingen um Rat fragten und nach seinen Winken die Staatsgeschäfte zu regeln pflegten*, wie Gunther von Pairis naiv notierte[66], setzten sich auch jetzt seine Winke durch: nach längeren Beratungen im März wurde vertraglich beschlossen[67], Konstantinopel mit Gewalt zu nehmen und das alte Ostreich aufzulösen; ein Gremium aus sechs Franken und sechs Venezianern sollte einen lateinischen Kaiser wählen, der ein Viertel des Reichs zu bekommen hatte; die restlichen drei Viertel waren zwischen den Eroberern hälftig zu teilen. Am 8.4. waren die Vorbereitungen beendet, und der Angriff begann – mit *einem Schlachtgeschrei, das so gellend war, daß es schien, als stürze die Erde zusammen*[68]. Die erste Attacke mißlang; die zweite brachte der Stadt das Ende – unter all jenen Umständen, die bei der Eroberung von Städten häufig vorkommen. *Wir vertrieben sie von den Mauern*, faßt der kühle Chronist der *Devastatio* zusammen, *drangen in die Stadt ein, und ein riesiges Blutbad ward unter den Griechen angerichtet*[69].

Der tumbe Gunther, dem sehr am Heilscharakter des Unternehmens gelegen war, legte Wert auf die Feststellung, daß der Tod sich *nur zum Schein und ohne den Willen zu weiterm Blutvergießen* in Konstantinopel umgetan habe, als liebenswürdige Drohung quasi: *Denn ob die Unsern schon zum Metzeln schier die Fülle fanden, wie sie's so reichlich niemals hätten erhoffen können, gewährten sie doch aus freien Stücken Schonung*, und am Ende fühlten sie sich wohl gar noch als Sachwalter des Guten Hirten: *Wie verstreute Schafe jagten wir sie durch alle Straßen der Stadt*[70] … Das hat Niketas von Chonai allerdings ganz anders gesehen, und seine Totenklage auf Konstantinopel ist inmitten all der hochchristlichen Erbarmungslosigkeit die Stimme eines Menschen: *O meine Stadt, meine Stadt, du Augapfel aller Städte! Die du in aller Welt gepriesen warst und über alle Welten schön zu schauen! Du Pflegstätte des Geistes und Heimat alles Schönen … gestürzt bist du nun, zerrissen liegt dein herrliches Gewand, und dein strahlendes Auge, es ist gebrochen*[71] … Dies geschah *am Palmsonntag* des Jahres 1204 – (in Wirklichkeit schon sechs Tage früher, am 12.4. – aber was bedeutete schon die historische Exaktheit, wenn es Gottes Symbolisches Walten zu konstatieren galt –): *Wenn wir nicht irren, so hat Er selber es so eingerichtet, daß an dem nämlichen Tage Christi Heer triumphierend in diese perfide Stadt eindrang, an welchem Christus, zum Triumphe seiner Passion kommend, die Heilige Stadt betrat*[72] …

Am Tag danach *fielen die Griechen alle dem Markgrafen zu Füßen* (dem Gangster Bonifaz) *und gaben sich und alles Ihrige in seine Hände*[73]. Er gab es weiter – und drei Entsetzenstage lang, vom 14. bis 16.4.1204, wurde Konstantinopel von der in jeder Hinsicht ausgehungerten Soldateska geplündert –: *Seit die Welt erschaffen ward*, schrieb der Marschall Villehardouin, *ist niemals so gewaltige Beute von Menschen errungen worden wie hier*[74] ... Wenn es Stimmen der Vernunft gab, die das Schlimmste verhüten wollten, so blieben sie ungehört; erst eine Mondverfinsterung am dritten Tag hatte Eignung, bis zu den ausgebrochenen Instinkten vorzudringen und die Raubhorden wieder menschenähnliche Gestalt annehmen zu lassen. An diesem dritten Tag war die reichste und schönste Stadt des Abendlandes, die in ihren Mauern wie in einem Kraftfeld alles gesammelt hatte, was der Menschheit von anderthalb Jahrtausenden antiker und christlicher Kultur geschenkt worden war, nur noch ein einziger Trümmerhaufen. Ein *deutscher Graf* unbekannten Namens hatte, *damit die Griechen sich mit doppeltem Ungemach sollten mühen müssen, dem des Kampfes und dem des Feuers, und desto leichter mithin besiegt würden*[75], die Stadt bei der Erstürmung anzünden lassen; *fast ein Drittel* fiel, dem weislichen Plan gemäß, in Schutt und Asche, denn *solange alle, die Bürger sowohl als die Pilger, mit der schwerern Gefahr beschäftigt waren, fand sich niemand, welcher die ungehindert sich ausbreitenden Flammen hätte löschen können*[76]. Was nicht verbrannte, wurde zerstört; was sich nicht wegschleppen ließ, wurde zerstört; anderthalb Jahrtausende antiker und christlicher Kultur: wurden zerstört.

Seit die Welt erschaffen ward ... Die Plünderer, die Beute-Erringer *fanden allerorten eine solche Fülle von Gold- und Silbergeld, solche Schätze von Edelsteinen und Gewändern, solchen Reichtum kostbarer Waren, solchen Überfluß an*

Lebensmitteln, so herrliche, aller Güter volle Häuser, daß sie aus Armen und Fremdlingen mit einemmal zu reichsten Bürgern wurden[77]. Das Elend der besiegten Menschen, die Morde und Vergewaltigungen, die zum leeren Himmel aufschreienden Mißhandlungen der Wehrlosen, der Frauen, der Kinder, waren zu oft schon zu beschreiben in der Geschichte der Christlichen Wallfahrten, als daß die Worte davor nicht stumpf werden müßten und ohnmächtig; so sei hier einmal davon geschwiegen und nur der spirituellen Werte gedacht, die zugrunde gingen. *Gleich auf den ersten Anhieb, wie man so sagt, zeigten sie* (die Lateiner) *jene Goldgier, welche dem rohen Volke eigentümlich ist, und sie ersannen sich einen Weg des Plünderns, gänzlich neu und noch von keinem aller derer beschritten, welche die Kaiserstadt bis dahin ausgeraubt hatten. Sie öffneten nämlich die Gräber der Kaiser, welche im Heroon nahe der großen Kirche der Jünger Christi sich befanden, und beraubten sie bei Nacht, und in frevler Vermessenheit nahmen sie alles an sich, was an goldenem Schmuck, an Perlenkugeln und kostbaren durchsichtigen Steinen bislang noch unversehrt darin war erhalten worden. Als sie auch den Leichnam des Kaisers Justinian nach so langen Zeiten noch unversehrt fanden, da waren sie zwar voll Staunens vor diesem Anblick, doch ließen sie keineswegs darum die Hände von den Begräbnissen. Nicht viel später rissen sie den oftmals auf 10 000 Minen allerreinsten Silbers geschätzten Tempelvorhang in der Großen Kirche herunter, welcher durch und durch mit Gold durchwirkt war*[78]. Denn auch die Kultstätten der Religion waren nicht mehr sicher, wo sich das Ewige Leben auf so gegenständliche Weise erwerben ließ. *Am Morgen, als die*

Sonne aufgegangen war, drangen sie in die Hagia Sophia ein, und nachdem die Türen ausgehoben waren, zerstörten sie den Chor, der mit Silber und zwölf silbernen Säulen geschmückt war. Sie zertrümmerten an der Wand vier mit Ikonen geschmückte Altarschirme und den heiligen Tisch und zwölf Kreuze auf dem Altar, die höher waren als ein Mensch. Die Altarwände innerhalb der Säulen waren aus gestanztem Silber. Sie stahlen auch einen bewundernswerten Tisch mit Edelsteinen und einer großen Gemme, ohne zu wissen, welchen Schaden sie anrichteten. Dann raubten sie vierzig Kelche, die auf dem Altar standen, und silberne Kandelaber, deren Menge so groß war, daß ich sie nicht zählen könnte, dazu auch silberne Gefäße, deren sich die Griechen bei den höchsten Festen bedienten. Sie nahmen das Evangelienbuch, das dazu diente, die Mysterien zu zelebrieren, und die heiligen Kreuze mit allen den Christusbildern und die Decke auf dem Altar und vierzig Weihrauchgefäße aus reinem Gold und alles, was sie an Gold und Silber finden konnten[79] ... So die Chronik von Nowgorod: Bericht eines russischen Reisenden, der die Katastrophe miterlebte. *Der Altartisch*, ergänzt Niketas, *ein Wunderwerk, welches aus allen nur erdenklichen, im Feuer zu einem Gipfel einziger buntfarbener Schönheit zusammengefügten Stoffen bestand, als über die Maßen herrlich gepriesen und bestaunt bei allen Völkern, er ward in Stücke geschlagen und verteilt ... Kein Ohr vermöchte zu glauben, welche Gottlosigkeiten in der Hauptkirche von den Plünderern begangen wurden*[80]. Kirchen, Klöster, Paläste – alle wurden bis auf die nackten Mauern ausgeraubt, die Bibliotheken zerstört, die Kunstsammlungen verwüstet. Nichts blieb verschont; selbst die großen ehernen Statuen der öffentlichen Plätze wurden zerschlagen: man *übergab sie dem Schmelzofen, um Geldstücke daraus zu gewinnen*[81]. Niketas, der dies alles in Ohnmacht und Trauer mit ansah, bevor er nach Nikaia floh, hat sie der Nachwelt mit Worten der Liebe beschrieben und so der Vergänglichkeit einen leisen Abglanz von ihnen entrissen: den Bellerophon auf dem Pegasus etwa, oder den *Dreinächtigen Herkules* des Lysippos, oder den Ehernen Adler des Apollonios von Tyana – *ein Anblick, welcher die Seelen mit Freude erfüllte und Lust und alle, denen es gefallen mochte, sich ihm hinzugeben, dazu überredete, den Schritt zu verhalten, jenen gleich, welche den melodischen Gesängen der Sirenen das Ohr leihen und nicht daran vorüberkönnen*[82] ... All das *zerschlugen diese Barbaren, die ohne alle Liebe zum Schönen waren, um Münzen daraus zu gewinnen, tauschten um Geringeres das Große und gaben preis, was mit großen Kosten geschaffen worden, um armer Scherflein willen*[83] ... Nur wenig von dem, was weggeschleppt wurde, ist dann doch immerhin bei den Räubern erhalten geblieben –: denken Sie einmal daran, wenn Sie in Venedig etwa die große vergoldete Bronze-Quadriga über dem Hauptportal von San Marco bewundern[84]; – sie gehörte einst der *Mutter der Welt*[85].

Für den heutigen Blick ist der Knochenfetischismus des Christen nur noch ein Gegenstand für den Seelenarzt und läßt, wenn überhaupt, nachdenken weniger über die Gläubigkeit als über die Leichtgläubigkeit der von ihm Befallenen. Trotzdem sei hier auch des alle Vorstellungen übersteigenden Reliquienraubes gedacht[86], denn er brachte die Christen Konstantinopels um etwas, was ihnen vielleicht teurer noch war als ihr Privatbesitz. In der Hauptkapelle – einer von dreißig – des Boukoleon-Palastes *fand man sehr reiche Schreine; man fand dort zwei Stücke vom Wahren Kreuz, so dick wie das Bein eines Menschen und wohl einen halben Klafter lang; und man fand dort das Eisen der Lanze, mit der Unserm Herrn in die Seite gestochen ward, und auch die beiden Nägel, die man ihm durch die Hände und durch die Füße getrieben*[87] ... Unter denen, die sich hier nach Seelenlust bereicherten, tat sich besonders der päpstliche Kreuzprediger Abt Martin aus Pairis hervor: *damit er, wo alle anderen reich wurden, nicht selber leer ausginge, entschloß er sich, nun selbst auch seine geweihten Hände zum Raub auszustrecken*[88], berichtet sein Laudator Gunther mit entwaffnender Fröhlichkeit und erzählt dann des längeren, wie *der kluge Mann, welcher zurzeit zwar noch im Fleische unter uns wandelt und handelt, doch gleichwohl bereits bei Gott und den Menschen in hochverdientem Ansehen steht*[89], in der Kirche des Pantokrator einem greisen Priester und Reliquienkustos (selbstredend nur zum Schein: *mit schrecklicher Stimme, doch sanftmütigen Sinnes*) den sofortigen Tod in Aussicht stellte, falls er ihm nicht seine Schätze ausliefere; und als der verängstigte Mensch ihm das Versteck preisgab, tauchte der Abt *gar eilends und voll Gier die beiden Hände hinein und füllte, rüstig geschürzt, wie er war, mit dem Kirchenraub die Falten seiner Kutte*[90]: – und jahrhundertelang ist dann das Kloster Pairis ein wahrer Juliusturm von Reliquien gewesen, darunter *eine Spur vom Blute unseres Herrn Jesu Christi, welches für die Erlösung des ganzen Menschengeschlechtes vergossen ward*, ein Stück Holz vom *Kreuz des Herrn, daran der Sohn, dem Vater für uns geopfert, des alten Adams Schuld als neuer Adam sühnte*, ein *gar nicht kleiner Teil* des Täufers Johannes, ein Quäntchen *von der Milch der Mutter des Herrn*, ein Arm des Apostels Jakobus, ein Zahn des heiligen Laurentius, ein Stück vom Zurückgewälzten Grabstein und zahlreiches Heiligengebein[91], dessen Aufzählung sich für jeden, dem an der Gesundheit des Menschenverstandes gelegen ist, ebenso deprimierend wie komisch liest. So kehrte der Abt *nach vollendeter Wallfahrt zu seinen Brüdern zurück, im Geiste arm zwar, doch aufs reichste begabt mit seinem himmlischen Schatze*[92] …, *und nach dessen Ankunft begann ganz Deutschland bei sich selbst fröhlicher und bei den Menschen berühmter und bei Gott erfolgreicher zu werden; weshalb denn keiner wähne, dies alles sei, wie vieles andere, von ungefähr also geschehen. Denn solches hieße wahrhaftig nichts anderes, als den großen Taten Gottes durch schnödes Mäkeln den ihnen gebührenden Glanz zu entziehen*[93] … *So sei denn Gott gebenedeit, der da allein wunderbar große Dinge tut, der in seiner unaussprechlichen Kraft und Barmherzigkeit angesehen hat die Kirche von Pairis und hat sie erleuchtet durch die Geschenke seiner Gnade*[94] …

Geschenke seiner Gnade … Der Chronist der *Devastatio* notierte trocken, daß die Sieger *ihre Beute und Reichtümer zu einem gemeinsamen Schatze zusammentrugen und drei riesige Türme mit Silber füllten*[95], und Villehardouin, der die Plünderung, ohne eine Miene zu verziehen, wie etwas völlig Selbstverständliches beschreibt, beziffert die Gemeinschaftsbeute – *ohne das, was entwendet wurde, und ohne den Anteil der Venezianer* – auf 400 000 Mark Silber[96]. Art und anschließendes Treiben der Beschenkten und Begnadeten hat, etwas ausführlicher, Niketas festgehalten: *Man muß sagen, daß sie ihre Weiber oft um wenige Oboli verkaufen und verstoßen, in Sonderheit wenn sie auf Raub ausgehen und ganze Tage beim Würfelspiel hinbringen oder wenn sie, fernab jeder wägenden Tapferkeit, widereinander in vernunftlose und irrwitzige Wut geraten: dann legen sie die Rüstung des Ares an und setzen dem Kampf zum Siegpreis alles, was sie besitzen, selbst ihre jugendlichen Gattinnen, durch welche sie zu Vätern von Kindern geworden, ja schließlich gar das große und niemandem feile Gut, das zu bewahren die Menschen sonst alles daransetzen: ihr Leben*[97] ... Am 16.5.1204 setzte Seine Gnade dero Geschenken die Krone auf: da wurde einer der drei Hauptverbrecher, Herr Balduin von Flandern, in der Sophia feierlich zum Lateinischen Kaiser erhöht. Seinen glücklosen Vorgänger, Alexios V. Murzuphlos, erwartete die entsprechende Erniedrigung: bereits geblendet, diente er dem latenten Schuldbewußtsein der Horden als Sündenbock: man beriet, mit einander überschlagenden Stimmen, ob man *ihn lebendig dem Feuer überantworten – oder ihn, an einen Stein gebunden, im Meer ertränken – oder ihn in die Erde graben – oder ihm die Eingeweide fast des ganzen Leibes herausreißen – oder ihm alle Glieder abschlagen sollte*[98]. Obwohl er bei den abendländischen Chronisten wie auch bei Niketas, den er seiner Staatsämter enthoben hatte, begreiflich schlecht wegkommt und gewiß nur ein Gewaltmensch üblichen Schlages war, der lediglich das Unglück hatte, im Dogen den noch größeren Meister zu finden, läßt sich für ihn sagen, daß seine Handlungen das völlig richtige Bewußtsein bestimmte, es mit Raubtieren zu tun zu haben. Mönch

Gunther hat ihm die christlichen Gemütsbewegungen ins Grab nachgerufen – in wohlassortierten Hexametern, die einiges preisgeben: danach hätte er gleich mehrere Tode verdient, die Kreuzigung, Mühle und Strick, den Scheiterhaufen, das Rad, die Schindung, die Zersägung, den Fraßtod durch Meergetier, die Zerstückelung[99] ... Er wurde schließlich auf dem Forum Tauri von einer 40 Meter hohen Säule gestürzt und zerschmettert.

War dieser barbarische Krieg ein christlicher Krieg? War er ein Kreuzzug – oder nur dessen Entartung, der die Kurie ohnmächtig zusehen mußte? Gunther von Pairis, der mit seiner Reportage unter anderem die Absicht verfolgte, *auch selber als Chronist der göttlichen Werke das ewige Leben zu empfangen*[100], berichtet entsprechend wohlwollend, *der Herr Papst sei mit seinem ganzen Klerus von heftigem Entsetzen befallen worden, habe er doch gefürchtet, der altböse Feind wolle bei dieser günstigen Gelegenheit in seiner Mißgunst unseres ganzen Heeres Untergang herbeiführen oder zumindest doch dem Geschäft des Kreuzes Hindernisse in den Weg legen*[101]. Daß Innozenz bei der Nachricht von den Einzelheiten der Günstigen Gelegenheit erschrak, ist plausibel; denn er war kühl und klug genug, um bei seinen Heilsattitüden deren Schwindel nie ganz vergessen zu müssen, und man darf ihm zumuten, daß er die Maßstäbe des Menschenbenehmens nie ganz aus den Augen verlor. Doch damit ist nicht alles gesagt. Den Kurswechsel nach Konstantinopel hatte er, in voller Kenntnis der Pläne des jungen Alexios, zumindest halb hingenommen, abwartend, lauernd – denn es konnte ja immerhin sein, daß auf diesem Wege der hohe Zweck der Kirchen-Union erreicht wurde, und damit wären die Mittel geheiligt gewesen. Der Brief jedenfalls, in dem er sich dann doch noch ein Verbot abquetschte[102], datiert vom 22.4.1203, traf so wohlberechnet spät erst ein, daß sich das Heer bereits unwiderruflich im Aufbruch befand. Es war ihm schwerlich ganz ernst damit gewesen. Denn als man von unterwegs dann bei ihm anfragte, wie man denn in Gemeinschaft mit den gebannten Venezianern reisen könne, ohne sich selber automatisch die Exkommunikation zuzuziehen, erteilte er eine sehr diplomatische Antwort – grollend in der Form, doch ermunternd im Inhalt: er ließ den besorgten Reisenden ein ohne Gruß und Siegel ausgefertigtes Schriftstück zustellen, das alle Möglichkeiten berücksichtigte: *Wenn es euch wahrhaftig des Begangenen reut*, hieß es darin, *und wenn ihr eure Sünde voll wiedergutzumachen verheißet, dann glauben, ja wissen Wir, daß der Herr bereits versöhnt ist und euch freundlich. Wenn deshalb auch die Venezianer zur Wiedergutmachung veranlaßt werden können und sich den Gnadenerweis der Lossprechung verdienen, so dürft ihr sicher mit ihnen segeln und den Kampf des Herrn kämpfen. Sollten sie aber vielleicht diese Wiedergutmachung nicht wollen noch die Lossprechung, wie es denn heißt, daß ihre Taten ihnen nicht leid sind, sondern daß sie sich ihrer vielmehr freuen, so gestatten Wir euch doch, mit ihnen bis ins Land der Sarazenen zu fahren oder ins Land Jerusalem ..., sofern es nur mit Schmerz und Herzensbitterkeit geschieht*. Und am Schluß schärfte er ihnen noch ein: *Seid jedenfalls mit Klugheit und Vorsicht darauf bedacht, euch, falls die Venezianer etwa noch andere Gelegenheiten finden wollen, das Heer aufzulösen, in Verstellung zu üben und nach Zeit und Umständen vieles in den Kauf zu nehmen, bis ihr an euerm Bestimmungsorte angelangt seid*[103]. Das war für den Papst immer noch Jerusalem bzw. Ägypten, für die Venezianer aber schon lange nicht mehr. Auch als dann der hochedle Alexios IV. inthronisiert worden war und eine Ergebenheitsepistel nach Rom schickte, in der er neuerlich nach der Kirchen-Union lechzte[104], zeigte sich Innozenz eher angetan davon und mahnte ihn nur kühl, seine Versprechungen auch zu halten[105], und abermals erging an die fränkischen Führer die Aufforderung, *die Wiedergewinnung des heiligen Landes mit allen Kräften zu betreiben, weil dies für euch vor Gott das stärkste und vor den Menschen ein ruhmreiches Verdienst sein wird*[106] … Berücksichtigt man die Intelligenz und Menschenkenntnis dieses Papstes, so ist die Annahme begründet, daß all diese schönen Sätze nur noch Scheinbewegungen waren – Prozeduren jener Verstellung, die er selber den Kreuzfahrern angeraten hatte. In Wirklichkeit hat Innozenz gewußt, wohin die Verhältnisse trieben, und er war zufrieden damit und nur noch darauf bedacht, seine formelle Rechtfertigung zu sichern. Das zeigte sich alsbald. Der Schöne Schein brach zusammen, und der neue Kaiser Balduin (dem Innozenz schon vor Jahren schriftlich gegeben hatte, daß er ihn *in ganz bestimmter Willensabsicht mit wohlwollendem Auge betrachte*[107]) erzählte ihm nun in einem munteren Brief, *wie wunderbarlich die göttliche Gnade an uns gehandelt hat und wie sie nicht uns zwar, aber dem eigenen Namen Ruhm und Lobpreis schuf, allen Zeitaltern zur Bewunderung. Ihren Wundertaten an uns folgen schier immer neue, größere Wunder, so daß auch die Ungläubigen nicht mehr bezweifeln dürfen, daß die Hand des Herrn dies alles ausgerichtet hat ... Und wie es nicht der Menschen Werk war, sondern Gottes, was wir den Griechen zufügten, also war es auch nicht Menschenwerk, sondern das Werk von Dämonen, was uns Griechenland mit dem neuen Kaiser* (Murzuphlos ebenso wie Alexios IV.) *aus gewohnter Treulosigkeit antat*[108] ... Ein ekelerzeugendes Heilsgekreisch schallt durch den ganzen Brief, und man sieht die Mörderaugen dahinter krankhaft leuchten. Und Innozenz stimmte ein und antwortete am 7.11.1204 dem gekrönten Kulturschänder also: *Wir freuen uns in dem Herrn und in der Gewalt Seiner Stärke, daß Er, der den Hoffärtigen widerstehet, den Demütigen aber Seine Gnade schenkt, mit dir so herrliche Wunder zu wirken geruht hat, zum Lobe und Preis Seines Namens, zur Ehre und Erhöhung des Apostolischen Stuhls und zum Nutzen und Jubel des Christenvolkes – um von deiner Herrlichkeit und Vortrefflichkeit hier zu schweigen*[109] ... Eine Woche später empfing der gesamte Klerus im Heer eine ähnlich tönende, endlos lange Gratulationspredigt des Papstes[110]; ähnlich weitere folgten[111]. So ging der Kreuzzug in unvermischtem Jauchzen zu Ende; von der Wallfahrt gen Ägypten oder Jerusalem war keine Rede mehr.

Das Lateinische Kaiserreich, das Herrliche Wunder, hatte kein Dutzend Lustren lang Bestand. Weiteren Bestand aber hatte der Kreuzzugswahn in immer finstereren Formen: das »größte Verbrechen an der Menschheit«, wie Steven Runciman die Verwüstung Konstantinopels genannt hat[112], war nicht das letzte, für das die Catholica die Verantwortung trägt, und nicht das einzige des innozentischen Pontifikats.

Kapitel V

Gesetzt über Völker und Königreiche

All' Zungen soll'n zu Gotte schreien Wehe
und rufen ihm, wie lang er wolle schlafen!
Sie widerwirken seinem Werk und fälschen seine Wort'.
Sein Kämmerer, der stiehlt ihm seinen Himmelshort,
sein Mittler mordet hier und raubet dort,
sein Hirt ist z' einem Wolf ihm worden unter seinen Schafen.
WALTHER VON DER VOGELWEIDE, UM 1212[1]

Dem größten und mächtigsten Seiner Kämmerer, Seiner Mittler, Seiner Hirten, Papst Innozenz III., hat es während der anderthalb Dutzend Jahre seiner Regierung, die erfüllt war von Verbrechen gegen den Frieden, Kriegsverbrechen und Verbrechen gegen die Menschlichkeit, an Tateinsicht niemals gefehlt. Stärker als bei jedem anderen seiner kriminellen Vorgänger sind seine Briefe und Dekrete (und es ist, aufgrund der Stilindizien, nicht schwer, die Texte seiner Kanzlei von den persönlich formulierten zu scheiden) durchsetzt von den geduckten Formeln eines Schuldbewußtseins, das in den Fesseln der vom dogmatischen Massenwahn verhängten Zwangshandlungen immer tiefer ›zu Grunde‹ ging: Wer den großen Stilisten allein etwa auf sprachliche Fehlleistungen untersucht, gewinnt erstaunliche Befunde[2]. Seine stupende Schreibseligkeit selbst ist ein zwanghaftes Symptom; zuletzt enthüllt sich noch der Eifer, mit dem er die relativ kleinen Mißstände der Kirche zu bessern suchte, als das manisch blinde Greifen nach der Entschuldigung ihrer großen und immer größeren Verbrechen. Auf deren Höhepunkt berief der Papst 1215 das IV. Laterankonzil nach Rom; es befaßte sich vornehmlich mit den relativ kleineren Mißständen.

Daß Innozenz nach dieser letzten riesigen Verdrängungsanstrengung starb – nicht den bei Päpsten üblichen Uralterstod, sondern erst 55jährig, auf einer Exzitationsreise, an einem sonderbaren, vermutlich psychogenen Fieber, das ihn zuletzt häufiger heimgesucht hatte –, verträgt manche Interpretation: er ist, klüger, empfindlicher, weicher als seine verknöcherten Vorgänger, selber am Virus Catholicus gestorben, dem Erreger einer immer fürchterlicheren Seuche. Denn der Versuch, ihr mit kleinen Verbotstafeln zu steuern und so der Nachwelt parte pro toto den Hygienewillen der Kurie vorzugaukeln, war entsprechend mißlungen, und Innozenz hat es gewußt. Es blieb alles beim alten; es wurde schlimmer und schlimmer. *Die Diener des Altars sind wie Vieh: doch sie verfaulen nicht nur in ihrem eigenen Kot, sondern brüsten sich ihrer Sünde auch noch wie Sodom und machen kein Hehl daraus; sie sind zum Verderben geworden und Fallstrick den Völkern*[3] ...: das hat kein Geringerer geschrieben als sein Nachfolger, Papst Honorius III., als er vier Jahre später den Effekt des Konzils zu besichtigen unternahm.

Eine Seuche ... Wie weit sie verbreitet war, wie entsetzlich durchsetzt das Abendland war vom Terror des christlichen Syndikats, zeigt am kühlsten die Zahlenangabe, daß im Deutschland des 13. Jahrhunderts jeder neunte Einwohner die geistlichen Weihen besaß. Das Bildnis dieser Geweihten, das wenigstens skizziert werden soll, folgt mit Absicht nicht den weltlichen Beiträgen der Zeit – Satiren etwa wie dem allverbreiteten *Evangelium von der Mark Silber*, in dem die päpstlichen Türhüter den armen Bittsteller also anfahren: »*Daß du verdammt seist mit deiner Armut! Hebe dich hinweg, Satanas, denn du meinest nicht das, was des Goldes ist! Wahrlich, wahrlich, ich sage dir, du wirst nicht eingehen zu deines Herrn Freude, bis du nicht den letzten Heller hergegeben hast!*«[4] Sondern es folgt ausschließlich den geistlichen Quellen, in denen man kaum die Trübung einer Voreingenommenheit gegen die Kirche wird entdecken können. Die Christliche Kirche: war um diese Zeit eine Kompaniegesellschaft der Menschenfeindlichkeit geworden, die Religion ein Vorwand für Wucher und Unzucht, das Allerheiligste der Sakramente, in dem die arme Menschennatur Trost für ihr elendes Hinleben suchte, zum Mittel für Terror, Erpressung und Gewalt. *Täglich sehen wir mit an, wie die Kirche verfällt*, schrieb 1152 der Benediktiner Potho von Prüm, *und ist doch keine oder fast keine Hand, die sich ausstreckte, dem Einhalt zu tun. Keiner ist, der dem Zorn Gottes widerstünde; keiner ist, der aufstünde und fiele Gott in den Arm; keiner ist, der in dieser Zeit zum Versöhner würde des göttlichen Grimms. Wie denn auch sollen Priester als Mittler zwischen Gott und dem Volke das Volk mit Gott versöhnen können, wo sie doch selber ganz ohne Seine Gnade sind?*[5] Und die Klage des Konzils von Béziers (1233), daß die Mönche *zu gewissen Zeiten des Jahres ihre Weine innerhalb der Klostermauern verkaufen und um schnöden und schändlichen Gewinns willen liederliche und unehrliche Personen hereinholen oder doch herein-*

lassen, als da sind Komödianten, Gaukler, Würfelspieler und sogar öffentliche Buhldirnen[6], gab der Wirklichkeit nur einen sehr matten Ausdruck. Die Klöster waren Sammelbecken der Verkommenheit: als die üblichen Gründe für den Eintritt nennt Cäsarius von Heisterbach *Krankheit, Armut, Gefangenschaft, Makel irgendeiner Schande, Lebensgefahr, Angst vor Höllenstrafen, Sehnsucht nach himmlischem Leben*[7], und wenn das Konzil zu Palencia (1129) befahl, alle Frauenschänder und Wegelagerer *entweder aus dem Lande zu weisen oder ins Kloster zu stecken*[8], so läßt sich denken, wie es hinter den heiligen Mauern aussah. Wie im kleinen, so im großen: das Heilige Land, das die Chronisten so gern als Gottesstaat auf Erden sehen möchten, ging nach Ansicht des Bischofs Jakob von Vitry nur darum verloren, weil sich der Abschaum der Menschheit dort gesammelt hatte[9]; und hatte man schon vor der Kreuzzugszeit damit begonnen, Mörder, Simonisten und Sodomiter zu einem Aufenthalt in Palästina zu verurteilen, so wurde dieses schließlich ganz zur Strafkolonie: 1130 verfügte das Konzil von Clermont, daß *Brandstifter sich, um zu büßen, ein volles Jahr lang im Reiche Jerusalem oder in Spanien im Dienste Gottes aufzuhalten* hätten[10] ... – es läßt sich denken, wie es hinter den heiligen Fassaden aussah. Kaum eine Institution, kaum ein Begriff der Christlichkeit blieb von der Korruption verschont. Es heißt nicht dem gräßlichen Zölibat das Wort reden, wenn der Finger auch auf die sittliche Verkommenheit gelegt wird; nicht der sexuelle Ausbruch des Klerus ist zu verklagen, sondern der Tatbestand der ›Unzucht mit Abhängigen‹: der Priester hatte nicht nur über die Seelen seiner Beichtmädchen Gewalt. Cäsarius erzählt, daß Männern, die einen Seitensprung beichteten, verboten werden mußte, *dem Beichtvater die Person namhaft zu machen, mit welcher sie gesündigt, dieweil mancherlei Übel daraus erwachsen könnte* –: id est – der Beichtvater mochte sich verlockt fühlen, von seinen Kenntnissen persönlichen Gebrauch zu machen[11]. Daß selbst die Bischöfe offen im Konkubinat lebten, war die Regel; erging in besonders groben Fällen (wie etwa Blutschande) einmal eine Beschwerde nach Rom, so fand sie dort sehr milde Beurteilung: für ihre Suffraganen entfaltete die Kirche zuweilen eine Toleranz, die sich in ihrer Geschichte sonst schwer feststellen läßt. Vor den Landesgesetzen sicherte die Kleriker ihre weltliche Immunität; bei größeren Ärgernissen drohte ihnen allenfalls die *Kanonische Reinigung*, die sie gelassen mit der linken Hand erledigten. Was der Episkopat sich gestattete, sah er auch beim niederen Klerus oft in Gnaden an, mit dem Unterschied nur, daß es diesen dann etwas kostete: für eine besondere Abgabe an den Bischof, das sogenannte *Cullagium*, erwarb man sich die Unbedenklichkeit des Konkubinats. So mußte das Konzil von Lillebonne schon 1080 eine eigene Bestimmung erlassen, nach der *die Diakone von den Bischöfen oder ihren Gehilfen weder durch Gewalt noch durch Drohungen zu irgendwelchen Abgaben außerhalb der rechtmäßigen Entrichtungen an den Bischof gezwungen werden* dürften, und namentlich *ihrer Frauen wegen* solle *kein zusätzliches Geld von ihnen gefordert werden*[12]. Alles kostete Geld und immer wieder Geld: Taufe, Heirat, Tod, selbst der Empfang der Sakramente; jeder Geistliche wurde, die ganze Stufenleiter der Hierarchie hinab, von seinem Vorgesetzten geschröpft, das arme Volk schließlich von allen. *Drei Haken* hätten die

Bischöfe, um *ihre Beute aus der Tiefe heraufzuholen*, schrieb Petrus Cantor über die Technik der Seelenfischerei, die *zur Geldfischerei geworden* war: *den Beichtvater* (also den Beschaffer der Grundinformationen), *sodann den Schatzmeister ihres Palastes, den Dechanten, Archidiakon und ähnliche Leute, welche die Vermehrung des bischöflichen Vermögens mit allen recht- und unrechtmäßigen Mitteln betreiben, und schließlich, zuoberst, den Landprofoß: der gibt sich zwar würdiger noch denn Gott selbst, ist aber weit gemeiner als der Bischof.* Und erwählt wurden diese drei danach, daß *sie es gar wohl verstünden, die Taschen der Armen zu leeren und die Beute ihrem Herrn zuzutragen*[13]. Sie genossen entsprechende Verehrung, diese Offizialen; Peter von Blois bezeichnete sie in einem Brief an Papst Innozenz III. als *Vipern, welche selbst die Natter und den Basilisken an Bösartigkeit übertreffen*[14]. Das Volk büßte seine Sünden grundsätzlich mit Geld. In Soest verurteilte der Priester Einhard einen Beichtenden zu 18 Denaren, weil er sich während der Fastenzeit seiner Frau nicht enthalten habe – und einen anderen, der sich enthalten hatte, zu ebenfalls 18 Denaren, weil er während derselben Fastenzeit die ihm von Gott gesetzte Pflicht, ein Kind zu zeugen, vernachlässigt habe; beide Männer mußten, um zahlen zu können, ihre Ernte vorzeitig verkaufen, trafen sich zufällig auf dem Markt, verglichen ihre Bußrechnungen und waren entsprechend verdutzt: ein Beispiel für viele[15]. Die Hirten schoren ihre Herden, wo immer sie konnten. *Die Prälaten*, sagte die heilige Hildegard, deren prophetische Begabung Papst Eugen III. ausdrücklich anerkannt hatte, *sind wahre Räuber der Kirchen und verschlingen mit ihrer Habgier alles, was sie erreichen können*[16]. Das Sterbebett wurde zur Effektenbörse: um 1170 dekretierte Alexander III., daß man nur in Gegenwart eines Priesters ein gültiges Testament machen könne; an einigen Orten wurden Notare exkommuniziert, die ohne geistlichen Beistand ihres Amtes gewaltet hatten, und dem Leichnam des Erblassers verweigerte man die kirchliche Bestattung. Das Terrormittel der Exkommunikation leerte die Taschen der Großen wie der Kleinen. Irgendein reicher Bürger erhielt eine unrechtmäßige Forderung, verweigerte die Zahlung, wurde exkommuniziert, somit also zur Zahlung gezwungen – und mußte dann noch obendrein für die Aufhebung der Exkommunikation bezahlen. Wo, im Kollektivfall, die bis aufs Blut gepeinigte Herde den Großen Fluch unbeachtet ließ und weiterlebte, so übel und so gut sie konnte, kam die Hirtenschaft auch wohl mit Waffengewalt über sie: fast jedes Kloster, jedes Bistum hat seine eigene Kriegsgeschichte. Daß in den Schlachten Krummstab und Kreuz ebenso vertreten waren wie Speer und Schwert, bedarf keines weiteren Zeugnisses; es gab im Mittelalter zuletzt keinen Krieg mehr, der nicht durch Kircheninteressen gesteuert wurde. Alles war käuflich: von der Sündenabsolution über kuriale Vollmachten (und an Innozenz heben seine *Gesten* ausdrücklich hervor, er sei so *gerecht gewesen, daß er niemals für die Erlangung päpstlicher Briefe Gaben annahm* – und habe darum den Wechslertisch entfernen lassen, der im Lateran zur unauffälligen Ablage von Mitbringseln aufgestellt war[17]) bis hin zu Ämtern und Pfründen. *Scholaren werden als Knaben und unreife Jünglinge um der Würde ihres Blutes willen zu geistlichen Würden erhoben*, ärgerte sich schon der heilige Bernhard; *dabei freuen sie sich weit mehr darüber, daß sie der Zuchtrute entronnen sind, als über die Erlangung solch hohen Amtes*[18]. Der Bischof von Coventry pflegte Kirchen an Knaben unter zehn Jahren zu verleihen; das erregte zwar den Unmut Alexanders III., doch bestand dessen Reaktion lediglich in dem Befehl, die Seelsorge geeigneten Vikaren zu übertragen, bis die Kinder das erforderliche Alter erreicht hätten; dies erforderliche Alter setzte er selbst auf 14 Jahre fest; andere Päpste meinten, daß man bereits mit sieben Jahren pfründenfähig sei. Es läßt sich denken, welche Sorte Menschen auf diese Weise zu Macht gelangte, im großen wie im kleinen. Für die Verkommenheit der Prälaten, stellte Cäsarius fest, gebe *es heute eine weit größere Fülle von Beispielen als vor unseren Zeiten*; und er vermutete, es müsse wohl daran liegen, daß der Wille Gottes bei der Erhebung der Herren nicht mitwirke[19]. Petrus Cantor hat *vier Ursachen für die unwürdige Erhöhung von Unwürdigen* genannt: *Fleischesliebe, Abstammung, Begünstigung von Speichelleckerei, welche die Ohren der Fürsten streichelt, und Geiz oder Habgier, die aller vorgenannten Ursachen Ursache ist, weil die »Wurzel allen Übels«*[20]. Der Geiz, die Habgier: was immer dies sein sollte, auf irgendeine Weise muß die Catholica zu dem geworden sein, was sie geworden war: die größte und mächtigste Finanz-Institution des Mittelalters. Wohin das führte, zeigt etwa das Beispiel Englands nach der Entthronung des Königs Johann: reiche Pfründen wurden an Ausländer verschachert, die sich niemals im Lande sehen ließen und nur kassierten; *als der König in den einzelnen Grafschaften die Summe der Abgaben an Römer und Italiener, welche die römische Kurie auf diese Art gewaltsam reich gemacht hatte, feststellen ließ, da fand man, daß sie sich jährlich auf 60 000 Mark Silber belief* – und das war bloß der Betrag, der aus dem Lande ging, *nicht gerechnet die riesigen, unablässig erpreßten Beträge, die auf die nämliche Summe geschätzt werden:* zusammen weit mehr als das Doppelte *der Abgabensumme, welche der König aus seinem gesamten Reiche zu beziehen pflegte*[21]. Und sieben Jahre nach dieser Feststellung *wurde errechnet, daß der Papst Innozenz IV. mehr Abgaben aus England bezog als alle seine Vorgänger vor ihm*[22]. Von den 332 Briefen, die dieser Innozenz IV. in den ersten drei Monaten des Jahres 1245 aus der päpstlichen Kanzlei abgehen ließ, befaßten sich mehr als ein Fünftel mit Pfründenverleihungen[23]. Bischöfe verpachteten ihre Jurisdiktion; päpstliche Vollmachten ließen sich kaufen; Fälschungen blühten. Zur wahren Landplage wurden die Legaten der Kurie: sie begnügten sich längst nicht mehr mit freiem Quartier und Verpflegung wie in früheren, einfältigeren Zeiten. Wo gar die Päpste reisten – und sie reisten viel und gern –, hinterließen sie kahlgeplünderte Kirchen und Klöster. *Schändlicher als Judas verkaufen wir Christum, darum daß wir noch schlechter sind als jener*, klagte Petrus Cantor. *Jener nämlich hielt ihn für einen bloßen Menschen, da er ihn verkaufte; wir aber wissen, daß er wahrer Gott ist und Mensch, und verkaufen ihn gleichwohl. Jener tat's um dreißig Silberlinge; wir aber tun es um einen Denar und um allergeringsten Lohn*[24] ... Die Geistlichen, die das Greuelhafte dieser Zustände sahen oder doch, selber unberührt davon, in stiller Redlichkeit ihren Beruf ausübten, gingen unter im allgemeinen Sumpf: ihre Zahl läßt sich kaum in Zehntel-Promille angeben. Die meisten führten die zynische Sprache der Macht – wie jener Peter von Pilichdorf, der auf die Beschuldigung der Häretiker, die Priester der Catholica seien nichts als *Hurer, Wucherer, Trunkenbolde, Spieler, Betrüger und vieles andere Lasterhafte mehr*, die Antwort hatte: *Was soll's? Sind sie um dess' willen etwa keine Priester mehr? Das sei ferne! Der schlechteste Mensch, so er ein Priester ist, ist immer noch würdiger als der heiligste Laie*[25] … Erzbischof Berengar II., Metropolit von Narbonne und damit höchster geistlicher Würdenträger Frankreichs, nahm seinen Wohnsitz in Aragonien, wo er eine reiche Abtei und das Bistum Lerida besaß: bis 1204 hat er, der 1190 geweiht wurde, von seiner Provinz nur die riesigen Einnahmen zu Gesicht bekommen. Die geistlichen Belange wurden kaum noch wahrgenommen: 1209 mußte das Konzil von Avignon den Bischöfen *(die eher als bestochene Mietlinge leben denn als Hirten)* ausdrücklich befehlen, daß sie *in ihren Diözesen doch häufiger und eifriger als gewohnt den rechten Glauben predigen* oder zumindest doch *durch andere ehrenwerte und sorgsam ausgewählte Personen predigen lassen* sollten[26]; und das große Laterankonzil formulierte das vernichtende Geständnis, daß *die Bischöfe wegen ihrer vielfältigen anderweitigen Beschäftigungen (nicht zu reden von der Schwäche ihrer Kenntnisse) durch sich selber nicht imstande* seien, *dem Volke das Wort Gottes zu verkünden, schon gar nicht in ausgedehnten und weitläufigen Diözesen*[27], und beauftragte sie, doch wenigstens für Ersatz zu sorgen. *Ihre Verbrechen kommen auch über uns*, schrieb die heilige Hildegard; *dieweil sie Macht haben, zu reden, zu binden und zu lösen, packen sie uns wie die allerwildesten Tiere*[28]. Und eine andere Heilige der Kirche, Katharina von Siena, fand *an der römischen Kurie, wo doch ein Paradies sein müßte der himmlischen Tugenden, den Gestank infernalischer Laster*[29]. Ein kurzer Abriß, der den Blick nur einmal flüchtig durch so große Raum- und Zeitabschnitte schweifen läßt, muß zwangsläufig argwöhnen lassen, es handle sich dabei nur um eine Blütenlese einzeln zusammengesuchter Greulichkeiten, um leidige Ausnahmefälle, die nur dem Bösen Blick des Kirchenfeinds zum Panorama zusammenwüchsen –: dagegen sei in aller Ruhe festgestellt, daß 1 000 Seiten nicht ausreichen würden, das erdrückende Quellenmaterial erschöpfend zu referieren[30]. Wie hatte, bei aller Milde, selbst Papst Honorius III. geschrieben? *Viele Prälaten verschleudern und verzehren das ihnen anvertraute Gut, zerstreuen die Edelsteine des Heiligtums auf allen öffentlichen Plätzen und Gassen, befördern die Unwürdigen und lassen die Kircheneinnahmen schlechten, verderblichen Menschen zukommen, indem sie aus ihren Kirchen Konventikel ihrer Blutsverwandten machen ... Die meisten Klosterbrüder und -schwestern aber zerbrechen das Joch und sprengen die Fesseln und bessern sich nicht, dieweil sie schon wie Mist so widerwärtig geworden sind ... So kommt es, daß die Ketzereien blühen*[31] ...

So kam es, daß die Ketzereien blühten.

Die Ketzereien, die großen religiösen Selbstreinigungsbewegungen des Mittelalters, sind in letzter Instanz sämtlich so zu erklären: als Reaktionen auf die Verkommenheit der Katholischen Kirche. Sie sind, besonders wo sie nur Objekte einer Umbesetzung des gleichbleibenden Massenwahns waren, zumeist nicht über die intellektuelle Stufe des Kirchenglaubens hinausgewachsen; sie blieben, zumeist, bei aller

Redlichkeit und Herzenseinfalt, doch nur virtuelle Doppelbilder des tollen Wustes, dem sie hatten entrinnen wollen, und der nachlebende Mensch steht vor ihnen mit dem gleichen trauernden Kopfschütteln wie vor ähnlichen Bestrebungen der aufklärungsuntüchtigen Gegenwart. Wenig ehrwürdig nehmen sich Bewegungen wie die des Predigers Tanchelm aus, der sich zu Beginn des 12. Jahrhunderts als Familienmitglied der Trinität vorkam und in Flandern damit starken Anklang fand (er wurde schließlich von einem frommen Kleriker erschlagen[32]), oder die bald danach in der Bretagne weit verbreitete Sekte des Eum von Stella, der als Einsiedler in der Wildnis allmählich den Geruch der Heiligkeit angenommen hatte und eines Tages bei einem Exorzismus durch die Worte *Per EUM, qui venturus est iudicare vivos et mortuos* auf die Vermutung kam, daß er Gottes Sohn sei (er wurde schließlich vom Erzbischof von Reims in Ketten auf Lebenszeit eingekerkert[33]). Gewichtiger schon war die Lehre des Peter von Bruys, der dem katholischen Transzendenz-Fetischismus an die Wurzeln ging: er verwarf die Taufe der selbst noch nicht glaubensfähigen Kinder, die Buß- und Betübungen für Tote, die Anbetung des Kruzifixes und die Eucharistie als betrügerischen Unsinn (er wurde schließlich in St. Gilles verbrannt[34]). Am höchsten stehen zweifellos die rationalistischen Versuche, die menschheitsgefährdende Macht des Kirchenwahns aufzulösen: Theologen wie Peter Abälard werden auch dem Agnostiker immer ehrwürdig sein[35], und die Bedeutung seines größten Schülers, des Revolutionärs und Gesellschaftsreformers Arnold von Brescia, ist heute leicht in ihrer ganzen Größe zu erkennen (er wurde schließlich in Rom gehängt und verbrannt[36]). Alle diese Bewegungen, die kleinen wie die großen, die grotesken wie die erhabenen, von den Passagiern, Josephiten, Ortliebensern, Runcariern u. a. bis zu den Waldensern, den *Armen von Lyon*, entstanden als Gegen-Evolutionen zur Katholischen Kirche – (und das läßt gegenüber den aberwitzigen Zügen ihres Bildes doch viel Vorsicht und Skepsis angeraten sein, denn die der Nachwelt dieses Bild herüberreichten, waren ihre Feinde und Vernichter); sie alle aber kamen, den aktivistischen Arnold vielleicht ausgenommen, vom Muttermodell der Kirche nicht los: ihre Religion blieb die hysterische Verklärung einer zuvor voll durchdämonisierten Welt. Eine einzige Glaubensgemeinschaft nur, die größte von allen, und die edelste zugleich, hat diese letzte Riesenarbeit zu leisten versucht: frei zu werden von allen Verhunzungen, die der menschenfreundlichen Lehre des Nazareners von seiner Kirche zugefügt worden waren – (sie wurde schließlich von dieser Kirche bis auf den letzten Menschen ausgerottet: erschlagen, erwürgt, gehängt, gesteinigt, verbrannt): die Sekte der Katharer.

Ihre Weltansicht war pessimistisch, ihr Glaube voller Hoffnung. Die Welt: ein Fabrikat des urbösen Demiurgen, der im Alten Testament Jahwe hieß; die Ewigkeit: Wiedergewinnung einer reinen Existenz im Himmel des Trösters Geist, des Parakleten. Die Menschen: sind gefallene Geister, Multiplikationen des Urverführers Luzifer; ihr Leben: unerquickliche Zwischenzustände, erfüllt von Buß- und Läuterungsleiden. Diese Auffassung führte zu einer Lebensweise, die jesuanisch auch da war, wo sie theologisch darüber hinausging; Jesus von Nazareth selbst war allerdings nur ein Guter Engel, der einstens scheinbar leibliche Gestalt angenommen hatte – daher sein Kreuzestod, da eine Passion dieses Scheinleibes, auch keine Menschheitserlösung. Es kann hier kein näheres Bild der katharischen Lehre entworfen werden; die Quellenscheidung ist sehr schwierig und verlangte zuviel Raum. Denn die Scheiterhaufen haben nicht nur die Menschen, sondern auch ihre Literatur vernichtet, und nur Spuren der katharischen Selbstzeugnisse blieben erhalten: ein *Buch von den zwei Prinzipien*[37], eine Kompilation bogumilischen Ursprungs mit dem Titel *Befragung des Johannes*[38], und ein provençalisches Ritual[39]; die Verbrenner meinten, daß ihr Gott die nicht-ketzerischen und damit erhaltenswerten Bücher schon durch einen eigens geschickten Wind aus dem Feuer heben werde, und heizten entsprechend zuversichtlich ein. So stammen die meisten Zeugnisse der Zeit aus ekklesiastischem Mund; – Henker aber sind schlechte Chronisten. Die Diskussion über den Glauben der Katharer ist als verknorpelter Streit durch die Jahrhunderte gegangen: man hielt sie für Bogumilen (deren Lehre sie tatsächlich manchen Einfluß abgewannen), ja für eine Variante der Waldenser (so auch noch Voltaire[40]), dann für reine Manichäer, in der neueren Zeit schließlich für Frühsozialisten und Kommunisten. Doch das alles ist heute mehr oder minder ein Sujet für die dogmatische Stubengelehrsamkeit geworden; was die Katharer heraushebt aus der endlosen Pathographie, die Religionsgeschichte heißt, was sie der Menschengeschichte und der menschlichen Achtung auf immer gegenwärtig erhält, ist das Geschick, das die katholische Kirche ihnen bereitete: nur davon sei auch hier die Rede.

Sie waren über ganz Europa verbreitet – und tauchen bei den Chronisten unter allen möglichen Namen auf: als Patarener, Publikaner, Manichäer, Arrianer, Bulgarier, Bogumilen, Albanenser, Albigenser, ganz allgemein als Häretiker, Ketzer (und in der Sprache hat das Wort dann auch die ›Cathari‹ lebendig erhalten); sie selber nannten sich ›die Reinen‹ (vom griechischen ›katharos‹), oder ›gute Menschen‹, oder auch einfach ›Christen‹. In Deutschland traten sie schon vor der Mitte des 12. Jahrhunderts ans Licht: 1143 wurden in Köln die ersten Bekennenden Katharer verbrannt. Um 1162 landete eine deutsche Gruppe in England *und schleppte den Virus ihrer Verruchtheit in die meisten Provinzen ein*, und Wilhelm von Newburgh, der freudig von ihrem *jämmerlichen Ende* berichtet (sie *wurden bis zum Gürtel ihrer Kleider beraubt, öffentlich ausgepeitscht und aus der Stadt vertrieben, wo sie dann in der bitteren Kälte – denn es war Winter – und weil keiner auch nur die mindeste Barmherzigkeit an ihnen tat, elend zugrunde gingen*, – nicht ohne dabei verruchterweise *das Wort des Herrn zu mißbrauchen: »Selig sind, die um der Gerechtigkeit willen verfolgt werden, denn ihrer ist das Himmelreich!«*[41]) – Wilhelm von Newburgh hielt fest, es heiße, *die weitesten Provinzen Frankreichs, Spaniens, Italiens und Deutschlands seien derart bereits von dieser Pest befallen, daß sie, nach dem Prophetenwort, schier nicht zu zählen wären*[42]. Dies – schier nicht zu zählen – wurden sie zumindest innerhalb der nächsten fünfzig Jahre. Alberich von Trois-Fontaines notierte, daß *diese Sekte der Hydra mit den vielen Köpfen glich, welche Herkules angriff, um sie auszutilgen*[43], und porträtierte dadurch seine Kirche und ihren Vertilgungswillen gleich mit. *Eine Fallgrube der Ketzer ist Mailand*, schrieb 1216 Jakob von Vitry, Bischof von Akkon, der sie dort bepredigte; *kaum einer wird gefunden in der ganzen Stadt, der ihnen widerstünde, außer nur ein paar wenigen heiligen Männern und religiösen Frauen*[44]; in Oberitalien gab es um diese Zeit schon sieben katharische Bistümer. Die eigentliche Hochburg aber, das *Ketzerland*, war Südfrankreich: die Provence, der Languedoc; – ein Chronist hielt fest, daß es um 1207 unter mehreren tausend Einwohnern nur mehr ein paar wenige Katholiken gab[45]. *So übermächtig war die Häresie der Katharer*, grauste sich Cäsarius von Heisterbach, *daß sie binnen kurzem gegen tausend Städte ansteckte, und wäre ihr nicht mit dem Schwerte der Gläubigen Einhalt getan worden, so meine ich, sie hätte ganz Europa noch verdorben*[46]; und schon das III. Laterankonzil von 1179 hatte festgestellt, daß *in der Gascogne, im Albigeois, in Teilen der Grafschaft Toulouse und andernorts die verfluchte Verkehrtheit der Ketzer, welche bei den einen Katharer, bei anderen Patarener, bei wieder anderen Publikaner und noch vielfältig anders heißen, derart angewachsen ist, daß sie ihr nichtswürdiges Wesen schon nicht mehr im Verborgenen treiben, sondern ihre Irrlehre öffentlich bekennen und die Einfältigen und geistig Schwachen* (i. e. die Katholiken – eine milde Umschreibung) *zum Einverständnis mit sich verführen*[47] ... Der Klerus war aufgrund seines Handelns und Wandelns der Verachtung anheimgefallen, und das nicht ohne ökonomische Folgen: in Toulouse soll der 1200 gestorbene Bischof Fulcrand schließlich aus purer Not in apostolischer Armut gelebt haben. Die Kirche war in der Tat gefährdet.

Bis sie es begriff, verging einige Zeit. Zuerst hatte sie das Bild der Ketzerbewegung nach der alten, aus der Geschichte der Häresien bekannten Weise zu schwärzen versucht – mit einem Schwall von Greuelmärchen, die den Gläubigen überall, ausnahmsweise gratis, zugänglich gemacht wurden. Danach sollte der Kultus der Katharer aus Teufelsdienst und Massenunzucht bestehen: verführt *von einem Bauern, welcher stets ein Pulver aus toten Knaben bei sich trug, aus welchem er, sooft er jemanden verderben konnte, in Schnelle einen Manichäer machte* – so wußte etwa Adhémar von Chabanne zu erzählen –, *beteten sie den Teufel an, welcher ihnen zuerst in Gestalt eines Äthiopiers, sodann als Engel des Lichts erschien und ihnen täglich viel Silber zutrug, und seinen Worten gehorchend, spien sie Christum aus ihrem Munde und verübten insgeheim Abscheulichkeiten und Verbrechen, welche zu nennen schon ein Greuel wäre*[48]. Die Abscheulichkeiten, mit deren Erfindung die Kirche die von den oberen Katharern (sie unterschieden die *Vollkommenen* von den bloß *Glaubenden*) beachtete sexuelle Enthaltsamkeit quittierte, hat Cäsarius, der unermüdlich begierige Aufzeichner aller Sensationsgeschichten seiner Zeit, begierig aufgezeichnet: da hielt in einer Kellerversammlung der Katharer, *in welcher viele Menschen beiderlei Geschlechts sich eingefunden, der Häresiarch eine von Blasphemien strotzende Predigt*, worauf *das Licht gelöscht wurde und ein jeglicher sich mit der ihm Nächststehenden fleischlich vermischte, ohn' allen Unterschied zwischen Ehefrau und ledigem Mädchen, zwischen Witwe und Jungfer, zwischen Herrin und Magd, und, was wohl am greulichsten ist, zwischen Schwester und Tochter*[49] … Daß die Gläubigen dergleichen Erzählungen im öden Einerlei der Predigten als wohltuende Abwechslung empfanden, darf wohl angenommen werden. Doch die Kirche vergaß, daß selbst die künstlichsten Verleumdungen nichts Sonderliches mehr ausrichten, wenn das tägliche Beispiel sie widerlegt – und die Katharer wirkten einzig durch das Beispiel ihres ernsten, geistigen, immateriellen Lebens. So holte sich die Kirche überall eine Abfuhr, und der Bischof Fulco von Toulouse etwa mußte sich bei einer Disputation auf die Frage, warum man denn die erwiesenen Ketzer nicht aus dem Lande treibe, von dem als strenggläubig bekannten katholischen Ritter Pontius von Rodelle die vernichtende Antwort gefallen lassen: »*Wie könnten wir das tun! Sind wir doch mit diesen Menschen aufgewachsen, haben Verwandte unter ihnen und sehen, daß sie ein rechtschaffenes Leben führen.*«[50] Das war dem Bischof der Nächstenliebe unbegreiflich. Um die Mitte des 12. Jahrhunderts setzte dann das ein, was die Kirche als ›geistliche Bewältigung‹ verstand: eine ganze Reihe von Anti-Ketzer-Schriften wurde in Umlauf gebracht, verbohrt keifende Detail-Theologie, die – zuweilen schon sehr drohend – mit der Elle der Einzigen Wahrheit dreinschlug. Der heilige Bernhard von Clairvaux etwa widmete der noch namenlosen Sekte einen indignierten Sermon[51], und er hatte Ursache, sich zu ärgern, denn als er es 1147 im Zuge seiner Tourneen unternahm, im Languedoc zu predigen, erntete er nur wenig Applaus, obwohl er *von Glaubenseifer entflammt* war und sich redlich bemühte, *die ketzerische Verworfenheit alldort auszutilgen*; in Verfeil (Viride-Folium), wo er den Leuten grimmig mitteilte, daß sie Staub seien und wieder zu Staube werden müßten, weigerten sich hundert Ritter, ihn überhaupt anzuhören: er verfluchte sie daraufhin kurzerhand *(»Grünendes Blatt [= viride folium], lasse Gott dich verdorren!«)*, was allen, wie Wilhelm von Puylaurens befriedigt mitteilt, einen kläglichen Tod bescherte[52]. Die theologische Auseinandersetzung brachte für die Catholica eine folgenreiche Veränderung, und nicht zu ihrem Nutzen: zwar war es ihr günstigerweise gelungen, das Problem vom Lebens-Wandel der Katharer auf ihre Lehre zu verlagern, doch eben dadurch instituierte sie selbst, was bisher nur Weltansicht gewesen war und praktische Lebensethik, zum Lehrgebäude: zur Gegenkirche. Und diese Gegenkirche wurde immer mächtiger, so hilflos der einzelne auch schien: ihr war mit scholastischen Sophismen nicht mehr beizukommen.

So versuchte man es nunmehr mit Gewalt. 1163 verbot das Konzil von Tours jegliche Geschäftsbeziehung zu Ketzern, *auf daß dieselben durch den Verlust der Tröstung wenigstens der Menschlichkeit vom Irrtum ihres Weges wieder zu Verstande gebracht werden*, und befahl, daß alle erwiesenen Ketzer *durch die katholischen Fürsten in Gewahrsam zu nehmen und mit dem Verlust aller ihrer Habe zu bestrafen* seien[53]. Doch das blieb ohne Wirkung, da sich selbst unter den stets erwerbsfreudigen weltlichen Herren niemand fand, der diesen Irrsinnsbeschluß vollziehen mochte. 1178 unternahm Alexander III. einen Großversuch zur Bekehrung mit geistlichen Zwangsmitteln; den nichtigen Erfolg interpretierte sein Legat, Abt Heinrich von Clairvaux, dahingehend, daß nunmehr nur noch die blutige Ausrottung möglich sei. Sie wurde im Folgejahr auf dem III. Laterankonzil beschlossen: *Allen Gläubigen erlegen Wir auf, sich diesen Seuchen mannhaft zu widersetzen und das Christenvolk mit den Waffen gegen sie zu schützen. Man ziehe der Ketzer Gut und Habe ein, und es stehe den Fürsten frei, die Menschen solcherart der Knechtschaft zu unterwerfen.* Und der Gnadenlohn für die Waffenträger sah so aus: *Wer in wahrer Bußfertigkeit dabei sein Leben läßt, der soll gewiß sein, daß er die Vergebung seiner Sünden und die Frucht des Ewigen Lohnes erlangen wird. Auch erlassen Wir allen gläubigen Christen, die wider die Ketzer zu den Waffen greifen, im Vertrauen auf die Barmherzigkeit Gottes und die Vollmacht der seligen Apostel Petrus und Paulus zwei Jahre der ihnen auferlegten Buße. Jene aber, welche der Mahnung der Bischöfe zu gehorchen sich weigern, befehlen Wir vom Empfang des Leibes und Blutes unseres Herrn auszuschließen. Derweilen nehmen Wir alle, die aus Glaubensglut die gerechte Mühe auf sich nehmen, die Ketzer zu bekriegen, gleich jenen, die zum Grabe des Herrn wallfahrten, in den Schutz der Kirche auf. So aber einer von euch sich unterfängt, jene zu belästigen, so werde er vom zuständigen Bischofe mit dem Spruch der Exkommunikation geschlagen; die Bischöfe aber oder Priester, die solchen nicht entschlossen widerstehen, sollen ihres Amtes enthoben sein, bis sie die Barmherzigkeit des Apostolischen Stuhles gewinnen*[54] …: ist aus der Geschichte ein Fall bekannt, wo die Catholica diese ihre geballte Macht einmal nicht für, sondern gegen einen Mordkrieg mobilisiert hätte? Legat Heinrich, inzwischen zum Kardinalbischof von Albano erhoben, übernahm in eigener Person die Kreuzpredigt in Frankreich und fiel 1181 mit einem Heer heilserpichter Banditen mordend und sengend in die Grafschaft Toulouse ein. Aber die Ausrottung, die er sich vorgenommen hatte, wollte nicht gelingen; überall bekam er die richtige Antwort auf seinen Feldzug: die Katharer unterwarfen sich, schworen ab und kehrten, nachdem sich die bewaffneten Seelenhirten mürrisch wieder entfernt hatten, zu ihrem friedlichen Glauben zurück. Der Erste Kreuzzug gegen die Ketzer war der Kirche mißraten. 1184 sprach Lucius III. in Verona voller Wut über alle Häretiker den Bannfluch aus: *Wider die Ketzer erheben Wir Uns mit dem allgemeinen Strafspruche des vorliegenden Dekrets und verfluchen die gesamte Ketzerei, mit welchem Namen sie immer belegt werde, kraft Unseres Apostolischen Amtes*[55]. Doch die Antwort der südfranzösischen Barone war nur noch ein Kopfschütteln. 1195 gelangte Raimund VI. zur Herrschaft, Nachfahre jenes ersten Raimund, der genau hundert Jahre zuvor den ersten Zug nach Jerusalem mitgeleitet hatte, und unter dem Schutz seiner Macht – er war als Graf von Toulouse der mächtigste Vasall, ein fast unabhängiger Herrscher, und als Herzog von Narbonne Erster Weltlicher Pair des Reiches – brach für die Katharer noch einmal eine Zeit friedvoller Blüte an. Denn Raimund übte, obschon selber kein Katharer, volle Toleranz gegenüber der Ketzerei seiner Untertanen – aus Menschlichkeit wie auch aus Gleichgültigkeit gegen alle religiösen Querelen; den Bannfluch, den der alte Cölestin sogleich gegen ihn schleuderte, nahm er hin wie einen Schwall schlechter Luft. Die Kirche erlebte einen Zustand der Ohnmacht, wie sie ihn seit über 100 Jahren nicht mehr gekannt hatte. Sie vergaß es ihm nicht: sie hat ihn dann mit einer Tücke und Infamie verfolgt wie nur wenige vor ihm.

Am 22.2.1198 bestieg Innozenz III. den Apostolischen Stuhl, und damit gelangte ein Wille zur Macht, der den Katharern fürchterlicher werden sollte als die relativ zage Bösartigkeit Alexanders. Die Verfolgung der Andersdenkenden wurde zum zwanghaft obersten Leitmotiv seiner Herrschaft; – auch andere Materialien deuten darauf hin, daß er, der oberste Christ, mit dem eigenen Glauben an die Christliche Wahrheit mancherlei Schwierigkeiten hatte. Bereits am 1.4.1198 brachen sie hervor – in einer kreischenden Klage wider *die Pest dieser Irrlehre, die immer mächtiger zunimmt*, und dem Entschluß, *dieser Krankheit nunmehr wirksamer entgegenzutreten … dieser giftigen Ansteckung, welche allmählich wie ein schleichendes Krebsgeschwür um sich greift … und den Sinn der Gläubigen mit dem Laster allgemeiner Verderbnis besudelt*, und bereits diese erste Kundgebung enthielt den klaren Befehl, die Katharer, *wofern nötig, durch die Fürsten und das Volk mit der Kraft des weltlichen Schwertes züchtigen zu lassen*[56]. Und immer häufiger erscholl fortan das päpstliche Gebell gegen *die kleinen Füchse, welche den Weinberg des Herrn Zebaoth verderben*[57], und immer häuger fiel der Satz von der *Ausrottung der Ketzer, welche uns nicht zwar das zeitliche Gut, aber das geistliche Leben zu rauben am Werke sind*[58]. Doch wie es um das geistliche Leben der Zeit bestellt war, das ja eben erst die Häresien gezeitigt hatte, konnte auch Innozenz nicht verborgen bleiben, und so beging er, der immer zuviel auf einmal wollte, den Fehler, am 12.7.1199 den zur Ketzerbekämpfung entsandten *geliebten Sohn Rainier, einen Mann von bewährtem Wandel und tugendhaftem Umgang, durch göttliche Gabe gewaltig in Wort und Werk*[59], zum Legaten zu befördern und mit erweiterten Vollmachten zu einer allgemeinen Reformation der Kirche auszustatten, und das erbaute die einheimischen Kleriker naturgemäß so wenig, daß ihr Eifer, die Ketzerausrottung zu fördern, spürbar abnahm. Rainier erreichte nichts; im Sommer 1202 – Innozenz hatte eben das Kreuzheer für den Osten in Venedig zusammengebracht – wurde der kränkliche Mann durch zwei Zisterzienser von Fontfroid abgelöst: Peter von Castelnau und Radulf. Aber auch sie erreichten nichts: zwar konnten sie dem Magistrat von Toulouse das Versprechen abpressen, der Ketzerei abzuschwören und die Katharer aus der Stadt zu treiben, doch kaum waren sie wieder fort, so blieb alles beim alten: die Erpreßten *wurden auf der Stelle meineidig und erlitten einen Rückfall in ihr erbärmliches Leiden, indem sie wieder, noch in der Mitte der Nacht, an ihren Versammlungsorten predigten und die Ketzer versteckten. Ach, wie schwer ist es doch, von der Gewohnheit zu lassen!* – so lamentiert der Zisterzienser Peter von Vaux-Cernay, der den Nachlebenden eine haßerfüllte und materialreiche *Geschichte der Albigenser* hinterlassen hat[60]; sie wurde von ihm Papst Innozenz selber gewidmet.

Dieser hatte das trübe Funzeln seiner *zwei Fackeln, stehend vor dem Herrn*[61], sehr mißmutig mit angesehen, war jedoch zu sehr mit den Schandtaten des Ostkreuzzuges beschäftigt, um mehr als ölige Ermahnungen ins träge Feuer seines zweiten Kriegsschauplatzes gießen zu können. Erst als Konstantinopel zur Höheren Ehre Gottes ruiniert war, fand er wieder Muße, sich dem Languedoc zu widmen: am 31.5.1204 gesellte er den Mönchen einen dritten Kumpan hinzu: Arnold Amalrich von Cîteaux, den *Abt der Äbte*, bei dessen Namen den Betrachter der Geschichte noch heute das Entsetzen packt: er wurde zur gräßlichsten Geißel, mit der die mittelalterliche Catholica über die Menschen kam. Seine Vollmachten ließen an Deutlichkeit nichts zu wünschen übrig: *Für alle Diözesen, welche mit dem Makel der Ketzerei befleckt sind*, schrieb Innozenz in seinem Ernennungsdekret, *gewähren Wir Euch uneingeschränkte Vollmacht, zu zerstören, zu vertilgen und auszureißen, was Ihr als zerstörens-, vertilgens- und ausreißenswert erkennt, und zu bauen und zu pflanzen, was zu bauen und zu pflanzen sein wird*. Und das Dokument wurde zugleich ein offener Befehl, den Kampf gegen die Ketzer als Kreuzzug zu predigen, mit allen Konsequenzen: *Wir wünschen, daß alle, welche wider die Ketzer gläubig zu Werke gehen, sich desselben Ablasses der Sündenstrafen erfreuen, wie Wir ihn jenen gewähren, die dem Heiligen Lande zuhilfe eilen*[62] ... Damit war die letzte Unterscheidung gefallen. Und da der Papst die weltlichen Mordwaffen nun nicht mehr entbehren konnte, hatte er bereits drei Tage vorher einen pompösen Brief an König Philipp Augustus von Frankreich adressiert und dem bewährten Kreuzfahrer einzureden versucht, *damit es nicht so aussehe, als trügest Du das Schwert ohne Ursache, sollst Du nunmehr Waffen und Schild ergreifen und Dich mächtig erheben zu Hilfe Dem, dessen Gewand, wie Wir voll Schmerz berichten, im Reiche der Franken einen Riß bekommen hat; dessen Weinberg der kleine Fuchs verdirbt; und dessen Schafe dem Mutwillen der Wölfe ausgesetzt sind*. Er möge jetzt offen zeigen, wie sehr er die kirchliche Einheit liebe, und mit der ihm *vom Himmel verliehenen Gewalt die Grafen und Barone zwingen, daß sie die Güter der Ketzer einziehen und ihre Personen in die Acht tun.* Doch der ›Mehrer des Reichs‹, durch seinen Kreuzzug mit Richard Löwenherz ohnehin schon im Stande der Gnade, hatte keine Lust, für bloßen Sündenablaß den Kleiderflicker der Kirche zu machen und den vorgeblichen Weinberg des Herrn in Frankreich von seinen eigenen Untertanen zu säubern; und da er seinen Bereicherungstrieben soeben auf Kosten Englands Genüge getan hatte, verlockte ihn auch die Ermächtigung des Papstes nicht weiter, er könne, falls sich die provençalischen Grafen und Barone dem Heilsprogramm widersetzen sollten, *ihre Güter konfiszieren und ohne Zögern ihr gesamtes Land seinem Königreiche einverleiben*[63]. Seine Antwort, die nicht erhalten ist, muß so maulfaul und gleichgültig ausgefallen sein, daß der Papst eine ganze Weile brauchte, sie zu verwinden. Erst am 7.2. 1205 machte er sich erneut an den König heran, mit einem Brief fast gleichen Inhalts, und gleichermaßen umsonst[64]. Der einzige Erfolg, den die päpstlichen Emissäre um diese Zeit erzielten, bestand darin, daß in Toulouse einige tote Katharer posthum verurteilt, aus ihren Gräbern gerissen und verbrannt wurden – ein Vorgang, den der Magistrat mit einem Gesetz beantwortete, das dergleichen geistliche Leichenschändungen verbot. *Die Barone der Provence waren fast sämtlich Beschützer und Beherberger der Ketzer*, schrieb Peter von Vaux-Cernay voller Grimm; *sie liebten sie immer inbrünstiger und verteidigten sie gegen Gott und die Kirche!*[65]

Eine unvorhergesehene Schwierigkeit für die päpstlichen Gewalttäter bestand darin, daß diese Verteidigung sich durchweg als passiver Widerstand zeigte; den Katharern, die selbst die Tötung von Tieren verwarfen, lag nichts ferner, als etwa das römische Geschmeiß mit Waffengewalt zu verjagen. So fehlte es am eigentlichen Grund zu kriegerischem Eingreifen, und die Legaten – seit Frühjahr 1207 um Stechmückenschwärme von Zisterziensern vermehrt – mußten sich vorerst weiterhin aufs Predigen beschränken. Aber auch das wurde ihnen sauer genug gemacht: Arnold von Cîteaux, der grundsätzlich mehrspännig wie ein Fürst dahergefahren kam, sah sich immer wieder dem Zuruf ausgesetzt, er solle entweder den Luxus aufgeben oder aber das Predigen, und schließlich griffen die Mönche zu dem verzweifelten Mittel, das ihnen der listige Bischof Diego von Osma angeraten hatte, *zu Fuß zu gehen, ohne Gold und Silber, und in allem die Gestalt der Apostel nachzuahmen*[66]: so fanden die Wölfe bei den Schafen immerhin Gehör. Aber auch dann richteten sie kaum etwas aus, und die endlosen scholastischen Disputationen, bei denen natürlich stets die Kirche gewann, brachten nur Scheinsiege. Peter von Vaux-Cernay hat Beispiele aufbewahrt, die ein Urteil erlauben; so etwa dieses: Die Herren Peter von Castelnau, Diego von Osma und Radulf quartierten sich in einer Burg bei Montpellier ein, disputierten mit dem ›Häresiarchen‹ Balduin und dem Burgherrn Theoderich (einem *Sohn des Verderbens* selbstredend) volle acht Tage lang (auf Kosten des Sohnes des Verderbens selbstredend) und *bekehrten alsdann alles Volk in der Burg durch heilsame Ermahnungen zum Hasse gegen die Ketzer. Gar zu gern hätten sie diese selbst nun vertrieben, doch der Burgherr, vom Gifte der Heimtücke durchsetzt, hatte sie sich zu Hausgenossen gemacht und Freunden … Als nun der verehrungswürdige Bischof (von Osma) den besagten Theoderich mit seinen Argumenten gänzlich in die Enge getrieben hatte, da sagte jener: »Jetzt weiß ich, wess' Geistes du bist, denn wahrlich, du bist im Geiste des Elias gekommen.« Darauf der Heilige: »Wenn ich auch im Geiste des Elias gekommen bin, du jedenfalls bist im Geiste des Antichrist gekommen!«*[67] Lesen Sie dieses Zitat doch gleich noch einmal und horchen Sie seine geheimen Untertöne ab –: auf dieser Ebene bewegen sich die ›Gespräche‹ der Kirche noch heute.

Die Gestalt des Grafen Raimund bleibt in den Berichten der Chronisten blaß und indifferent. Er sei *ein Feind des Friedens gewesen*, behauptet sein Feind Peter von Vaux-Cernay[68], und angeblich waren es seine kriegerischen Auseinandersetzungen mit verschiedenen Baronen der Provence, die ihn Herrn Peter von Castelnau so abscheulich machten, daß dieser ihm schließlich den Großen Fluch der Kirche ins Gesicht spie und sein Land mit dem Interdikt belegte. Innozenz stieß augenblicklich nach, bestätigte das Urteil seines Legaten und schrieb dem überraschten Grafen am 29.5.1207 einen langen Schimpfbrief, dessen erste Sätze schon über die wahren Ursachen der scheinbar so jähen Ungnade einiges preisgeben: *Wenn Wir die Mauer Deines Herzens mit dem Propheten durchbohren könnten, so würden Wir hineindringen und Dir die abscheulichen Greuel weisen, die Du darin begangen hast. Doch dieweil es härter noch zu sein scheint denn der Stein, wird es sich zwar leicht mit dem Schlage des heilbringenden Wortes durchstoßen, schwer jedoch durchdringen lassen, weshalb Wir denn, wenn Wir, Dich zu packen, schon genug zu tun haben, Dich zu bessern doch kaum mehr hoffen. Wehe! welche Hoffart hat Dein Herz gebläht, welcher Wahnsinn hält Dich, pest-*

bringender Mensch, umfangen, daß Du nicht Frieden willst halten mit Deinen Nächsten, daß Du Dich abkehrst von den göttlichen Gesetzen und gesellst Dich den Feinden zu der katholischen Wahrheit? Und so wütet es seitenlang fort, gegen den *Elenden*, den *Verruchten, grausamen und verderblichen Tyrannen* – dem u. a. auch das Verbrechen vorzuwerfen war, daß er, *dem christlichen Glauben zum Schimpf, an die Juden öffentliche Ämter vergeben* habe – bis hin zur kaum noch zweideutigen Schlußdrohung: *Die Hand des Herrn aber, welche bis hierher ausgestreckt war über Dich, wird Dich zerdrücken und Dir zeigen, wie schwer es Dir fallen soll, zu fliehen vom Angesicht Seines Grimms, den Du so heftig herausgefordert!*[69] Vielleicht hatte Innozenz gehofft, der Graf werde sich diese Sprache nicht bieten lassen und die Schläge des heilbringenden Wortes seinerseits mit einem Rückschlag quittieren, der für die friedensbesorgte Kurie endlich das ersehnte Heil des Krieges brachte. Doch Raimund erkannte die Absicht. Er wußte längst, wer in Wahrheit seine ›Nächsten‹ waren und von wem ihnen die Pest drohte; es läßt sich denken, mit welchem Ingrimm der christliche Chronist jenen Satz des Grafen notierte, der seinen Charakter für alle Zeit festhielt: *Ich weiß*, hat Raimund gesagt, *daß ich mein ererbtes Gut um der Guten Menschen willen werde verlieren müssen, doch nicht nur diesen Verlust, sondern auch den Tod bin ich für sie zu erleiden bereit* – (der Chronist fügt hinzu, *dies genüge wohl, um die Ungläubigkeit und Bosheit des Elenden zu kennzeichnen*[70]).

Raimund fügte sich formell, und Innozenz mußte den Bann wütend wieder aufheben. Der erhoffte Kriegsgrund hatte sich nicht eingestellt; dem Papst blieb nach wie vor nur die Möglichkeit, aus dem Hinterhalt die Ausrottung der Ketzerei mit biblischen Metaphern zu schüren. Er tat es reichlich. *Da denn mit dem Eisen auszuschneiden sind die Wunden, welche das Heilmittel des lindernden Verbandes nicht annehmen wollen, so seien denn auch mit dem Arme der weltlichen Macht erdrückt alle, welche die kirchliche Besserung von sich weisen*, schrieb er am 16.11.1207 an König Philipp und lud ihn erneut ein *zur Ausrottung jener entarteten Triebe, welche ihre Wurzeln in den Boden senken und doch nur wilde Reben hervorbringen statt Trauben*[71]. Doch immer noch mochte der König nicht im Weinberg des Herrn arbeiten, so hoch der Papst die Löhnung auch ansetzte. Da trat, zu Anfang 1208, nun endlich ein Ereignis ein, das dem unbiblischen Friedenszustand ein Ende setzte: der päpstliche Legat Peter von Castelnau, *der Mönch und Priester, der erste unter den Tugendhaften, berühmt ob seines Wandels, Wissens und Namens*[72], wurde auf einer Reise von einem Unbekannten ermordet (einem *der Spießgesellen Satans* – d. h. der Katharer, behauptete Innozenz sofort[73]), und da sich diese Gewalttat auf dem Gebiet des Grafen Raimund zugetragen hatte, machte ihn der Papst verantwortlich: *Aufgrund gewisser Indizien, und zwar nicht nur weil er jenem* (dem getöteten Legaten) *öffentlich den Tod gedroht und ihm tückisch nachgestellt hat, sondern auch darum, daß er den Mörder herzlich bei sich aufgenommen und mit großen Geschenken belohnt hat, von weiteren Vermutungen ganz zu schweigen, welche in erdrückender Fülle vorliegen, ist er als schuldig am Tode des heiligen Mannes zu betrachten*[74]. All diese Vermutungen waren reine Zwecklügen: Innozenz selber hat ihren Inhalt später nicht mehr als Schuldbeweis betrachtet. Doch für den Augenblick erfüllten sie ihren Zweck. In einer pathetisch geschraubten Epistel von mehreren Seiten Länge erzählte er sämtlichen Adligen Frankreichs die blutrünstige Geschichte, verfluchte den Mörder und alle seine Helfershelfer und Beschützer (und zwar diesmal nicht mehr nur an Statt der seligen Apostel Petrus und Paulus, sondern gleich Gottes des Vaters, des Sohnes und des Heiligen Geistes) und rief dazu auf, *das gerechte Blut zu rächen, das nicht aufhört, von der Erde zum Himmel zu schreien, bis der Gott der Vergeltung selber vom Himmel zur Erde niedersteigt*[75] ... Es war vollbracht: der Kreuzzug gegen die Katharer konnte beginnen.

In diesem Jahre 1209 *demütigte der Papst den Grafen von Toulouse, den Beherberger und Verteidiger der Ketzer, und machte die Ketzer zum Nichts, welche er zuerst durch demütige Prediger und Gelehrte zum rechten Glauben zurückzuführen sich bemühte, ehe er dann gleichwie gegen Heiden bewaffnete Pilger zu ihnen schickte*[76] ... Es begann wie eh und je. Abt Arnold hielt in Cîteaux ein Generalkapitel ab, und der Orden beschloß einstimmig, seine ganze Tatkraft der Kreuzpredigt zu widmen. Raimund, vom Papst natürlich erneut verflucht und seiner sämtlichen Hoheitsrechte für verlustig erklärt, geriet in Panik. Er reiste zu König Philipp, seinem Onkel, der ihm die Unterwerfung anriet, und stellte sich dem von Arnold einberufenen Konzil zu Aubinas, das ihm die Anhörung verweigerte. Schließlich wandte er sich an Innozenz selber und bat um die Entsendung eines neuen Legaten, damit er ihm seine Rechtfertigung vortragen könne; er wußte, daß Arnold es mit allen Mitteln auf seine Vernichtung abgesehen hatte. Er wußte nicht, noch nicht: daß Arnold der Wille des Papstes selber war. Innozenz ließ sich die Gelegenheit, den Schönen Schein zu wahren, nicht entgehen und schickte den Magister Milo – und Raimund soll dankbar ausgerufen haben: *»Nun ist mir wohl, weil ich einen Legaten habe nach meinem Herzen!«*[77] – das hat derselbe Chronist höhnisch notiert, der zugleich, triumphierend, die Weisheit der Triumphierenden Kirche der Nachwelt offenbarte und festhielt, daß *der Herr Papst dem M. Milo ausdrücklich gesagt hatte: »Der Abt von Cîteaux wird das Ganze machen, und Du wirst sein Werkzeug sein; denn ihm begegnet der Graf von Toulouse mit Argwohn, Dir aber nicht!«*[78] Nein, gegen Milo war Raimund ohne Mißtrauen, und als der Magister später starb, hat er ihn betrauert wie einen Freund. Er hoffte, vom Werkzeug des Machers Arnold sanft bearbeitet, immer noch, die Herrschaft über sein Land behalten zu können, wenn er sich der Erpressung fügte, und fügte sich.

Die Geschichte des Grafen Raimund VI. von Toulouse, die Geschichte der langsamen, sadistischen, mitleidlosen Zerstörung eines Menschen durch die Kirche des Sadismus und der Mitleidlosigkeit, muß hier verlassen werden; seine Demütigung im Jahre 1209 war nur der Anfang: Raimund lieferte der Kirche seine sieben wichtigsten Festungen aus, und am 18.6. erduldete er das Zeremoniell, mit dem ihn die Kirche des Sadismus und der Mitleidlosigkeit wieder in ihren Schoß aufnahm: vor dem Portal von St. Aegidien in St. Gilles schwor er auf Hostie und Heiligengebein, *der Heiligen Römischen Kirche in allen Dingen zu gehorchen*, ließ sich mit Ruten durchpeitschen – alles im Angesicht einer riesigen Menschenmenge – und wurde dann vom Legaten wie ein Tier an einem Stolahalfter nackt und blutend in die Krypta der Kirche geführt, wo der *selige Märtyrer Bruder Peter von Castelnau* begraben lag: *O du gerechtes Gericht Gottes! Den er als Lebenden verachtet hatte, dem mußte er jetzt als Toten Ehrfurcht bezeigen*[79]. Vier Tage später nahm er aus den Händen des Legaten das Kreuz – gegen seine eigenen Untertanen ...

Unterdessen hatten die Zisterzienser in einjähriger Exzitationsarbeit den Abschaum Frankreichs unter die Fahnen gepredigt; am 24.6.1209, *am Feste des heiligen Johannes des Täufers*[80], war das gesamte ablaß- und beutehungrige Heer in Lyon versammelt – nach dem stolzen Bericht seines Führers und Obersten Befehlshabers Arnold von Cîteaux *eine solche Menge von Bekreuzigten, wie sie wohl noch niemals je unter den Christen zusammengekommen ist*[81]: 20000 Ritter und über 200000 Fußsoldaten. Erstes Kriegsziel: Béziers, *eine hochberühmte Stadt, welche aber gänzlich vom Gifte der ketzerischen Verworfenheit durchseucht war*[82]; am 22.7. standen sie vor den Mauern.

Die Einwohner hatten in fieberhafter Arbeit die Befestigungen verstärkt und sich auf die Verteidigung vorbereitet, doch war das natürlich völlig eitle Mühe, *da Gott selber vom Himmel wider sie streiten würde*[83]. Der katholische Bischof der Stadt, Reginald, selbstverständlich *ein Mann, ehrwürdig von Alter, Leben und Wissen*[84], war dem Kreuzheer entgegengezogen und hatte vom Legaten die Erlaubnis erwirkt, den katholischen Einwohnern Schonung zuzusichern (denn es galt ja deren *Befreiung*, wie der Führer Arnold es nach altem Muster ausdrückte[85]), wenn sie die Ketzer auslieferten, *welche der ehrwürdige Bischof genau kannte und auch auf einer Liste verzeichnet hatte*. Doch als der ehrwürdige Bischof mit seiner Liste zur Selektion in der Stadt erschien, erteilten ihm die Bewohner eine einstimmige Abfuhr (*sie erhoben sich wider Gott und die Kirche und gingen ein Bündnis ein mit dem Tode*, stilisiert der Chronist), und immer wird ihre Antwort ein Beweis dafür bleiben, daß die Verkrüppelung der Humanität ein Schandmal nur des mittelalterlichen Christen war, nicht des mittelalterlichen Menschen schlechthin: sie sagten, sie *wollten lieber als Ketzer sterben denn als Christen leben*[86]... Cäsarius von Heisterbach berichtet, einige hätten auf ein Evangelienbuch uriniert und es den Kreuzchristen von der Mauer zugeworfen und gerufen: *»Sehet, das ist euer Gesetz, ihr Elenden!«*[87]: es wäre begreiflich. Unmittelbar danach begann der Sturm, und *innerhalb von zwei oder drei Stunden wurde Graben und Mauer überwunden und die Stadt genommen* – wenn man Arnold und den ihm folgenden Chronisten glauben darf, nicht von den Rittern, sondern von *gemeinen und unbewaffneten Personen*[88]: nämlich den *arlotz, ribautz und truans*, wie Wilhelm von Tudela in seinem kriegsbegeisterten Epos präzisiert: Hurenknechten und Leichenfledderern[89]. Dann begann *ein Morden, wie es seit der Sarazenenzeit wohl niemals so wild mehr ist beschlossen worden und ausgeführt: nichts brachte Rettung davor, nicht Kreuz, noch Altar, noch Kruzifix; die tollen Ribautz schlachteten Priester und Frauen und Kinder*[90] ... Arnold selbst meldete dem Papst, daß *die Unseren nicht Rang noch Alter noch Geschlecht verschont* hätten[91] – *vom Glaubenseifer entflammt, den Löwen gleich nach dem Beispiel jener, von denen im*

Buche der Makkabäer zu lesen ist, weiß der belesene Cäsarius[92]. Als man den Abt fragte, wie man denn die Katholiken unter den Ketzern herausfinden solle, denn man könne *nicht unterscheiden zwischen Guten und Bösen*, gab er zur Antwort – *denn er fürchtete wie die andern, es könnten die Ketzer aus bloßer Todesfurcht sich katholisch stellen und nach dem Abzug des Heeres wieder zu ihrer Ruchlosigkeit zurückkehren –: »Schlachtet sie alle, denn der Herr kennet die Seinen!« Und so wurden ungezählte getötet in der Stadt*[93]. Ungezählte: nach Arnolds Bericht an den Papst kostete *die göttliche Rache, die wunderbar wütete in der Stadt*, fast 20000 Menschen das Leben[94]; Alberich von Trois-Fontaines gibt 60000 an *und mehr*[95], Cäsarius gar *dem Vernehmen nach über 100000*[96]. Doch wie immer die genaue Zahl anzusetzen wäre, fest steht, daß die gesamte Einwohnerschaft hingemetzelt wurde; in der Kirche der Maria Magdalena, in die sie sich geflüchtet hatten, waren es allein 7000, Katholiken und Katharer. *Ich glaube*, schrieb Wilhelm von Tudela, *nicht ein einziger ist mit dem Leben davongekommen. Möge Gott sie, wenn es ihm gefällt, ins Paradies aufnehmen*[97] … Die Stadt wurde geplündert und dann in Brand gesteckt; sie starb in einem Meer von Blut und Feuer. Dies geschah *am Festtage der heiligen Maria Magdalena* des Jahres 1209, und Peter von Vaux-Cernay ließ es sich nicht nehmen, ausführliche Betrachtungen mit dem Datum zu verbinden –: *O allergerechtestes Maß des göttlichen Wägens!*[98] … Die Siegesfeier wurde noch verschoben – bis zur Einnahme von Carcassonne, die am 15.8. erfolgte, *am Tage der Himmelfahrt der Allerseligsten Jungfrau*; hier gewährte man den Einwohnern freien Abzug:

nackt, nichts bei sich tragend als ihre Sünden, zogen sie aus der Stadt[99]. Dann zelebrierte Abt Arnold von Cîteaux in der Kirche St. Nazaire *die Messe vom Heiligen Geist und predigte über die Geburt Jesu Christi*[100] …

So begann der Kreuzzug der Christen gegen die Katharer; so wurde er fortgesetzt, zwanzig Jahre lang: ein Meer von Blut und Feuer. Nach zwei Jahren bereits hatten *die Unseren wohl 140 Burgen in ihren Besitz gebracht*[101], und überall auf die gleiche Weise. Überall verbrannten die Guten Menschen, die lieber als Ketzer sterben denn als Christen leben wollten, auf den Scheiterhaufen; das Zeitalter der Inquisition begann. Unter den Namen, die mit hunderttausendfachem Fluch beladen sind, sticht neben dem des für seine Verdienste zum Erzbischof von Narbonne erhobenen Arnold von Cîteaux ein zweiter hervor, ein sonderlicher vor anderen: Simon von Montfort – jener Graf, den sein Gewissen fünf Jahre früher gehindert hatte, den Mordzug gegen die Ostchristen mitzumachen: er wurde zum sadistischen und mitleidlosen Henker der Katharer, und auch die knappsten Annalen versäumen nicht, seine Verdienste zu verzeichnen: *Alle Ketzer, deren er habhaft werden konnte, ließ er eines grausamen Todes sterben – und viele Siege errang er nicht ohne göttliches Wunder*[102]. Als der Bischof Fulco von Marseille einmal über die alte Metapher von den katharischen Wölfen und den katholischen Schafen predigte, stand ein Ketzer, dem Simon die Augen hatte ausstechen und Nase und Lippen hatte abschneiden lassen, vor ihm auf und rief: *»Wann hat man je ein Schaf einen Wolf so beißen sehen!«*; der Bischof erwiderte geschmeidig, das müsse ein guter Hund gewesen sein, der den Wolf so gebissen habe[103]. Dieser

Gute Hund wurde von den Kreuzkämpfern *unter gnadenvoller Mitwirkung des Heiligen Geistes* zum Regenten der besetzten Gebiete gewählt[104]: ein Mann nach des Papstes Herzen; noch heute sieht ihn die Catholica als ›Retter Roms‹ …

Innozenz, der ›Unschuldige‹, starb am 16.7.1216 (sehr wenig betrauert: *sein Ende weckte, da er in vielen Geschäften die denkbar äußerste Härte hatte walten lassen, bei seinen Untergebenen eher Freude als Trauer*[105]); sein Nachfolger Honorius, dessen Bild sonst Spuren von Menschlichkeit erkennen läßt, setzte sein Werk in voller Breite fort. Simon von Montfort, dem *starken Streiter des Herrn und glorreichen Märtyrer Christi*, wurde 1218, *am Tage des seligen Johannes des Täufers*[106], durch ein Steingeschoß der Kopf zerschlagen; seine Nachfolger setzten sein Werk fort. Abt Arnold von Cîteaux starb 1225; seine Nachfolger setzten fort. Der Kreuzkrieg gegen den Languedoc hat sie alle überlebt, zum Nationalkrieg geworden, zum Bürgerkrieg, zum Morden aller gegen alle –: erst 1229 brachte der ›Friede‹ von Paris das Ende; eine ausgemordete, verwüstete, verbrannte Landschaft blieb übrig. Der Krieg der Katholischen Kirche gegen die Katharer aber ging weiter, hundert Jahre lang, mit allen Greueln, die der schlechten Menschennatur nur ersinnbar waren. 1324 endeten die letzten Ketzer Südfrankreichs auf dem Scheiterhaufen; die Gesamtzahl der Opfer schätzt man auf eine Million[107].

Die christliche Geschichtsschreibung hat mit dem, was sie die ›Albigenserkriege‹ nennt, von jeher ihre Schwierigkeiten gehabt. Daß die Catholica selbst mit den Wahrheiten ihrer Historie den wunderlichsten Umgang pflegt, muß nicht bewiesen werden; noch die letzte Zeit brachte dafür ein Großes Beispiel. Entschließt sie sich doch gelegentlich, vom Weltgetümmel genötigt, das heilig blasierte Schweigen zu brechen, mit dem sie ihren Wandel beschaut, so sprudelt sie jenes Gemisch aus Lüge und Denkschwäche hervor, mit dem sie nach wie vor die Massen beherrscht. Solche Lügen und Denkschwächen im einzelnen vorzuführen kann nicht zugemutet werden; es genügt, pro toto einen der obersten Geschichtsfälscher beim Wort zu nehmen – und ihn dann dahin fahren zu lassen, wohin er gehört –: Papst Leo XIII., der am 1.9.1883 dekretierte, die Katharer, »die soviel Not und Trauer über die heilige Kirche Gottes gebracht«, hätten »mit dem Terror der Waffen mordend und sengend ihre Herrschaft auszubreiten« gesucht, doch habe »der barmherzige Gott einen hochheiligen Mann, den ruhmvollen Vater und Stifter des Dominikaner-Ordens, wider diese entsetzlichen Feinde erweckt«, und der sei »hochgemut zum Kampf angetreten für die katholische Kirche, doch nicht mit Gewalt und nicht mit Waffen, sondern mit jenem Gebet, das er selber unter dem Namen des Heiligen Rosenkranzes instituierte: von Gott erleuchtet und angetrieben erkannte er, daß mit der Hilfe dieses Gebetes als dem stärksten Kriegswerkzeug die Feinde besiegt, niedergeworfen und gezwungen würden, von ihrem gottlosen und wahnsinnigen Unternehmen zu lassen. Und so ist es denn auch geschehen, wie die Geschichte lehrt. Denn nachdem diese Gebetsweise eingeführt war, blühten nach und nach Frömmigkeit, Glaube und Eintracht wieder auf, und die Pläne und Ränke der Ketzer wurden vereitelt …«[108] Der heilige Erfinder des heiligen Rosenkranzes, der 1233 heiliggesprochene

Dominicus, war Gründer jenes Ordens, dem Gregor IX. im Jahre 1232 die Inquisition übertrug – jenes Stärkste Kriegswerkzeug, das im zweitausendjährigen Krieg der Kirche gegen die Menschheit die Kreuzzüge ablöste, wie die Geschichte lehrt –: selbst dem Unweisen ist dies eine Wort wohl genügend …

Aber auch für die sich so nennende Objektive Geschichtswissenschaft wird die Historie der Kirchenverbrechen immer wieder zum zwanghaften Anlaß, ihr religiöses Über-Ich spazierenzuführen. So etwa in dem neuesten, in die Schriftenreihe der Monumenta Germaniae Historica aufgenommenen Standardwerk über die Katharer[109] – einem materialreichen, zur Quellenorientierung immer dankbar mitzubenutzenden Buch – und einem schiefen und häßlichen zugleich, erfüllt von Sätzen, die um so ratloser machen, als sie ganz offensichtlich zynisch nicht gemeint sind. Daß der Katharer-Kreuzzug »ein Ringen um Nation und Glauben«[110] gewesen sei, mag noch hingehen; das ›heiße Ringen‹, das dem Schmock hier einfällt, hat der Autor ja immerhin vermeiden können. Aber: »Während noch die Kräfte des erneuerten Katholizismus sich sammeln, um die Katharer innerlich zu überwinden, tritt schon die weltliche Macht in den Dienst der Kirche und proklamiert die gnadenlose Ausrottung der Ketzer«[111] –: hatte sie sich der innerlich überwindenden Kirche etwa zu Diensten geboten? Und: »Dennoch konnte die Politik allein die katharische Idee nicht töten; den Gehetzten, Geduldeten, Verjagten hat erst die Kirche den Gnadenstoß versetzt«[112] –: darf angenommen werden, daß Sie einen Begriff davon bekamen, um was es sich bei den Gnaden-Stößen der Catholica handelte?

»Im Norden wüten Robert le Bougre und Konrad von Marburg so wahllos unter den Massen, daß Fürsten, Städte und Volk sich empören«[113] –: die beiden Inquisitoren hätten also bloß wählerisch zu sein brauchen bei ihrem Wüten, um sich den Beifall des Historikers zu sichern? In dem Abschnitt, der ›Die Geschichte der Katharer‹ heißt, wird der Kreuzzug selbst mit wenigen dezenten Sätzen ausgespart; da fällt das Fazit allerdings leicht. Das Fazit: »Es ist letzten Endes das lebendige Abendland, das die stagnierende Lehre der Bogumilen und die reine, aber geruhsame Moral der Katharer niederzwang«[114] –: sind Sie einverstanden, daß man »das lebendige Abendland« mit der unreinen, aber ungeruhsamen Moral des Kurien-Syndikats identisch mache? Das Fazit: »Wir haben keine Ursache, dieses Scheitern (der Katharer) eine Tragödie zu nennen; denn die Katharer selbst ersehnten sich dieses völlige Scheitern an der Welt«[115] –: daher also die Scheiter(ns)haufen – reine Wunscherfüllungen, von der stets gnadenreichen Kirche gnadenreich gewährt … Hier spricht: die zur Wissenschaft versteinerte Inhumanität.

Keine Tragödie? Die Große Objektivität, die zumeist die Lügner und Denkschwachen der Geschichtsschreibung abverlangen, ist sicher schwer zu erreichen; ich kenne kein Beispiel – außerhalb der bloßen Editionstechnik. Doch selbst wenn das subjektive Entsetzen zu vergessen wäre, das den, der mit den Quellen dieser Geschichte arbeitet, beim inneren Anblick all der Torturen packt, das ihn erzittern läßt bei den Leiden so vieler Gequälter, das ihn krank macht beim Gestank so kirchturmhoher Leichenfuder – wenn dieses Entsetzen – und es ist mir nicht unbekannt geblieben, daß es von der Majorität der Menschheit nicht geteilt wird – überflüssig wäre, störend, der bloße, Strahlendes schwärzende Sehfehler einer unvorteilhaften Konstitution – so bliebe doch immer bestehen, und auszusprechen, was in aller Kälte und Distanz Voltaire über den Gegenstand zu Protokoll gegeben hat –: »Der Geist der Gerechtigkeit und der Vernunft, der seither ins Allgemeine Recht Europas eingedrungen ist, hat schließlich die Augen dafür geöffnet, daß es niemalen etwas Ungerechteres gegeben hat als den Krieg gegen die Katharer ...«[116] Dieser Krieg: war ein Kreuzzug der Katholischen Kirche.

Kapitel VI

Der Abgrund der göttlichen Ratschlüsse

Als ich einige Zeit an der Kurie zugebracht hatte, fand ich gar vieles, was meinem Geiste widerstand: so sehr war man dort mit weltlichen und zeitlichen Dingen beschäftigt, mit Königen und Königreichen, mit Hader und Streit, daß kaum noch ein Wort von geistlichen Dingen sich reden ließ ...

Jakob von Vitry, Bischof von Akkon, 1212[1]

Die Geschichte der Bewaffneten Wallfahrten ist die Beschreibung einer Eskalation – einer konvulsivisch immer greller um sich zuckenden Entwicklung, in der das ursprüngliche Motiv, die eigentliche Ur-Sache, kaum noch wiederzuerkennen ist. Längst schon reichen die rationalen Begriffe der Zeitpolitik – selbst die irr-rationalen – nicht mehr hin, die vom römischen Syndikat bestimmten Verhaltensweisen der Völker zu erklären; längst schon hatte die Pervertierung aller Maßstäbe des Menschenbenehmens, die vollkommene Entwertung aller Werte durch das Lehrsystem der Katholischen Kirche, das kollektive Bewußtsein so unauflöslich besetzt, daß man zuweilen Bedenken trägt, selbst die einfachsten moralischen Merkmale für die Scheidung von Schuld und Unschuld zu verwenden: die Abwesenheit jeglicher Tateinsicht versagt dem Richtenden die

Zuständigkeit. Die etablierte Geschichtsschreibung ist damit durchaus zufrieden; sie hat aus ihrem Unvermögen, Werte zu setzen, von jeher Profession und Tugend gemacht; sie findet volles Genüge daran, das Tappen des Weltgeistes kalt und aktendienerhaft zu registrieren, und versteht sich ersatzweise allenfalls zu retardierender Nabelschau. Sie sinnt, im vorliegenden Fall, dann etwa über »die Tragik im Kreuzzugsstreben Innozenz'« nach[2]; sie macht sich Gedanken über »die Bilanz dieser jahrhundertelangen kämpferischen Begegnung zwischen Christentum und Islam« und führt unter den ›Folgen‹ die Bereicherung der abendländischen Sprachen durch Fremdworte arabischen Ursprungs an: Damast, Syrup, Admiral[3] ... Doch mit dergleichen Allotria gewinnt man allenfalls ein Ordinariat; die Wahrheit nicht. Sie liegt, so ›nahe‹ sie liegt, in diesem Stadium der Entwicklung längst nicht mehr in der Nähe der bloßen Sachdetails; je weniger diese noch preisgeben von der Kraft, die sie bewegt, je deutlicher sie zu bloßen schalen Duplikaten werden, vom Wiederholungszwang gestanzt, desto einhelliger verweisen sie ›hinter sich‹, meta ta physika: – die Wahrheit des fürchterlichen Mechanismus der Kreuzzüge liegt jenseits seiner Erscheinungen. Jenseits seiner Erscheinungen: liegt schwelend, brütend, lauernd die Christliche Metaphysik selbst –: könnte es sein, daß sie selbst zuletzt den Schlüssel gäbe für die immer engere, zur Verschmelzung drängende Nachbarschaft der Phänomene Kreuz und Krieg, für eine Evolution, deren Irrsinn in der ganzen Geschichte ohne Parallele ist, für einen Zerstörungstrieb, dessen Objektwahl immer mehr an Differenzierung verlor und der sich schließlich, blind um sich schlagend, gegen die ganze Menschheit richtete? Daß es sich bei der Aufklärung der Christlichen Religion um die eines Menschheitsleidens handelt, einer »universellen Zwangsneurose«, wie Freud sagte, daß die Christliche Geschichte eine Krankengeschichte ist, daß jede Interpretation dieser Geschichte zuletzt auf metapsychologische Verfahrensarten angewiesen ist, will sie zu den Unteren Gründen der Erscheinungen vordringen –: das alles ist, als Einsicht, der gegenwärtigen Geschichtsschreibung noch nicht abzuverlangen: sie wäre davon überfordert und wird es auf einige Zeit auch weiter noch sein. Auch hier kann nur der Hinweis gegeben werden; die Darstellung selbst, vom Zweck der bloßen Skizze eng genug begrenzt, hat bei der ›Sache‹ zu bleiben. Doch seien Sie immerhin gebeten, gelegentlich dem Nachhall des Gedankens Raum zu geben, daß alle hier vorgetragenen Sachdetails am Ende nur Anamnese-Material sind – zu Folgerungen und Schlüssen, die mit dem Schluß dieses Buches erst zu beginnen haben.

Die Geschichte der Bewaffneten Wallfahrten: Beschreibung einer Eskalation ... Zu den Extremen, die in der ersten Hälfte des 13. Jahrhunderts erreicht wurden, gehört, grotesk und entsetzlich zugleich, auch jene Wahnbewegung, die von der akademisch seßhaften Geschichtswissenschaft ›Der Kinderkreuzzug‹ genannt und mühelos als Resultat der Armutsidee »in ihrer höchsten und reinsten Ausformung« ausgegeben wird[4]. Sie war weder das eine noch das andere; sie war, und ist, nur ein stringenter Beweis dafür, wie sehr der Zerstörungstrieb mit der Kreuzeschiffre bereits zu einer Verformung der menschlichen Bewußtseinslage geführt hatte: sie entstand ›aus sich selbst‹ heraus – und an zwei Stellen zugleich, zwischen denen sich aus den Grundquellen keinerlei Zusammenhang nachweisen läßt. Im Mai des Jahres 1212 trat im Vendômois ein Knabe namens Stephan auf und predigte den bislang verschont gebliebenen Unmündigen die irrwitzigste Kreuzfahrt, die in der Pathographie des Christentums zu verzeichnen ist: ohne jede irdische Ausrüstung, lediglich mit himmlischen Kräften bewaffnet, gedachten die Befallenen nach Art der Kinder Israel *das Meer zu durchschreiten und wider die Sarazenen zu ziehen*[5]. Denselben Einfall verbreitete, um etwa dieselbe Zeit, in Köln ein Knabe namens Nikolaus: auch er versicherte, *er könne trockenen Fußes die Meereswogen durchschreiten*[6], und fragte man ihn und seine Anhänger, *wohin sie wollten, so antworteten sie: »Nach Jerusalem, das heilige Land zu suchen.«*[7] In kurzer Zeit war beiden ein riesiges Heer zugelaufen: in Deutschland *viele Tausende*, wie die Kölner Königschronik festhielt[8], *eine grenzenlose Zahl*[9], in Frankreich *um die dreißigtausend*, wie Alberich von Trois-Fontaines vermeldet[10]: die Volksbewegung, die einst Peter von Amiens geschaffen und die in den folgenden, kühler kalkulierten Kreuzkriegen keinen Platz mehr gehabt hatte, wucherte noch einmal herauf. Und es waren eben nicht nur *Knaben und Mädchen*, wie der Begriff des Kinderkreuzzugs es will, *Kinder beiderlei Geschlechts*[11], *von sechs Jahren und darüber bis zum mannbaren Alter*[12], sondern *bald darauf auch Männer und Frauen*[13], *Knechte und Mägde aus ganz Deutschland und Gallien*[14]; *Gesindel und schlechte Menschen schlossen sich ihnen an*[15], *nicht nur Minderjährige, sondern auch Erwachsene*[16], weshalb der Chronist Alberich auch ganz allgemein von *Unmündigen* redet[17], einer in religiösen Zusammenhängen ziemlich umfassenden Gattung: *eine Riesenmenge von Pilgern*[18] kam zusammen. Die Annalisten der Zeit verlassen in ihren spärlichen Nachrichten erstaunlich das ›Prinzip der Nichteinmischung‹, jene unerschütterliche Indolenz, die sie den heutigen Kollegen so vorbildlich macht: *läppisch und windig* heißen sie die Expedition[19], ein *lachhaftes Unternehmen törichter Knaben*[20]; ein *teuflischer Instinkt*[21] habe sie getrieben, *ich weiß nicht, wessen Einflüsterungen*[22], *ich weiß nicht, welcher Geist*[23], – dabei wäre das so schwer nicht zu erraten gewesen. Doch es hieße vorschnell urteilen, wollte man hinter solchen näheren Bestimmungen das Mitleid der Humanität vermuten; weit eher war es der Ärger der Geistlichen, bei diesem Kreuzzug selber keine Rolle gespielt zu haben, weder als Anreger noch als Führer: kein Kleriker *hatte dazu aufgerufen oder gepredigt*[24]; *ohne alle Vollmacht hatten die Toren das Kreuz genommen, aus Fürwitz eher denn um ihres Heiles willen*[25]; und wo sich einzelne Geistliche und andere *gesünderen Verstandes* dem Unsinn widersetzten und ihn *eitel und unnütz* schalten, warf man ihnen – und schwerlich wohl ganz zu Unrecht – vor, es geschehe *aus Neid und Habsucht eher denn der Wahrheit und Gerechtigkeit zuliebe*[26]. Und *wundersam* fanden sie das Ereignis schließlich alle, *um so mehr, als dergleichen noch nie vernommen ward seit undenklicher Zeit*[27]; und für alle Fälle verzeichneten sie denn doch die Behauptung der Anführer mit, sie handelten *auf göttlichen Befehl*[28] (der Knabe Stephan führte denn auch stets einen der seinerzeit vielgeschätzten ›Himmelsbriefe‹ bei sich), *auf engelisches Geheiß*[29], *nicht aus Leichtsinn, sondern aus*

Frömmigkeit und himmlischer Inspiration[30]. Wirklicher Widerstand ließ sich vom Klerus auch kaum erwarten, wo schließlich der Papst selbst Beifall rief. Als Gerüchte von der Bewegung nach Rom drangen, sagte Innozenz seufzend: *»Diese Knaben beschämen Uns, denn dieweil sie eilen, das Heilige Land wiederzugewinnen, liegen Wir im Schlafe!«*[31] – dies letztere eine üble Beschönigung, denn der oberste Kriegshetzer der Zeit schlief keineswegs, er ›ruhte‹ nicht einmal aus. So blieb der Widerstand bei den wenigen, deren animalische Menschenliebe der Wahn noch nicht hatte zerstören können, bei *den Eltern, den Verwandten und Freunden* der Befallenen. Doch umsonst: *Die einen ließen Pflug und Gespann im Stich, die andern das Vieh, das sie hüteten, oder was sie sonst unter den Händen hatten, und lief einer hinter dem andern her und zeichnete sich mit dem Kreuze*[32] …

Der französische Zug plagte sich durch den heißen Sommer bis nach Marseille – (der Knabe Stephan reiste selbstredend im Wagen, unter einem Sonnendach, wie es Führernaturen geziemt; das gemeine Volk ging zu Fuß). Daß sich das Mittelmeer zu teilen säumte, wird vom Chronisten nicht eigens vermerkt; er hatte es vermutlich nicht anders erwartet, da ja dem Kreuzzug die kirchliche Approbation fehlte. Der dadurch gegebenen Verlegenheit wußten zwei Marseiller Kaufmänner abzuhelfen, Reeder mit Namen Hugo der Eiserne und Wilhelm das Schwein: sie erboten sich, das Infantenheer *um Gottes willen und sonder Lohn über das Meer zu führen*, und *füllten mit ihnen sieben große Schiffe*. Zwei davon zerschellten nach kurzer Fahrt in einem Sturm an den Klippen der Insel San Pietro, und alle Insassen ertranken; den Rest der Flotte steuerten die beiden Geschäfts-Freunde nach Bougie in Algerien und nach Alexandria, wo sie *die Kinder alle den Fürsten und Kaufleuten der Sarazenen verkauften*. Ihr weiteres Schicksal ist nur lückenhaft bekannt. Nach achtzehn Jahren kehrte ein Kleriker aus der Schar in die Heimat zurück und erstattete Bericht: danach hatten bereits im ersten Jahr *achtzehn Kinder bei einer Fürstenversammlung der Sarazenen zu Bagdad auf verschiedene Weise den Märtyrertod erlitten, darum daß sie um keinen Preis wollten von ihrem christlichen Glauben lassen* – (der geistliche Herr legte Wert auf die Feststellung, *daß überhaupt, soweit er gehört habe, keines der Kinder vom Christentum abgefallen sei:* Trost im Unglück). Die Kleriker, 400 an Zahl, hatte sämtlich *der Kalif* gekauft: der Statthalter von Ägypten, Salah ad-dins Neffe Al-Kamil; *er wollte sie so von den andern absondern* – eine Quarantänemaßnahme, deren menschenfreundlicher Sinn wohl einleuchtet. Im Jahre 1230 lebten von den ausgezogenen 30 000 Unmündigen noch 700 – *nicht Kinder mehr, sondern jetzt Menschen rüstigen Alters*, wie der Chronist unnachahmlich konstatiert – um sodann zu schweigen[33] …

Ähnlich dunkel blieb das Geschick der deutschen Scharen. *Viele gingen unterwegs durch die Sommerhitze sowie an Hunger und Durst zugrunde; andere gelangten über die Alpen nach Italien, wurden von den Lombarden ausgeraubt und vertrieben und kehrten mit Schande beladen wieder heim*[34]: die Mädchen, *die als Jungfrauen ausgezogen waren, vielfach schwanger*[35]. Fragte man sie daheim *nach dem Grunde ihres Zugs, so sagten sie, sie wüßten's nicht*[36] … Der Hauptheld Nikolaus erschien mit einer schon sehr zusammengeschmolzenen Schar in Genua (*über siebentausend nach der Schätzung eines guten Mannes*[37]); doch auch hier wollte sich das Meer nicht teilen, und der Zug begann sich weiter aufzulösen: *sie zerstreuten sich über Städte und Ortschaften, und viele wurden von den Einheimischen als Knechte und Mägde festgehalten*[38] – genauer: als Sklaven. Ein Rest sprach in Rom beim Papst vor – bereits *in der Erkenntnis, daß ihre Mühe abgeschmackt gewesen und nichtig*[39]. Doch Innozenz, der sonst keinen Augenblick zögerte, die schwersten Eide zu lösen, wenn er Gründe dafür hatte, *sprach sie dennoch keineswegs von ihrem Kreuzesgelübde frei, mit Ausnahme nur der Knaben, die minderer Jahre waren, und jener Pilger, die Altersschwäche drückte*[40] – die ersteren erhielten, einer anderen Nachricht zufolge, die Auflage, *später, wenn sie zu Jahren gekommen, doch noch als Kreuzfahrer über das Meer zu ziehen*[41]. Nikolaus selbst soll hernach noch *fast zwei Jahre bei der Eroberung von Damiette wacker gekämpft haben und endlich wohlbehalten heimgekehrt sein*[42]; die von ihm Verführten sind in der Finsternis der Geschichte verschollen. *Welch Ende sie nahmen, gilt für ungewiß; eins nur steht fest – daß von vielen Tausenden, die ausgezogen waren, kaum eine Handvoll zurückkehrte*[43] *... Daraus erhellt wohl zur Genüge, daß dieser Zug von der täuschenden List des Bösen Feindes bewirkt ward*[44] – eine Chronistenbilanz, der wenig hinterherzusagen wäre, es sei denn eine Definition dessen, was auch hier der getäuschten Menschheit Bösester Feind gewesen war ...

Die Katastrophe der Unmündigen: – für den heutigen Blick ist ihre tiefere Bedeutung unschwer zu erkennen; das dürre Letterngestrüpp der Chronistenberichte täuscht allenfalls

Historiker noch darüber weg. Daß sie jedoch – und wie sie vom mittelalterlichen Massenchristen unverstanden blieb, daß sie nur vom Instinkt der wenigen begriffen wurde, ohnmächtig und wirkungslos, gehört zu dem Tatbestand selbst, für den sie symptomatisch stand: nicht nur der Wirklichkeitssinn, auch die humane Empfindlichkeit war von dem überstandenen Jahrtausend Christentum krankhaft verändert worden. Gelächter habe die wenigen armseligen Heimkehrer empfangen, Spott – berichten die Annalen[45]; ein knappes Halbjahr später war das Abendland reif für einen neuen Kreuzzug. Denn Innozenz schlief nicht. Im Frühjahr 1213 rief eine neue Enzyklika die gesamte Christenheit zum Heiligen Krieg – in Tönen, wie sie selbst in den drei Lustren der Herrschaft dieses Unschuldigen noch nicht erschollen waren. *Weil nunmehr größere Notwendigkeit besteht denn je, dem Heiligen Lande zu Hilfe zu eilen, und größere Hoffnung zugleich denn je, daß aus solcher Hilfe Vorteil erwachse, sehet, so erheben Wir denn erneut Unsere Stimme und schreien zu euch und schreien für Ihn, der da schrie mit ersterbender Stimme am Kreuze, gehorsam Gott dem Vater bis zum Tod am Marterholz, und schrie, auf daß Er uns der Marter des ewigen Todes entreiße, Er, der auch durch sich selber schreit und spricht: »Wer aber mir nachfolgen will, der verleugne sich selbst und nehme sein Kreuz auf sich und folge mir!«* ... So schreit es seitenlang spitzfindig fort, bis allmählich die kühleren Berechnungen vordringen: Erörterungen der Lohn- und Strafmaße sowie Einzelfragen der Werbung – (das alles ging dann in das große Dekret des Laterankonzils ein): diese Erhebung sollte alles Bisherige in den Schatten stellen. Nicht nur ein Volk sollte aufstehen, ein ganzer Erdteil hatte zum Endkampf anzutreten. Die Zeit war endlich gekommen. Denn *wenn auch die Verruchtheit des Lügenpropheten Mohammed, welcher durch weltliche Lockung und fleischliche Lüste gar viele schon zur Abkehr von der Wahrheit verführte, bis auf den heutigen Tag zunahm, so bauen Wir doch auf den Herrn, der Uns ein Zeichen gegeben hat, daß es mit jenem Tiere zu Ende geht, dessen Zahl da ist sechshundertundsechsundsechzig nach der Offenbarung des Johannes, von welchen Jahren schon fast sechshundert sind vollendet*[46] … Fast läßt sich Panik lesen aus dieser abstrusen Kalkulation, aus den immer hektischer ausgeworfenen Phrasennetzen des Obersten Menschenfischers –: könnte er sterben, ohne das letzte große Massaker, die endgültige Vernichtung des Antichrist erreicht zu haben? Immer greller, lauter, gellender wurden seine Einladungen zu den Leichenfeldern des Ewigen Lebens: »… vielleicht ihm vor der Stille graut', / seit er die Welt so still gemacht?« Bei keinem der Großen Menschenschädiger der Catholica ließe sich das Bildnis der Schuld so differenziert betrachten wie bei diesem klügsten, empfindsamsten, ›größten‹ der Apostolischen Väter. Die Skrupel, die ihn zerfraßen – zuletzt vermochte er sie darum mit solcher Gewalt zu überwinden, weil sie ihn zerfraßen; gerade daß er, in der Einsamkeit des Laterans, das Gehör besaß für die Flüche, die sich an seinen Namen hefteten auf den Schlachtstätten des Abendlandes, ließ ihn sie mit solcher Macht überhören; und die Gewissensfähigkeit selbst erzwang jenes immer gleiche Ende, das Lenau in seiner großen Dichtung beschrieb: er »nahm 's Gewissen in die Faust / und sprach gelassen: Amen, Amen«[47] …

Während seine Kreuzprediger durch ganz Europa ausschwärmten, setzte der Papst sich hin und schrieb einen Brief an Al-Adil, den *edlen Sultan von Damaskus und Babylon*, und entbot ihm *Furcht und Liebe des göttlichen Namens.* Nach einleitenden Hinweisen auf die theologische Autorität des Propheten Daniel teilte er ihm mit, Jerusalem sei zwar seinerzeit vom Allerhöchsten in die Hände Saladins gegeben worden, doch nicht etwa, weil dieser sich als besonders qualifiziert dafür erwiesen habe, sondern einzig aufgrund der Sünden des Christenvolkes, durch welche Er, Gott, in Wut gebracht worden sei; nun jedoch hege er, der Papst, begründete Hoffnung, diese göttliche Wut wieder zu besänftigen, und fordere den Sultan auf, das damit gegenstandslos gewordene Strafobjekt – nämlich das Heilige Land – wieder herauszugeben: *auf daß nicht um dessen anmaßlicher Vorenthaltung willen noch mehr Menschenblut vergossen werde, als schon bis hierher vergossen ward*[48] … Doch dieser Logik vermochte der Sultan sich nicht anzuschließen, und der Versuch des Papstes, als milde korrespondierender Friedensfürst dazustehen, blieb ohne den *Effekt*, den seiner Antwort beizufügen er den Briefpartner ersucht hatte. Weniger wirkungslos blieb die Kreuzpredigt selbst. In Deutschland trommelte der Scholastiker Oliver von Köln; in Frankreich war es der Kardinal Robert de Courson, und er demonstrierte, wie Innozenz sich das Heilsheer vorstellte, das die letzte Große Schlacht zu schlagen hatte: wahllos verteilte er das Kreuz an alles, was christlich genug war, es anzunehmen – an Lahme und Blinde, an Kinder und Weiber und Greise, ja auch an Verbrecher. Es war tatsächlich so etwas wie ein ›letztes Aufgebot‹: die letzte, irre Konsequenz der Entwicklung. Ihr System zu geben, trat vom 11. bis 30. November 1215 das IV. Laterankonzil zusammen, eine geballte Machtparade der Catholica, die größte, die das Abendland bisher gesehen hatte: 70 Patriarchen und Erzbischöfe, über 400 Bischöfe, über 800 Äbte vereinigten ihren Willen, um Europa Gesetze zu geben. Der Papst, *gesetzt über Völker und Königreiche*, hatte sein Werk vollbracht: die Sonne der Priesterherrschaft stand stechend im Zenit. Noch in die Sprache der 70 Capitula ist etwas vom absoluten Souveränitätsbewußtsein dieser Herrschaft eingegangen: so schneidend, so schroff, so mit eisigen Verfluchungen durchsetzt hat die Kirche immer nur dann geredet, wenn sie keine Instanz mehr über sich wußte; selbst die bunte Blumigkeit der innozentischen Floskelwucherungen ist darin zu welker Dürre geschrumpft. Das alles aber (und es kann hier nicht weiter auf den Inhalt eingegangen werden, so sehr dieser auch – bei den Beschlüssen gegen Ketzer und Juden etwa – zum Thema gehört: dem Krieg der Kirche gegen die Menschheit) – das alles wird überschattet von dem einen riesigen Schlußdekret über *Die Expedition zur Wiedergewinnung des Heiligen Landes:* sie zu organisieren war der eigentliche Zweck des Konzils, alles andere nur Rankenwerk ... *Beseelt von heißem Sehnen nach Befreiung des heiligen Landes aus den Händen der Gottlosen bestimmen Wir nach dem Rate kluger Männer, welchen alle zeit- und örtlichen Umstände vollauf bekannt waren, unter Billigung dieser heiligen Versammlung: es sollen sich alle, die das Kreuz genommen haben und entschlossen sind, über das Meer zu ziehen, an den Kalenden des Juni übernächsten Jahrs im Königreiche Sizilien zusammenfin-*

den, je nach Ratsamkeit die einen bei Brindisi, die andern aber bei Messina, bzw. in beider Städte Umgebung, woselbst auch Wir persönlich, so Gott will, Uns einzufinden gedenken, damit durch Unseren Rat und Beistand das Christliche Heer zu heilsamer Ordnung gelange und mit dem Göttlichen und Apostolischen Segen von dannen ziehe ... Wenn diese Bestimmung von Zeit und Ort noch scheinbar suaviter in modo klang, so folgte sehr rasch das Fortissimo in re – etwa so: *Auf daß aber dieser heilige Vorsatz keine Behinderung oder Verzögerung erfahre, befehlen wir allen Prälaten der Kirchen mit Strenge, die zur Kreuznahme Entschlossenen ... voll Eifer zur Erfüllung ihrer Gelübde vor Gott anzuhalten und zu bewegen und, wofern notwendig, durch Exkommunikation und Interdikt ohn' alles Zögern zu nötigen*. Zur Vermeidung weiterer Behinderungen wurde kurzerhand *ein allgemeiner Friede im gesamten christlichen Erdkreis für die Dauer von mindestens vier Jahren* verfügt –: zu solchen Maßnahmen konnte sich die Kirche versteigen, wenn es um ihre eigenen Kriege ging. Zur Vermeidung weiterer Behinderungen wurden ferner *mit Kirchenausschluß und Bannfluch alle jene falschen und gottlosen Christen belegt, welche wider Christum selbst und das Christenvolk den Sarazenen Waffen, Eisen und Schiffsbauholz liefern*, und darüber hinaus, ebenfalls bei Strafe des Großen Fluchs, sämtliche Handelsbeziehungen zum Orient verboten –: zu solchen Maßnahmen konnte sich die Kirche versteigen, wenn es um ihre eigenen Kriege ging. Von der Schärfe der Verfügungen blieben auch die Kleriker nicht ausgenommen: ohne Unterschied ihres Ranges hatten sie den zwanzigsten Teil ihrer Bezüge auf drei Jahre an die Expedition abzuführen; der Papst selbst (der überdies aus seiner privaten Sparkasse 30 000 Pfund[49] zu spenden versprach) und die Kardinäle sollten gar ein volles Zehntel zur Verfügung stellen. Auch die Juden wurden nach traditioneller Weise geschröpft: *Wir befehlen, sie durch die weltliche Macht zum Erlaß ihrer Zinsen zu zwingen; und bis dies geschehen ist, sei allen Christgläubigen bei Strafe der Exkommunikation jegliche Gemeinschaft mit ihnen untersagt.* Den Heilsofferten für die Kreuzfahrer kam, der allgemeinen Eskalation entsprechend, eine Spitzenleistung hinzu: diesmal winkte auch allen, die lediglich *nach Vermögen geeignete Männer* zur Kreuzfahrt ausrüsteten, *die volle Vergebung ihrer Sünden*[50] ... (das hat dann nur noch Innozenz IV. bei seinem Kreuzzug gegen den Kaiser Konrad übertroffen: da ließ er sogar die Eltern der Kreuzfahrer an den Gnadengaben teilhaben). Der Wahn begann sich zu überschlagen.

Als die Kirchenfürsten am 30. November auseinandergingen, stand der Apostolische Vater – *der Vater der Stadt und des Erdkreises*[51] – auf dem Gipfel seiner Macht; kein Papst ist, vor oder nach ihm, jemals zu solchen Höhen gelangt. Ein Halbjahr später, am 17.7.1216, kam Jakob von Vitry auf einer Reise *in eine Stadt namens Perugia und fand dort den Papst Innozenz gestorben –: er war noch nicht bestattet; Unbekannte hatten ihn bei Nacht heimlich der kostbaren Gewänder beraubt, in denen man ihn aufgebahrt, und seinen Leib fast nackt und stinkend in der Kirche zurückgelassen. Ich trat in die Kirche ein und hatte so recht vor Augen, wie kurz doch und eitel der trügerische Ruhm sei dieser unserer Zeit*[52] ...

Innozenz starb, und Honorius setzte fort: *ein Greis,*

gottesfürchtig und gut, von sehr einfachem und gütigem Gemüte[53] ... Daß man *Unseren wie sehr auch unzulänglichen Schultern diese Last aufgebürdet habe*[54], klang in seiner Stuhlbesteigungsannonce, einem alten Floskelbrauch folgend, viel seufzender als gemeint; in Wirklichkeit schritt er sogleich sehr rüstig aus, und bereits einen Tag nach seiner Konsekration ging an Johann von Brienne, den gegenwärtigen König von Jerusalem, ein Schreiben ab, das dessen Herz aufforderte, sich *nicht zu grämen ob des Hinscheidens Unseres Vorgängers und nicht Angst zu haben, daß dadurch etwa der Hilfszug ins Heilige Land könnte vereitelt sein; denn wenn auch Unser Vermögen dem seinen nachzustehen scheinet, so trachten Wir doch mit nicht geringerem Verlangen nach der Befreiung denn er*[55] ... Die Kreuzpredigt wurde fortgesetzt, und namentlich Bischof Jakob von Vitry entfaltete auf seiner Italienreise eine rege Werbetätigkeit, vom neuen Papst mit Titel, Vollmacht und Gefolge ausgestattet. Vor Genua spannten ihm die Bürger, eben mit der Bestürmung eines Kastells beschäftigt, seine Pferde aus, und er vergalt es ihnen mit milder Pfiffigkeit dadurch, daß er unverzüglich ihre in der Stadt zurückgebliebenen Frauen bepredigte, auf die er stark wirkte, und ihnen sämtlich das Kreuz anheftete; den Ehemännern blieb nach Rückkehr verständlicherweise nichts übrig, als sich das gleiche gefallen zu lassen, und Bischof Jakob freute sich sehr, eine so reiche Seefahrerstadt für den Heilsplan gewonnen zu haben: *Ob ich schon ihre Mundart nicht kannte, wurden doch viele Tausende zum Herrn bekehrt und nahmen das Kreuzeszeichen*[56] ... Doch die große Massenbewegung, die Innozenz beschworen hatte, wollte nicht zustande kommen; sie blieb ein gestaltlos chaotisches Brodeln. Die Könige des Abendlandes waren mit ihren eigenen Untaten vollauf beschäftigt, und so ausdauernd Honorius auch korrespondierte, am Ende fand sich zum vorgesehenen Termin nur einer von ihnen bereit, im Heiligen Land um sich zu schlagen: Andreas II. von Ungarn. Der hatte das Gelübde schon vor zwanzig Jahren von seinem Vater Bela III. übernommen, sich aber von Innozenz immer wieder dispensieren lassen; jetzt endlich wollte er sich zur Erfüllung bequemen, und am 3.11.1217 schritt er, gemeinsam mit dem kurz vor ihm eingetroffenen Herzog Leopold von Österreich, zu Akkon *barfuß unter frommer Ehrenbezeigung von Klerus und Volk dem lebensspendenden Kreuzesholz entgegen*[57], das der Patriarch von Jerusalem durch das Gelände trug – (einer Fälschung vermutlich, wie schon früher erwähnt: seit dem Verlust des heiligen Gegenstandes vor dreißig Jahren bei Hattin taucht hier in den Chroniken erstmals wieder ein Überbleibsel auf): der gottgefällige Feldzug konnte beginnen.

Er war die letzte europäische Kriegsunternehmung auf dem Boden der Heiligen Landschaft; er hätte die größte werden sollen, die alles entscheidende, allergewaltigste der Bewaffneten Wallfahrten, und wurde eine Farce. Fernab vom Schauplatz beschlossen, und eben keineswegs *von klugen Kennern der zeit- und örtlichen Verhältnisse*, wie Innozenz auf dem Laterankonzil behauptet hatte (die Informanten der Kurie konnten sich den Friedenswillen des Sultans Al-Adil nun einmal nur als Schwächebekenntnis vorstellen; die Heiden, schrieben die Templer nach Rom, *wollten das Heilige Land lieber in die Hände des Herrn Papstes geben denn es behalten*[58]), kam er im Grunde niemandem gelegen, und die Barone des Jerusalemer Restreichs verkannten keinen Augenblick das Unnütze und Gefährliche einer solchen Provokation, zumal auch den einfältigsten Kriegsenthusiasten mit der Zeit die Erkenntnis dämmerte, daß ihre Kräfte, zuzüglich aller Unterstützung Gottes, zur wirklichen Entscheidungsschlacht, der um Jerusalem, nicht ausreichten. Doch Al-Adil ließ sich nicht hinreißen. Sei es, daß ihm die Mentalität des Königs Andreas genügend präzise geschildert worden war, sei's, daß ihm der Ausgang doch zu ungewiß erschien – er traf lediglich Sicherungsvorkehrungen für Jerusalem und Damaskus und ließ im übrigen seinen in Syrien regierenden Sohn Al-Muazzam – den *Coradinus* der Chronisten – jeder Schlacht ausweichen. Für die Heilsprotokollanten sah das so aus, als habe dieser *die Gegenwart dreier Könige, nämlich des von Ungarn, des von Jerusalem und des von Zypern* (eines Bürschchens namens Hugo, das sich die Weltpolitik nicht ohne seine Mitwirkung vorstellen konnte) *nicht ertragen, also daß er die Flucht ergriff und das Land den Christen zur Verwüstung überließ*[59]: Friedensliebe gleich Schwächebekenntnis. Die Christen verwüsteten das Land entsprechend ungehindert, plünderten die Stadt Beisan (am 4.11.) und überschritten den Jordan, in dem sie ein sicher ebenso heilbringendes wie hygienisch angebrachtes Bad nahmen (am 10.11.). Anschließend zogen sie zum See Genezareth und besichtigten *die Stätten, da unser Erlöser gewandelt* (einschließlich des Sees selbst, auf dem er gewandelt war), um sodann *mit Beute und vielen Gefangenen nach Akkon zurückzukehren*[60] – König Andreas in sehr glorioser Stimmung, hatte er sich doch einen schier unschätzbaren Reliquienhort zusammengeplündert: darunter nicht nur

Leichenteile der heiligen Margarethe, des heiligen Thomas und des heiligen Bartholomäus, sondern auch ein Fragment von Aarons Stab sowie einen vollständigen Wasserkrug von der Hochzeit zu Kana. Der im übrigen völlig sinnlose Zug brachte wieder einmal nur Elend über Besiegte. Die einzige menschliche Handlung, die sich in den Berichten feststellen läßt, bestand darin, daß der gute Bischof Jakob *die Kinder unter den Gefangenen, soweit er sie freibitten oder -kaufen konnte, taufte und unter gottesfürchtige Frauen verteilte*[61]: so bewahrte er sie vor dem Sklavenschicksal.

Wie eh und je hatten sich die drei gekrönten Beutegeier längst darüber zu zanken begonnen, wer von ihnen die schärfsten Krallen habe, und König Johann erboste es sehr, daß ihn die zugereisten Truppen nicht als Obersten Befehlshaber der heiligen Wehrmacht anerkennen wollten. So unternahm er den zweiten Zug jetzt im Alleingang, wenn auch mit geistlichem Beistand reich versehen: *Voran zog der Patriarch mit dem Zeichen des Kreuzes, hinterdrein folgten die Bischöfe und Kleriker, betend und psalmodierend*[62]. Angriffsziel des Betens und Psalmodierens war eine arabische Festung auf dem Berge Tabor, und da sogar die Matthäus-Lektion zum eben gefeierten Ersten Advent (2.12.) sich wundersam beziehungsreich ausdrückte (*»Gehet hin in den Flecken, der vor euch liegt«* – vom scholastischen Chronisten zweckmäßig verfälscht in *»Ite in castellum quod contra vos est«*[63]), war es klar, daß Christus selbst, *der einst diesen Berg so glorreich bestiegen, uns durch die Posaune des Evangeliums einlud, ein gleiches zu tun*[64]. Doch die Erstürmung wollte nicht recht gelingen, und dem Chronisten ging der Verdacht auf, daß man die Einladung mißverstanden haben müsse: ob *durch Menschenrat oder Gottesurteil die Unseren von der Bestürmung abstanden und ruhmlos wieder hinunterstiegen, weiß ich nicht. Dies aber weiß ich, daß der Abgrund der göttlichen Ratschlüsse von den Augen des menschlichen Verstandes nicht kann durchdrungen werden. Auch möchte ich stark annehmen, daß Christus sich selber allein den Triumph des Berges vorbehalten hat, den er mit wenigen Jüngern erstieg, daselbst in Herrlichkeit seine Auferstehung zu zeigen*[65] … Sehr verdrossen traf das Heer am 7.12. wieder in Akkon ein.

Der dritte Zug entbehrte auch des Beistands der Geistlichkeit. Vollauf mit dem nahenden Weihnachtsfest beschäftigt, fanden der Patriarch wie *die heiligen Bischöfe* nicht genügend Muße, um der ausrückenden Horde die Kreuzesreliquie voranzutragen, und der Chronist verzeichnet den Umstand in einem Ton, als sei der Fehlschlag des Unternehmens eben darauf zurückzuführen. Rund fünfhundert Ungarn zogen, entgegen dem Rat der befragten Zeit- und Örtlichkeitskenner, gegen die südöstlich von Sidon gelegene Festung Scharkif Arnun; Winterstürme schwächten sie, ein Überfall rieb sie auf; nur drei Mann sollen sich nach Sidon gerettet haben. Da wollte es den König Andreas, der weihnachtshalber für diesen Zug ebenfalls nicht abkömmlich gewesen war, nun doch bedünken, daß für sein Heil genug geschehen sei: zusammen mit der Majestät von Zypern und *einer großen Menge Pilger* reiste er Anfang Januar, wohl schwerlich *dem Land der Verheißung zum Schaden*[66], nach Tripolis, um dort dem Fürsten Bohemund von Antiocheia Hochzeit feiern zu helfen, und kehrte dann, nachdem ausgiebig getafelt worden und König Hugo dabei jäh verstorben war, über Kleinasien nach Ungarn zurück – die Bürde seiner Reliquien ebenso wohlgemut ertragend wie den Bannfluch, den der Patriarch von Jerusalem ihm nachschleuderte.

Das übriggebliebene Heer fühlte sich nach diesen glorreichen Unternehmungen zu Recht unbefriedigt. Zum erhofften Großen Krieg nicht imstande, sahen die Bewaffneten Wallfahrer ihre Heils- und, schwerer wiegend, ihre Beuteaussichten bereits bedenklich schwinden, als im April und Mai 1218 plötzlich sehr namhafte Verstärkung in Akkon eintraf: eine dreihundert Schiffe starke Flotte von Friesen und Rheinländern. Die frommen Reisenden, geführt von den Grafen Wilhelm von Holland und Georg von Wied, geistlich betreut von dem schon erwähnten Kölner Scholastiker Oliver, waren unterwegs verschiedentlich aufgehalten worden – in Portugal, wo sie mit Hilfe *des allmächtigen Gottes, welcher den Hoffärtigen widersteht, doch den Demütigen Gnade schenkt*[67], die Festung Alcacer eroberten (am 21.10.1217) und durch eine Reihe von Schlachten und Städteverwüstungen den Unglauben verminderten. In Akkon empfing man sie mit unverfälschtem Wohlwollen. Durch den Anblick der riesigen Flotte animiert sowie auf ausdrückliches *Anraten des heiligen Geistes*[68], der sich damit eine Auffassung des verewigten Richard Löwenherz zu eigen machte, beschlossen die Herren nunmehr, den Auftrag des Laterankonzils zu erfüllen und eine Expedition nach Ägypten zu unternehmen. Nach eiligen Zurüstungen segelte die Flotte in einzelnen Etappen los, und die ersten Schiffe konnten bereits *nach drei Tagen*, am 28.5.1218, *unter Führung Christi und Ausnützung günstiger Winde bei*

Damiette landen[69]: einer *herrlich schönen und schwerbefestigten Stadt, welche im Innern und nach außen mit ungezählten Türmen geschmückt war und flußwärts eine doppelte Mauer, zum Lande hin aber eine dreifache hatte*[70]. Die Chronisten, die den Zug – nach derselben Grundquelle – beschrieben haben, schwärmen gerade bei der Charakterisierung der Stadt in sehr durchsichtig inspirierte Varianten aus: hier sei der zentrale Verkehrsknotenpunkt der *von Indien kommenden und nach Syrien, Antiocheia, Armenien, Griechenland und Zypern bestimmten Schiffe* gewesen; von hier habe *der König von Babylon* (= der Sultan in Kairo) *seine größten Einkünfte bezogen;* sie sei *gleichsam Haupt und Schlüssel von ganz Ägypten* gewesen[71], *aller Städte Ägyptens oberste Herrin*[72]. Das alles war zumindest reichlich übertrieben, und eben diese Übertreibung läßt etwas von dem erkennen, was selbst nicht eingestanden werden konnte: von dem dämmrigen Bewußtsein, daß hier ein Krieg begonnen wurde, der mit der ›Befreiung des Heiligen Landes‹ nur noch durch eine sehr magere strategische Theorie zusammenhing. Einen zweiten Kriegsschauplatz zu schaffen, nachdem der erste nur noch mühsam zu halten war, dürfte, selbst ein hohes Quantum Verblasenheit vorausgesetzt, keinem der christlichen Heerführer als besonders praktische Lösung erschienen sein; und daß man gar den gesamten Südflügel des islamitischen Herrschaftsgebäudes demolieren, d. h. ganz Ägypten besetzen und auf die Dauer besetzt halten könnte, war schwerlich mehr als der tolle Einfall eines gelegentlichen Siegesrausches, den selbst dürftige Geographiekenntnisse bald wieder reduzieren mußten. Nein, den Krieg gegen Damiette dirigierten zuletzt einzig jene Motive, die Urban, der erste Kreuzzugspapst, einst noch ausdrücklich verworfen hatte; er war ein ordinärer Beutekrieg, der, wie alle Beutekriege, unter bewährtem höheren Vexill geführt wurde; er wurde geführt *um der Ehre und des Geldes willen*[73] ...

Es ging nicht mehr um Jerusalem. Das zeigte sich deutlich spätestens im Herbst 1219, als Al-Kamil, der Sohn und Nachfolger Al-Adils, den Christen eine erstaunliche Friedensofferte machte: er wollte ihnen, wenn sie nur endlich abzögen und Ruhe gäben, *das heilige Kreuz, welches einst beim Siege Saladins gewonnen worden, mitsamt der Heiligen Stadt und allen Gefangenen, die noch im Reiche Babylon und Damaskus könnten lebend gefunden werden, sowie die Kosten für die Wiederherstellung der Mauern Jerusalems zurückerstatten* – (die letzteren hatte er im März schleifen lassen, vorsorglich, um den Christen, falls es denn geschehen mußte, keine Festung zu überlassen); *außerdem das gesamte Königreich Jerusalem bis auf Karak und Montroyal*[74] ... Dies geschah zu einem Zeitpunkt, wo die Abendländer zwar einen Sieg errungen, den Krieg jedoch noch keineswegs gewonnen hatten. Am 25.8.1218 war der berühmte ›Kettenturm‹ von Damiette gefallen –: die Araber setzten dem Erlösungsanliegen der Belagerer – *mutig in ihrem Gotte Mohammed*[75], meint der geistliche Chronist, der wie alle seine Amtskumpane angeblich vor Antritt der Reise den ganzen Koran hatte lesen müssen – zwar hartnäckigen Widerstand entgegen, nach Meinung desselben Chronisten *eine Gotteslästerlichkeit, welche der Patriarch mit seinen Predigern dämpfte*; doch umsonst: das *diabolische Feuer* – nämlich das griechische, eine Art Napalm, das gegen die

Belagerungsgeräte gerichtet wurde – löschten die Heilsbringer *mit den Tränen, unter denen sie den heiligen Bartholomäus anriefen*[76] – und dagegen war natürlich kein Aufkommen. *Die im Turme Eingeschlossenen baten um Unterhandlung und ergaben sich gegen Zusicherung ihres Lebens. Einige aber stürzten sich dennoch aus dem Fenster und entkamen, soweit sie schwimmen konnten, über den Fluß*[77]. Dies ›Dennoch‹ war angebracht; denn: *Im Turme wurden dann etwa hundert Gefangene massakriert*[77] *...: Jauchzet denn und freuet euch in dem Herrn alle, die ihr das von Christi Blut geheiligte Land liebet! Denn der Weg ist uns geöffnet und die Pforte nach Jerusalem durch den Sohn der Jungfrau!*[78] Nach dieser kühnen Behauptung beschloß der Chronist seinen Bericht; die Folgeereignisse paßten zu wenig dazu, als daß sich ihre Verzeichnung empfohlen hätte. Der sie weiter beschrieb, Oliver von Köln, drückte sich vorsichtiger aus: zwar riet auch er zu allgemeinem Jauchzen und Frohlocken, doch nur, *weil uns der Schlüssel Ägyptens gegeben ist*[79] ... Es ging nicht mehr um Jerusalem.

Den greisen Al-Adil traf bei der Nachricht vom Fall des Kettenturms der Schlag: am 31.8. *starb der Enterber seiner Bruderssöhne und Usurpator der Reiche Asiens und ward in der Hölle begraben*[80]: ein Mann, dessen Lebenswerk die Befriedung des islamitischen Orients gewesen war und der sein Lebenswerk an der Bekriegung des islamitischen Orients durch die Christen scheitern sah. Doch die Stadt Damiette hielt sich weiter; sie hielt sich immer noch, als Al-Kamil der Wiederherstellung des Friedens ein Opfer zu bringen bereit war, das mit einem Schlag die kühnsten der angeblichen Träume Roms erfüllen mußte: es war, im

Herbst 1219, bereits das zweite dieser Art. Es wurde abgelehnt. Denn im Heer der Christen hatte ein Mann den Oberbefehl an sich gebracht, der, ebenso primitiv wie fanatisch, ebenso eitel wie ehrgeizig, unter der Befreiung des Heiligen Landes den Erwerb strategischer Lorbeeren begriff: *der verehrungswürdige Herr Pelagius, Kardinalbischof von Albano und Legat des Apostolischen Stuhls*[81]. In ihm vollendete sich der Herrschaftswahn der Kurie, ihm war es beschieden, das eigentliche Kriegsziel dieses Kreuzzugs zu entlarven: den Krieg an sich. Ein *rechtschaffenes Verlangen, die Stadt Damiette zu belagern*[82], rühmte sein Geistesgenosse Oliver ihm nach; *gemeinsam mit dem Patriarchen, den Erzbischöfen, Bischöfen, Templern und Hospitalitern, mit allen italischen Kapitänen* (die unter der Befreiung des Heiligen Landes die Errichtung von Handelsniederlassungen in Ägypten begriffen) *und vielen anderen klugen Männern widersetzte er sich nachdrücklich dem Angebot und legte nüchtern dar, daß vor allem andern Damiette genommen werden müsse*[83], und König Johann mit seiner Partei, der für den Friedensschluß gewesen war, gab nach, wie er schon in der Führungsfrage nachgegeben hatte. Vor allem andern mußte Damiette genommen werden.

Es wurde genommen, am 5.11.1219, *unter der Regentschaft des Erlösers der Welt und der geschickt verwalteten Legatur des Bischofs Pelagius*[84]. Hunger und Seuchen hatten die Stadt in einen Friedhof verwandelt: *außer denen, welche lebend ergriffen wurden, schätzte man die Toten beiderlei Geschlechts, welche ohne Eisen oder Feuer der HErr hinstreckte, auf dreißigtausend und darüber*[85]; und Herr Pelagius machte dem Klerus von Genua die briefliche Mitteilung, es seien *durch das Schwert so viele Sarazenen umgekommen, daß es selbst Uns mißfiel*[86], was wahrhaftig einiges heißen wollte. Die Plätze der Stadt, die sich bei Ankunft der Kreuzfahrer *immergrünender Auen, Gärten und Obsthaine, Palmen und herrlicher Bäume erfreut* hatte[87], waren *mit den Leichen Verseuchter und Verhungerter bedeckt*[88] *...: ein Sieg, welcher ersichtlich allein dem Sohne Gottes zuzuschreiben war*[89]. Nach einigen Komplimenten an die Stadt Köln, die zu diesem Ereignis *mehr beigetragen hatte denn das gesamte übrige Teutonenreich*[90], und der Aufforderung an die Universale Kirche, zu frohlocken und angemessen würdige Dankesfeste zu begehen, beschloß auch dieser Chronist seinen Bericht; die Folgeereignisse paßten zu wenig dazu, als daß sich ihre Verzeichnung empfohlen hätte. Die Beute war gewaltig; rund vierhunderttausend Goldstücke füllten die Heereskasse – ungeachtet der Schätze, die sich die Kreuzfahrer solistisch zusammenplünderten: denn sie *fanden die Stadt voll Gold und Silber, voll serischer Stoffe und kostbarer Edelsteine, welche das Heer Christi gewann, Ägypten aber einbüßte*[91]. Dafür erwies sich der Sklavenhandel als weniger blühend: von den ursprünglich fünfundvierzigtausend Einwohnern von Damiette lebten keine zehn Prozent mehr, und auch diese waren großenteils todkrank. Bischof Jakob wiederholte auch hier die Kindertaufe und rettete so wenigstens, was unter christlichen Umständen noch zu retten war. Pelagius aber fühlte sich als Größter Feldherr aller Zeiten und ließ sich vom Papst geschmeichelt als Zweiter Josua feiern ... Doch der Krieg war nicht gewonnen. Er ging weiter, Schlacht um Schlacht, und als Al-Kamil sein Lager nilaufwärts nach Al-Mansura verlegte, erwies es sich bald, daß der gewonnene *Schlüssel zu Ägypten* ganz und gar nicht schließen wollte. Im Christenheer tummelten sich derweil die üblichen Querelen: die einzelnen Kriegshaufen gerieten, oft blutig, um kleiner Differenzen willen aneinander, und die Führer konnten sich wieder einmal nicht einig werden, wem von ihnen die Krone des Schlägerruhms gebühre. König Johann von Jerusalem hätte sich gern auch als König Johann von Damiette gesehen; als Pelagius ihm das verleidete und die Stadt zum Kirchenbesitz erklärte, reiste er wutentbrannt ab und kehrte erst nach über Jahresfrist wieder, im Juli 1221, nachdem der Apostolische Vater ihm mit der Zuchtrute des Kirchenbanns gewinkt hatte. Überhaupt herrschte im Lager ein dauerndes Kommen und Gehen. Herzog Leopold, das *Kleinod Österreichs*[92], war bereits im Sommer 1219 wieder heimgesegelt, seines Heils gewiß; andere folgten ihm, und die zahlreichen Neuankömmlinge bewahrten zwar ungefähr die Stärke des Heeres, doch seine Einheit nicht. Das christliche Lager glich einem Tollhaus. Vergebens setzte der Legat geschickt fabrizierte Weissagungen in Umlauf, nach denen nicht nur das Ende des Islam, sondern auch das Jüngste Gericht in Bälde zu erwarten stand; doch der von Pelagius ersehnte Große Marsch auf Kairo wollte sich nicht in Bewegung setzen. Vergebens auch wurde zur Abwechslung einmal wieder die Waffe des Wortes geschwungen: der heilige Franz von Assisi begab sich *unerschrocken und mit dem Schild des Glaubens gerüstet* zum Sultan Al-Kamil, teilte ihm mit, er sei *von Gott gesandt, um ihm und seinem Volk den Weg zum Heil zu weisen und das Evangelium der Wahrheit zu verkündigen*, und erbot sich, zum Erweis der letzteren einen lodernden

Scheiterhaufen zu besteigen: »*Wenn ich dabei verbrenne, so werde dies meinen Sünden zugeschrieben; bleibe ich aber unversehrt, so möget ihr daraus Christum, die Kraft und Weisheit Gottes, den wahren Gott und Herrn erkennen!*« Al-Kamil, *die grausame Bestie, ward milde gestimmt beim Anblick des Gottesmannes und hörte ihn mit aller Aufmerksamkeit tagelang sich und den Seinen Christi Glauben predigen*; da er jedoch Fanatiker nicht gerne brennen sah, beschwichtigte er die Feuerslust des Heiligen und entließ ihn mit reichen Geschenken wieder ins christliche Lager, bedauernd, daß er den Wahren Gott und Herrn im Moment nicht in der gewünschten Weise erkennen könne[93] ... Das Ende kam rasch. Vom neu zugereisten Herzog Ludwig von Bayern unterstützt, konnte sich Pelagius im Frühsommer 1221 endlich durchsetzen, und am 17.7. *zogen an die zweihunderttausend Christen aus, um Kairo, die königliche Stadt, welche auch Babylon genannt wird, zu erobern*[94]. Noch einmal erneuerte der Sultan sein Friedensangebot; noch einmal lehnte der Legat es ab. Er wollte Alles – und bekam Nichts. Und der Chronist hatte diesmal ausnahmsweise recht, in einem ganz konkreten Sinne, als er die alte Erklärungsformel zu Pergament brachte, es seien *mit ganzer Gewißheit ihre Sünden gewesen, durch welche die Christen nun ins Elend gerieten*[95]: der Sultan schnitt ihnen den Rückweg ab – ließ die Nildeiche durchstechen – die Felder fluten –: das Christenlager war plötzlich von Sumpf und Wasser ebenso eingeschlossen wie von einer erdrückenden Heeresmacht. Am 26.8. mißlang ein letzter Ausbruchsversuch; sie waren verloren. Daß der Sultan von seinen Heerführern den naheliegenden Rat erhielt, die Friedensgefährder, nun da es möglich war, bis auf den letzten Mann zu vernichten, ist begreiflich. Doch er tat es nicht; er hielt – irrend in der Erwartung freilich, damit auf die Christen einen nachhaltigen Eindruck zu machen – an der humanen Politik seines Vaters fest und bot ihnen den freien Abzug aus Ägypten sowie einen achtjährigen Waffenstillstand. Am 30.8. wurde der Vertrag geschlossen; am 8.9. erschien Al-Kamil in Damiette, wieder Herr seines Reiches. Im Abendland nahm das allgemeine Jauchzen begreiflich ab und machte dem allgemeinen Lamento Platz, *daß Damiette, welches die Christen mit höchster Anstrengung und vielem Blutvergießen genommen und besessen hatten, dem Sultan von Babylon sei zurückgegeben worden*[96] ... Auch dieser Krieg des Kreuzes hatte nur Opfer gekostet und erbracht, unzählige und sinnlose; das Reich Jerusalem war schwächer als je.

Aber es ging nicht mehr um Jerusalem. Die ›Befreiung des Heiligen Grabes‹, der alte hochpathetische Posaunenton, der einst noch Hoch und Niedrig im Innersten gepackt hatte, war längst zum faden, kraftlosen Alltagsschall geworden – so unablässig setzte die Kirche das bombastische Instrument an den Mund, so unaufhörlich lag sie der Christenheit mit ihrem Gejammer in den Ohren, daß längst kaum einer mehr zuhörte –: von der Entwertung aller Werte durch die Christenpolitik war auch die Scheinvaluta nicht ausgenommen. Nur noch Unmündigen ließ sich die Befreiung Jerusalems als Ideal verkaufen, in einer Welt, die mit den wahren Handelsobjekten und -usancen der Kirche täglich vertrauter wurde –: das hatte der ›Kinderkreuzzug‹ bewiesen. Doch auch ihre Zahl nahm sichtbar immer mehr ab. Als Innozenz 1213 zum Weltkrieg aufrief, stieß das

Volk die Opferstöcke um, die er in den Kirchen hatte aufstellen lassen, um auch die letzten Scherflein zusammenzuklauben; fanatische Kreuzprediger waren ihres unbeschädigten Befindens nicht überall mehr sicher. Bis in die Sprache drang der Verfall der Wertbegriffe ein: die Zeit der Großen Chroniken, der asketisch pathetischen, mit Unschuld zynischen, war vorbei; immer dürrer und langweiliger wurden die Selbstbeschreibungen der Kirchengeschichte; ihr Wortschatz schrumpfte, wurde flach und schal; nur hohle Wortgehäuse stehen noch da, in denen der Marschtritt der Wirklichkeit um so schauriger widerhallt. Das artikulierte zuletzt das Bewußtsein selbst, das anders zu Worten nicht kommen konnte, vom Terror der Inquisition bedroht: das Bewußtsein, daß die Kirche log und trog, sooft sie den apostolischen Mund aufriß. Die Kreuzzugsaufrufe, die das 13. Jahrhundert praktisch pausenlos durchtrommelten, waren nur noch ein Mittel, um Sondersteuern zu erpressen und für die Kurienkriege einzusetzen; die Kurienkriege, gegen praktisch Alle Welt gerichtet, hatten nur noch den Zweck, die Omnipotenz des Papsttums über Menschen und Reiche zu befestigen. Es ging nicht mehr um Jerusalem ... Das zu beweisen, sichtbar für Alle Welt, war einer letzten Wallfahrt bestimmt, einer sonderlichen vor anderen, einer Wallfahrt gen Jerusalem, die gegen den Willen der Kurie unternommen wurde und, obschon ›bewaffnet‹ wie eh und je, gegen den Willen der Kurie ein Krieg nicht mehr wurde: dem Kreuzzug Friedrichs II.

Der große Kaiser, von Nietzsche der »erste Europäer[97]« genannt, der »große Freigeist, das Genie unter den deutschen Kaisern«[98], steht in der Kirchengeschichte nicht so schattenlos strahlend da, wie es seinem geistigen Rang entspräche, dem wahrhaft einzigartigen, alle Kronenträger des Mittelalters überragenden. Er, dem die zeitgenössische Kirchlichkeit den Ehrentitel des *Antichrist* verlieh[99], von dem die zeitgenössische Menschlichkeit erhoffte, er werde einst *wiederkommen mit Macht (... und wäre sein Leib auch in tausend Stücke zerschnitten, ja zu Aschenstaub verbrannt ...)*, er werde *die durch und durch verkommene Kirche reformieren* und werde *die Kleriker aber so ingrimmig verfolgen, daß sie, wofern sie andres nicht haben zur Verhüllung, mit Kuhmist ihre Haarkränze und Tonsuren bedecken werden, damit man sie nicht als Priester erkenne*[100] – er hat der menschenquälenden Kirche Zugeständnisse gemacht, die sein Andenken verfinstern. Schon in der Goldenen Bulle von Eger vom 12.7.1213, mit der er die päpstliche Protektion honorierte, einem elend devoten Schriftstück, stand *im Namen der heiligen und ungeteilten Dreieinigkeit* als § 5 der Satz: *Zur Ausrottung des Irrtums der ketzerischen Verworfenheit werden Wir tatkräftig Beihilfe leisten*[101]: eine pauschale Gräßlichkeit, für die den Achtzehnjährigen höchstens sein Alter entschuldigt. Aber es kam übler. In einer Konstitution vom 22.11.1220, dem Tag seiner Kaiserkrönung in Rom, erklärte Friedrich *Katharer, Patarener, Leonisten, Speronisten, Arnoldisten, Beschnittene und alle Ketzer beiderlei Geschlechts* in Acht und Bann sowie ihrer bürgerlichen Rechte auf immer verlustig und bestimmte, *daß ihre Güter einzuziehen und ihnen bleibend vorzuenthalten sind, also daß ihre Söhne nicht können ihre Nachfolge antreten, dieweil es bei weitem schwerer wiegt, die ewige Majestät zu beleidigen denn die zeitliche*; alle weltlichen Amtsträger wurden verpflichtet, *öffentlich einen Eid zu leisten, daß sie nach*

Kräften bemüht sein werden, sämtliche ihnen von der Kirche bezeichneten Ketzer aus den ihrer Jurisdiktion unterstellten Ländern in gutem Glauben zu vertreiben ... Wenn aber ein weltlicher Herr der kirchlichen Aufforderung, sein Land von der ketzerischen Verworfenheit zu säubern, nicht nachkommt, so überantworten Wir sein Land, wenn seit der Aufforderung ein Jahr verstrichen ist, den Katholischen zur Inbesitznahme ... Des weiteren erklären Wir alle, so den Ketzern anhängen, sie aufnehmen, verteidigen und ihnen sonstwie Vorschub leisten, in die Acht[102] ... Aber es kam noch übler. In einer Konstitution vom März 1224 befahl Friedrich für die gesamte Lombardei, *daß alle, die nach geziemendem Verhör durch den obersten kirchlichen Würdenträger der Stadt oder Diözese, in welcher sie leben, einhellig der Ketzerei überführt und als Ketzer verurteilt sind, auf Verlangen der Kirche unverzüglich ergriffen und dem Feuertode überantwortet werden sollen, daß man sie entweder durch die strafenden Flammen vertilge oder ihnen, wenn man sie denn, den andern zum Strafexempel, am elenden Leben lassen will, die Zunge herausschneide, mit welcher sie sich nicht gescheut haben, wider den Kirchenglauben zu eifern und den Namen des Herrn zu lästern*[103] ... Wenn diese Mordgesetze noch einer Steigerung fähig waren, dann jener, mit der sich Friedrich bei der Kirche für die Wiederaufnahme in die Gemeinschaft der Heiligen bedankte: durch die Konstitution vom März 1232; – sie verlieh der Inquisition das Mordprivileg nunmehr für das gesamte deutsche Reich, verhängte über alle Ketzer, *welche aus Todesfurcht zur Einheit des Glaubens zurückkehren wollen, lebenslängliche Kerkerhaft*, bedrohte nun nicht mehr nur die Beschützer der Ketzer selbst, sondern auch *ihre Erben und Nachkommen bis ins zweite Glied* mit dem Verlust *aller weltlichen Benefizien, öffentlichen Ämter und Ehren*, schützte die Inquisitoren vor jeder Beeinträchtigung ihres Wirkens und erleichterte die Opferfindung: die Inhaber der weltlichen Jurisdiktion wurden angehalten, *alle im Reich durch die vom Apostolischen Stuhl eingesetzten Inquisitoren sowie andere Eiferer des rechtmäßigen Glaubens als Ketzer erkannten Menschen auf Anregung der Inquisitoren und anderer katholischer Männer in Haft zu nehmen und in engem Gewahrsam zu halten, um sodann, wenn der kirchliche Verdammungsspruch gefallen ist, mit schändlichem Tode auszutilgen, die des Glaubens und des Lebens Sakramente schändeten*[104] ... Damit kamen Rechtszustände herauf, die keiner Beschreibung bedürfen. Mit Grund wurden die Ketzergesetze Friedrichs hier ausführlicher gestreift, als die Ordnung dieser Skizze es scheinbar erfordert: sie machen, mit seinem Kreuzzug konfrontiert, etwas von dem schauerlichen Zwielicht sichtbar, das seine Gestalt umgibt. Er war, im Sinne der Kirchendefinition, selber das Extrem eines Ketzers, und alle Versuche christlich infekter Historiker, ihn wenigstens partieller Frömmigkeit zu bezichtigen, bleiben Dummheit und eitel. Er war ein Freier Geist; den verrückten Dogmenklüngel der Catholica, der mit Vernunft und Menschlichkeit nur noch durch aberwitzig perverse Konstruktionen zusammenhing, asymptotisch zuletzt, wie mit den Geboten der Stiftungsurkunde (und so hatte das Konzil von Toulouse 1229 denn auch allen Grund, den *Laien* das Lesen *der Bücher des Alten oder Neuen Testaments in landessprachlicher Übersetzung* strictissime zu verbieten[105]) – den tollen Wust der Kirchenschamanen hat er verachtet; er liebte die Gesellschaft Denkender, er lebte am Ende nur noch in der Helligkeit islamitischer Philosophie – (was die christlichen Nicht-Philosophen natürlich nicht begreifen konnten: ... *mit dem Sultan hielt er viel Freundschaft; doch was er damit bezweckte, vermag keiner zu sagen*[106] ...). Das berühmte Wort von den *drei Betrügern, nämlich Christus Jesus, Moses und Mohammed, welche die ganze Welt hinter das Licht geführt*, ist zwar dadurch, daß es von Papst Gregor überliefert wurde[107], besonders schlecht beglaubigt, doch möge es immerhin mit unter den Zügen stehen, die dem Bild dieses Kaisers Glanz verleihen. Daß er der Kirche des Betrugs gleichwohl so entsetzlich Beihilfe leistete, geschah aus einzig politischer Erwägung: er opferte die Menschen, um das Reich zu erhalten; er versuchte mit der Kirche zu leben, die unschädlich zu machen er nicht imstande war. Das läßt seine Schuld kaum geringer werden. Aber man bleibt doch ratlos, wem zuletzt die größere Schuld zuzusprechen sei: dem Kaiser, der die Barbarei als Preis in einen politischen Kauf nahm – oder der Christlichen Kirche, von der ein politischer Friede nicht anders mehr zu erkaufen war als mit Hekatomben von Menschenopfern ...

Friedrich hatte bereits bei seiner Königskrönung in Aachen am 25.7.1215 das Kreuz genommen – den Anwesenden überraschend, der Kurie gänzlich ungelegen. Denn Innozenz gedachte die Leitung seines Großen Krieges keinem weltlichen Fürsten zu überlassen, und auch Honorius hatte nichts dawider, daß diesmal der Ruhm der Heidenvertilgung der Kirche allein zukommen sollte. Erst als dann König Andreas seine Kreuzfahrt auf so wenig erhabene

Weise absolviert hatte und das Heilsheer sich vor Damiette festbiß, nahm der Papst den deutschen König beim nunmehr gut drei Jahre alten Wort, und Friedrich wußte den nicht sehr schlauen Honorius nun, wo er gebraucht wurde, so lange hinzuhalten, bis er als Kaiser reisen konnte: am 22.11.1220 wurde er gekrönt und legte ein neues Kreuzzugsgelübde ab; die Vorbereitungen begannen sofort. Die erste Heeresgruppe erschien im Mai 1221 noch eben rechtzeitig genug in Damiette, um den Kardinalstrategen Pelagius vor übereilten Unternehmungen zu warnen; das zweite Geschwader konnte nur noch die Katastrophe besichtigen: Pelagius hatte, den Verlust des Oberbefehls vor Augen, angegriffen und verloren. Und nun leistete sich Honorius, mit der fälligen Selbst- bzw. Pelagius-Erkenntnis überfordert, die Unverschämtheit, den Kaiser ob seiner Säumnis für das Unglück verantwortlich zu machen: *Dies jedenfalls wollen Wir dir nicht verhehlen*, schnaubte er ihn an, *daß Wir, solltest du weder vom Eifer christlichen Glaubens noch durch Unsere Ermahnungen zu entflammen sein und, was da ferne sei, lau bleiben in dem besagten Geschäfte* (nämlich einem erneuten Krieg gegen den Islam), *dich fürder nicht schonen noch Unserem Heile und dem Nutzen des ganzen Christenvolkes vorziehen werden; ja Wir werden dich als einen Verächter des eigenen Gelübdes feierlich und öffentlich exkommunizieren und diesen Spruch, dich zu verstören, in der gesamten Christenheit bekanntmachen lassen. So lausche denn wie ein weiser Mann und katholischer Fürst gar eifrig dem, was Wir sagen, und sei nur klug auf der Hut, daß du dich nicht selber in eine Lage bringest, aus der du dich so leicht nicht wirst befreien können!*[108] Friedrich lauschte folgsam und ließ sich, bei einer Zusammenkunft mit dem Erpresser Anfang März 1223 in Ferentino, auch einen neuen Termin für die geplante neue Wallfahrt vorschreiben: den 24.6.1225. Die Kreuzprediger schwärmten unverzüglich aus, darunter als diplomatischer Werber auch König Johann von Jerusalem; doch das Volk hatte es satt, die Kirche schon wieder um das Heilige Grab lamentieren zu hören, und der Zulauf war entsprechend dürftig. So konnte Friedrich den Termin nicht halten und mußte um Aufschub bitten; er wurde ihm – bis zum August 1227 – auch gewährt, doch unter harten Bedingungen: zwei Jahre lang hatte er 1 000 Ritter mit je drei Pferden sowie 100 Lastschiffe und 50 Galeeren für das Heilige Land zur Verfügung zu stellen und zu unterhalten; trat er danach selber die Fahrt nicht an, so verfiel eine im voraus ratenweise zu erlegende Garantiesumme von 100 000 Unzen Gold[109], er selber dem Bann[110]. Dieser am 25.7.1225 beschworene Vertrag von San Germano steht in der Kreuzzugsgeschichte ziemlich einzig da, und wenn die erpresserische Methode, ein Gelübde einzutreiben, den Kenner der Catholica auch kaum noch überrascht, so wird sie dadurch doch nicht reinlicher. Friedrich tat alles, um der drückenden Verpflichtung nachzukommen. Im Sommer 1227 war das zusammengetrommelte Heer endlich um Brindisi versammelt, am 8.9. trat er selber die Reise an. Doch da strich eine Krankheit ihm alle Rechnungen durch: er mußte in Otranto wieder an Land, um sich auszukurieren, und der drohende Termin war endgültig verfallen.

Honorius hätte vermutlich auch diesen neuen Aufschub gewährt, obwohl der Vertrag für den Krankheitsfall des

Kaisers die übliche Klausel nicht enthielt. Doch Honorius lebte nicht mehr. Am 19.3.1227 war ihm, schon über achtzigjährig, Ugolino di Segni gefolgt: Gregor IX., ein greisenhaft starrer Mann, seinem weichen Vorgänger in allen menschlichen Zügen fern, seinem Verwandten Innozenz, wenn geistig auch unter ihm, an geschliffener Bösartigkeit überlegen –: dieser Gegner brachte für Friedrich eine ganz neue, sehr komplizierte Situation. In Gregor kam der Größenwahn des Papsttums in unverfälschter Reinheit zum Ausdruck: nach knapp zehn Regierungsjahren war er schließlich so weit, die weltliche Herrschaft über den gesamten Erdkreis zu beanspruchen[111]. Mit welchen Mitteln die Päpste solche Ziele verfolgten, muß nicht mehr erläutert werden; als Gregor starb, 1241, hat Friedrich ihm einen Nachruf gehalten, der ihn ebenso kurz wie umfassend würdigte: *Gestorben ist, durch welchen der Erde der Friede mangelte, die Zwietracht blühte und Ungezählte in die Gefahr des Todes kamen*[112] … Was Honorius noch freundlich hingenommen hatte, die Einschnürung des Kirchenstaats durch das Vereinigte Stauferreich, erschien Gregor als höchste Gefahr; die alte Herrschaftsrivalität brach wieder auf; der Kaiser mußte gedemütigt, entmachtet, vernichtet, sein Kreuzzug verhindert werden. Dies vor allem und zuerst: sein Kreuzzug mußte verhindert werden. Denn *es sorgte und fürchtete sich der Papst, es möchte, was im Heiligen Lande an großen Taten könnte verrichtet werden, alles dem Kaiser, welchen er bereits für einen Schismatiker erachtete und Rebellen, und nicht der Römischen Kirche zugeschrieben werden*[113]. Bedenken gab es nicht: als Friedrichs Gesandtschaft, die Gregor die neuerliche Reiseverzögerung plausibel machen sollte, vor dem Lateran erschien, ließ man sie gar nicht erst herein, und am 29.9.1227 sprach der Papst den Bannfluch gegen den Kaiser aus[114].

Es dürfte in der reichen Geschichte kurialer Verlogenheit schwerlich ein stärkeres Dokument geben als die Bulle ›In maris amplitudine‹, in der Gregor die Maßnahme begründete: sie war ein reiner Machtakt, mit dem Ziel, einen Gefährder des Primats zu vernichten, und daß mitsamt den bislang immer noch leidlich gewahrten, auf gleißenden Schein polierten Moralvorwänden auch die Kreuzzugsidee sich der Pervertierung aller Fakten beugen mußte, sagt genügend über ihre wirkliche Substanz. Der Kreuzzug: war ein Machtakt der Kurie und nichts mehr; nur als solcher wurde er eingesetzt, nur als solcher war er legitimiert. Doch Friedrich war dem plumpen Tiefschlag gewachsen. In einem Rundschreiben vom 6.12.1227 erläuterte er nun seinerseits den abendländischen Königen und Fürsten den gesamten langwierigen Hergang[115], und sprach dieser bereits vollauf für sich, so warf vollends die kühle, fakten- und datenreiche Sprache des Dokuments ein grelles Schlaglicht auf die päpstliche Machenschaft. Die Wirkung war groß: zum erstenmal seit langer Zeit durfte ein Kaiser des Reiches es wieder wagen, den römischen Fluch zu ignorieren. So betrieb Friedrich ungerührt weiter seine Zurüstungen, und der Papst bekam empfindlich zu spüren, daß der apostolische Bannstrahl an Durchschlagskraft eingebüßt hatte. Als Gregor unter der Hand denn auch seinerseits mit dem Kaiser wieder ins Einvernehmen zu kommen suchte, verweigerte Friedrich nun ebenfalls den Gesandten die Vorlassung; und als der Apostolische Vater am Gründonnerstag 1228 erneut ins Fluchen kam, gegen Friedrich *wie gegen einen Ketzer und Kirchenverächter vorzugehen* drohte[116], erneut behauptete, es seien vor Damiette *durch seine Arglist 40 000 Menschen und mehr zugrunde gegangen*[117], und alle Aufenthaltsorte des Kaisers mit dem Interdikt belegte, entstand in Rom (*durch die Machenschaft des Imperators*, weiß der Chronist[118]) ein handfester Aufruhr, und um ein Haar hätte das aufgebrachte Volk dem Greis am Ostermontag, als er eben der frommen Hälfte seiner Geschäfte nachging und in St. Peter die Messe zelebrierte, den Schädel eingeschlagen: *sie bedrängten ihn mit Schmäh- und Lästerreden*[119], und als er sich vor Handgreiflichkeiten mühsam in Sicherheit gebracht hatte, *vertrieben sie ihn aus der Stadt, blieben ihm bis Viterbo auf den Fersen und setzten ihm selbst dort noch derart heftig zu, daß er nach Perugia flüchtete*[120] ...: man liest dies, nach Kenntnis der Zusammenhänge, nicht ohne Genugtuung. Gregor hatte einzusehen, daß seinem Segenswirken Grenzen gesetzt waren. Auch das wütende Verbot der Kreuzfahrt, das er dem Kaiser am 7.5. durch zwei Bettelmönche zustellen ließ, blieb ohne Wirkung: Friedrich kassierte gegen nur geringen Widerstand beim Klerus die Kreuzzugssteuern, und am 28.6.1228 brach er mit seinem kaum 10 000 Mann starken Heer von Brindisi auf – nicht ohne Gregor ironisch in aller Form davon zu unterrichten. Der Kreuzzug des Kaisers Friedrich II. wirkt für den Rückblick fast wie eine großangelegte Satire – auf das Papsttum, auf seine Kriege, ja zuletzt auf die ganze Intelligenz und Moralität der Zeit: – wäre es erlaubt, auch diesen Intent mit unter die Motive aufzunehmen, die den Kaiser zu der bizarren Unternehmung bewogen? Tatsache ist: die Kirche reagierte, wie sie von jeher auf Satire reagiert hatte: gewalttätig, wütend, Schaum vor dem apostolischen Mund –: so trug sie zum Gelingen ihrer Entlarvung das Ihrige bei. Satire: in diesem Fall Verkehrung aller Begriffe. Der Kaiser ergriff ein Instrument – den Heiligen Krieg –, zu dessen Handhabung die Kirche unablässig aufgerufen hatte, und er tat es gegen den Willen der Kirche; er wurde von ihr verflucht, weil er es nicht eher gehandhabt hatte, und wurde doppelt verflucht, als er es nun handhabte; er erreichte, auf seine Weise des Handhabens, d. h. auf diplomatischem Wege, ohne einen Schwertstreich, was die Kirche angeblich seit Jahrzehnten ersehnte, was zu erreichen sie ungeheure Menschenopfer gebracht hatte, und wurde dreifach verflucht, weil er es erreicht hatte: – weil er es ohne einen Schwertstreich, ohne ungeheure Menschenopfer erreicht hatte? Am 7.9.1228 landete Friedrich in Akkon; fünf Monate später hatte er durch Verhandlungen mit dem Sultan Al-Kamil das Unwahrscheinliche vollbracht: die Rückgewinnung Jerusalems und einen zehnjährigen Frieden: am 11.2.1229 einigten sich die Bevollmächtigten auf den Wortlaut des Vertrags, am 18.2. wurde dieser von Friedrich beschworen, einige Tage später von Al-Kamil. Er war eine diplomatische Leistung ersten Ranges, denn er mußte, auf beiden Seiten, gegen riesige Widerstände durchgesetzt werden –: ein einziges Mal haben zwei große Vernünftige der Welt demonstriert, was sich – und wie es sich – erreichen ließ, wenn man sich der mörderischen Kuratel der Christlichen Kirche entledigte.

Die Christliche Kirche reagierte, wie sie von jeher auf Demonstrationen der Vernunft reagiert hat. Als Friedrich am 17.3.1229 unter dem Jubel der christlichen Bevölkerung in Jerusalem eingezogen war und sich anderntags ohne alle geistliche Hilfestellung in der Grabeskirche selber die Königskrone aufgesetzt hatte (den Anspruch darauf hatte er sich durch Verehelichung mit einer Tochter Johanns von Brienne gesichert), erschien am 19.3. im Auftrag des Patriarchen Gerold der Erzbischof von Caesarea in Jerusalem und belegte die Heilige Stadt mit dem Interdikt; als Friedrich wieder nach Akkon kam, wurde er dort vom Patriarchen selbst gebannt und verflucht. Am Palmsonntag (8.4.) predigten die Minderbrüder von allen Kanzeln Akkons gegen den verruchten Kirchenfeind: – das wurde Friedrich nun allerdings zuviel, und so ließ er das geistliche Gesindel von den Anständen herunterholen und durch seine Soldaten mit einer Tracht Prügel versehen, um ihnen auf diese Weise zu Gefühl zu bringen, was sie anders nicht mehr wahrzunehmen vermochten. Papst Gregor hatte derweil den peinlich unblutigen Sieg des Kaisers durch eine christliche Gegen-Unternehmung wieder wettzumachen versucht: er ließ ein Heer von Schlüsselsoldaten in Sizilien einfallen und brach damit selbst eine der größten Garantien des Kreuzzugs, die nämlich, daß Person und Besitz des Pilgers während seiner Bewaffneten Wallfahrt unter dem Schutz der Mutter Kirche stünden. Friedrich mußte zurück – auch noch aus anderen Erwägungen. Denn ihm war bewußt, daß der geschlossene Friede im Heiligen Land christlicherseits nur so lange gewahrt bleiben würde, wie den kriegsinteressierten Kirchenkreisen die Macht fehlte, ihn zu brechen, und so galt es vor allem, das Kreuzheer schleunigst aus Palästina wieder zu entfernen: der Patriarch hätte es sich vielleicht doch gefügig machen können. Am 1.5.1229 segelte Friedrich von Akkon ab –: als er durch das Schlächterviertel zum Hafen ritt, bewarfen ihn die Anwohner unter wüsten Beschimpfungen mit Vieh-Innereien; – doch außer den Geistlichen und den Schlächtern (und der Kombination aus beiden, den Tempelrittern) war alles mit dem gewonnenen Frieden einverstanden. *Das winzige Volk der Christen und der Pilger, denen es durch diesen Frieden ermöglicht war, frei zum Grabe des Herrn zu gehen, nahm ihn dankbar an und zollte dem Kaiser darob Lob und Preis* – schrieb einer der wenigen gerechten Chronisten, Alberich von Trois-Fontaines[121]. Die meisten Geistlichen freilich vervielfältigten jeweils das, was der Papst meinte, und dem Papst mußte Friedrich erst das Schlüsselheer zusammenschlagen, ehe sich auch die apostolische Meinung änderte. Nur wenige Berichterstatter haben die Rückgewinnung Jerusalems immerhin mit zaghaften Hinweisen auf eine Mitarbeit Gottes versehen; für den Durchschnitt jedoch blieb der Kaiser der Kirchenfeind, als der er sich durch seinen unblutigen Sieg selber entlarvt hatte: *ein pestbringender und verfluchter Mensch, Schismatiker und Ketzer, Epikureer und Lüstling, der alle Welt verderbet*[122] ... Auch hier waren die arabischen Chronisten, die viel mehr Grund hatten, Friedrich gram zu sein, die ehrlicheren, sachlicheren, besseren Geschichtsschreiber: obwohl sie ihn gelassen als *glatzköpfig und kurzsichtig* schildern (*auf dem Sklavenmarkt hätte er keine 200 Dirhem gegolten*[123]), wissen sie zugleich anzuerkennen, daß er *ein ausgezeichneter Herrscher war, weise, ein Freund der Philosophie, Logik und Arzneikunde*[124] ... *Und es heißen seine Beinamen: der Große König, der Würdigste, der Edle, der Mächtige, der Ausgezeichnete, der Erhabene Kaiser, Imperator von Got-*

tes Gnaden, von hoher Macht, König von Deutschland, Lombardien und Sizilien, Protektor von Jerusalem, Patron des Imams von Rom, König der Könige der Christenheit, Verteidiger des Fränkischen Reiches, Feldherr des Kreuzheeres[125] ...

Die Kirche, die Kurie, der Papst predigte weiterhin die Bewaffnete Wallfahrt gen Jerusalem; fast unablässig schallte die Kriegshetze fort. Doch zum Großen Krieg im Heiligen Land ist es nie mehr gekommen. 1244 ging Jerusalem wieder verloren, und zwar endgültig diesmal; doch es ging nicht mehr um Jerusalem. Es ging nur noch um die Erpressung von Geldern: wahllos bekreuzte man *Menschen jeglichen Alters, Geschlechts oder körperlichen Zustands, selbst Kränkelnde und Sieche*[126], um sich sodann die Lösung von dem Gelübde, das nicht erfüllt werden konnte, abkaufen zu lassen. Es ging nur noch um die Erpressung von Blut: wahllos predigte man das Kreuz gegen alles, was als Feind in Frage kam: gegen Ungläubige wie gegen Ketzer, gegen unbotmäßige Fürsten wie gegen unbotmäßige Bauern – (die Stedinger etwa waren nur unwillige Kirchensteuerzahler: am 27.5. 1234 wurden sie in der Schlacht bei Altenesch von einem Kreuzheer hingemetzelt: 11 000 Mann[127], ihre Dörfer ausgemordet und verwüstet; den Verwüstern hatte Papst Gregor denselben Ablaß verheißen wie den Jerusalemfahrern[128]). Es ging nicht mehr um Jerusalem. Denn längst hatte der finstere Wahn, der die Heidenkriege hervorbrachte, seine letzte, eigentliche Konsequenz erreicht, war er eingemündet in den Großen Krieg der Christlichen Kirche gegen die ganze Menschheit: – die Religion fraß ihre Kinder. Die Geschichte der Bewaffneten Wallfahrten beschreibt eine Eskalation: das hat, in ganz blassem Abriß, sogar ein zeitgenössischer Chronist gesehen, Abt Emo von Werum, und in einer Notiz festgehalten: *Dieser Zug*, schrieb er nach der Schlacht von Altenesch, *war die dritte Kreuzfahrt gegen Ungehorsame gleichwie gegen Götzendiener: denn der erste ging wider die Sarazenen, der zweite wider die albigensischen Ketzer, der dritte aber wider die Stedinger*[129] ...

Gegen die ›Sarazenen‹ wurden noch zwei Kriege unternommen, beide als Kreuzzüge, und beide nicht mehr als Jerusalemfahrten. Denn es ging nicht mehr um Jerusalem. An ihrer Spitze stand ein Heiliger: König Ludwig IX. von Frankreich, der sehr fromme Ausrotter der Katharer: sein erster Heilszug, 1248–50, traf Ägypten, das er gewann und wieder verlor, sein zweiter, 1270, Tunis, wo er starb. Die palästinensischen Kreuzstaaten zerbrachen derweil immer mehr, und 1291 endlich war mit dem Fall von Akkon, der letzten Bastion, der ganze finstere Spuk zu Ende: – er hatte die Menschheit, nach vorsichtiger Schätzung, über 22 Millionen Leben gekostet. Nicht zu Ende aber waren die Kriege, die im Zeichen des Kreuzes geführt wurden, die Kriege, die mit dem Zeichen des Kreuzes gerechtfertigt wurden und verherrlicht –: die Kirche hat sie weiter geführt und immer weiter, und als sie eigene Kriege nicht mehr führen konnte, hat sie mit allen, die sie führten, paktiert, bis in die Gegenwart, bis in die Zukunft ... Die Geschichte der Christlichen Kirche ist die Geschichte eines Schlachtfelds: der Apostolische Stuhl steht auf einem Massengrab.

Über 22 Millionen Tote ... nur eine Phase dieser Geschichte, und die letzte nicht ... Wie ließe sich Bilanz ziehen? Über 22 Millionen Tote –: gibt es überhaupt eine andere

Bilanz? Eine Geschichtsschreibung, die in den Kreuzzügen »ein besonderes Charakteristikum für den religiös-kirchlichen Aufschwung« im Mittelalter erblickt[130] – mit ihr ist, ob sie nun in Schulen ausliegt, ja Hoch-Schulen, oder nur in den Kirchen, in denen ›die Wahrheit‹ ohnehin auf sehr eigene Art behandelt wird, schwerlich zu streiten: – man kann ihr nur zustimmen. Über 22 Millionen Tote –: in der Tat »ein besonderes Charakteristikum«. Wofür? Nur für die Tätigkeit einer Institution, eines gigantischen Syndikats, das einst die Welt terrorisierte? Nicht für noch weitaus mehr? Wie wenig Sie immer bereit und fähig sein mögen, darüber nachzudenken – die Frage sei Ihnen zum Schluß doch nicht erspart ... Und diese Frage desgleichen: Wenn diese eine Phase der Kirchengeschichte die letzte nicht war, wenn sich fortgesetzt, wenn weiter Bestand gehabt hätte, was sie selbst nur besonders charakterisierte, Bestand bis in die Gegenwart, bis in die Zukunft – wäre es denkbar für Sie, erschiene es Ihnen begründet, daß einmal, vielleicht erst in ein paar hundert Jahren, die vernünftigen, human empfindlichen Völker der Welt sich gegen die Christliche Kirche zusammenschließen könnten, gegen die Institution und gegen die Lehre, die sie trägt und von ihr besonders charakterisiert wird, und sie vor einen Internationalen Gerichtshof laden könnten und sie, aufgrund ihrer Geschichte, der so langen, entsetzlichen, menschheitsverderblichen, zu dem erklären könnten, was sie dann endgültig war: – zur Verbrecherischen Organisation ...?

Quellen und Nachweise

Wer heute, ein volles Jahrhundert nach dem Höhepunkt der Kreuzzüge-Forschung, noch einmal eine Darstellung dieses reich überlieferten Geschichtsabschnitts unternimmt, und sei's auch nur im Umriß, der tut es selbstverständlich, auch wenn er mit den Grundquellen arbeitet, auf dem Fundament einer riesigen Sekundärliteratur. Ihr verdankt er, wie unbrauchbar er immer ihre interpretatorischen Ergebnisse finden mag, doch in jedem Fall eine weitreichende Materialorientierung und damit unschätzbare Arbeitserleichterung. Die ganze Fülle der von mir – wenn auch zumeist nur durch Kenntnisnahme – benutzten Zweitliteratur hier aufzuführen, ist einfach aus Raumgründen unmöglich; das bloße Verzeichnis würde dem Leser auch schlechte Dienste leisten, da nur eine sehr kritische Scheidung Sinn hineinbrächte: denn leider sind die wenigsten Standardwerke von jener absoluten Verläßlichkeit und apparatstechnischen Vorbildlichkeit wie etwa das von W. v. Bernhardi über Konrad III. (Leipzig 1883). Es darf statt dessen auf die großartige ›Bibliographie zur Geschichte der Kreuzzüge‹ von Hans Eberhard Mayer (Hannover 1960) verwiesen werden, die das Stoffgebiet – wenn auch teilweise ergänzungsbedürftig – vollkommen aufschlüsselt.

Die folgenden Grundquellennachweise sollen nicht nur die Überprüfung erleichtern, sondern vor allem auch dem weiteren Leser-Interesse dienlich sein, das vielleicht durch die Zitatproben angeregt wurde. Es bezeichnen dabei die römischen Ziffern hinter dem Autorennamen das ›Buch‹ bzw. Hauptstück, die arabischen das Kapitel, und zwar immer dann, wenn die Gliederung den verschiedenen Editionen gemeinsam ist; die Editionen selbst folgen – beim ersten Auftauchen eines Autorennamens – in Klammern, wobei die von mir benutzte an erster Stelle steht: – hier nennt die römische Ziffer bei Sammlungen den Band, die arabische die Seitenzahl. Wo Zitate keine eigene Verweiszahl haben, gehören sie mit zur nächstfolgenden Quelle. Bei den häufiger zu nennenden Kollektionen finden folgende Abkürzungen Verwendung:

Arabische Quellenbeiträge zur Geschichte der Kreuzzüge, ed. E. P. Goergens und R. Röhricht, Berlin 1879: *AQ*

Gesta Dei per Francos, ed. J. Bongars, Hanau 1611: *GESTA*

Monumenta Germaniae historica, ed. G. H. Pertz u. a., Hannover u. a. 1826 ff.:
a) Scriptores (in Folio et Quarto), 32 Bde.: *MGH Script.*
b) Scriptores rerum Germanicarum in usum scholarum separatim editi, 61 Bde.: *MGH Rer. Germ.*
c) Legum Sectio IV: Constitutiones et acta publica imperatorum et regum, 8 Bde.: *MGH Const.*
d) Epistolae saeculi XIII e regestis pontificum Romanorum selectae, 3 Bde.: *MGH Ep. Pont.*

Patrologiae cursus completus, ed. J. P. Migne, Paris 1844–66:
a) Series Latina, 217 Bde.: *MPL*
b) Series Graeca, 161 Bde.: *MPG*

Quellen zur Geschichte der Juden in Deutschland, ed. A. Neubauer und M. Stern, 4 Bde., Berlin 1887–98: *HQ* (zitiert wird durchweg Bd. 2)

Recueil des historiens des croisades, ed. L'Académie des Inscriptions et Belles-Lettres, Paris 1841–1906:
a) Historiens occidentaux, 5 Bde.: *RHC Hist. occ.*
b) Historiens orientaux, 5 Bde.: *RHC Hist. or.*
c) Documents arméniens, 2 Bde.: *RHC Doc. arm.*

Recueil des historiens des Gaules et de la France, ed. M. Bouquet u. a., 24 Bde., Paris 1737–1904: *BOUQUET*

Sacrorum conciliorum nova et amplissima collectio, ed. G. D. Mansi, 31 Bde., Florenz und Venedig 1759–98: *MANSI*

Die Textzitate wurden, wo nicht anders gekennzeichnet, von mir übersetzt. Bei den arabischen und hebräischen Quellen war ich dabei, da meine hier zuständigen Sprachkenntnisse nur zur Übertragung einzelner Stellen, nicht aber zum leidlich flüssigen Lesen ganzer Chroniken ausreichen, auf die Orientierung der Übersetzungen angewiesen (vor allem *AQ*, *HQ* und *RHC Hist. or.*); auf sie wird folglich Bezug genommen, auch wo ich nicht nach ihnen zitiere: die Neufassung nach dem Original war mir nicht zuletzt darum die Mühe wert, weil ich das teilweise einfach grauenhafte Philologen-Deutsch etwa der *AQ* in meinem Text nicht hätte ertragen können.

Bei der Schreibung der Eigennamen wurden Kompromisse eingegangen. Die lateinischen sind ohne Problem; die griechischen folgen, da unser Gymnasial-Unterricht mit der grotesk-falschen erasmischen Aussprache doch immer noch nicht fertig geworden ist, dem originalen Buchstabenbild, ohne das phonetische zu berücksichtigen – (also ›Niketas von Chonai‹ statt ›Nikitas von Chonä‹). Anders dagegen die arabischen: hier schien mir eine lautliche Annäherung wichtiger zu sein als die Nachahmung jüngster Gebräuche. Der Historiker-Positivismus befleißigt sich neuerdings – in der an sich ganz richtigen Einsicht, daß er viel Unkenntnis zu verdrängen hat – einer hochkorrekten, internationalisierten Lautschrift, die mit vollen Händen diakritische Zeichen austeilt und auch das Pünktchen über dem ›Baġdad‹ nie vergißt; das macht zwar manchem Chaos ein Ende, bringt für den Laien aber nur neue Erschwerungen. Denn daß ein altbekannter Begriff wie ›schiitisch‹ sich als ›ši'itisch‹ deutlicher ausnehme, ist nicht völlig sicher, und ob der müßige Leser über die Seldschuken mehr weiß, wenn er sie ›Selçuken‹ oder gar ›Selǧuquen‹ geschrieben sieht, scheint mir fast fraglich ... Geographische Eigennamen erscheinen in der Form, die ihrem Sprachgebiet entspricht (also ›Nikaia‹ statt ›Nicaea‹, auch wenn beides gleich ausgesprochen wird); traditionell eingedeutschte oder europäisierte Bezeichnungen (›Byzanz‹, ›Jerusalem‹, ›Kairo‹) bleiben selbstverständlich unverändert.

Für die unermüdliche Beschaffung des Materials danke ich herzlich der Bamberger Staatsbibliothek, namentlich Frl. Beate Schmidt, deren freundliche Hilfe mir vieles erleichterte.

Motto-Seiten

1 Matthaeus Evang. XXVI, 52. — **2** Johannes Delitzsch, Das Lehrsystem der römischen Kirche, Gotha 1875, S. 375. — **3** Leo XIII PP., Enzyklika ›Depuis le jour‹ vom 8.9.1899 (Analecta ecclesiastica VII, 329); Carl Mirbt, Quellen zur Geschichte des Papsttums, [3]Tübingen 1911, S. 398. — **4** Guntherus Parisiensis, De expugnatione Constantinopolitana I (MPL CCXII); ed. P. Riant, Exuviae sacrae Constantinopolitanae I, [2]Genf 1877. — **5** Nietzsche, Der Antichrist, Aph. 49 (ed. E. F. Podach, FNs Werke des Zusammenbruchs, Heidelberg 1961).

I. Jerusalem, frohlocke!

1 Iherusalem laetare, Verse 31-33 (ed. H. Hagenmeyer, Ekkehardi Uraugiensis Hierosolymita, Tübingen 1877; vgl. ebda. XX, 1). — **2** P. Jaffé, Regesta pontificum Romanorum 5363, [2]Leipzig 1885/88. — **3** H. Kühner, Neues Papstlexikon, Zürich 1956. — **4** Wibert von Ravenna, als Clemens III. Gegenpapst 1080-1100. — **5** MANSI XX, 804 ff. — **6** Fulcherius Carnotensis, Historia Hierosolymitana I, 1 (ed. H. Hagenmeyer, Heidelberg 1913; MPL CLV; RHC Hist. occ. III; GESTA). — **7** Ekkehardus Uraugiensis, Hierosolymita VI, 1 (ed. H. Hagenmeyer, Tübingen 1877; MPL CLIV; RHC Hist. occ. V; MGH Script. VI). — **8** Fulch. Carnot. I, 2. — **9** Fulch. Carnot. I, 3. — **10** Alexius Comnenus Romanor. imp., Epistola spuria ad Robertum I Flandriae comitem (ed. H. Hagenmeyer, Epistulae et chartae historiam primi belli sacri spectantes ..., Innsbruck 1901). — **11** Fulch. Carnot. I, 3. — **12** Baldricus Dolensis, Hierosolymitanae historiae libri quatuor I (MPL CLXVI; RHC Hist. occ. IV; GESTA). — **13** Urbanus II PP., Decretum de primatu Lugdunensi (MANSI XX, 828); Fulch. Carnot. I, 1: 310 Bischöfe und Äbte. — **14** Robertus Monachus, Hierosolymitana Historia I, 2 (MPL CLV; RHC Hist. occ. III; GESTA). — **15** Matthaeus Evang. X, 38 und XVI, 24; Lucas Evang. IX, 23 und XIV, 27. — **16** Ekkeh. Uraug. VI, 3. — **17** Fulch. Carnot. I, 4. — **18** Urbanus II PP., Epistula ad omnes fideles in Flandria commorantes, Ende Dez. 1095 (ed. H. Hagenmeyer, Epistulae et chartae ... Innsbruck 1901). — **19** Fulch. Carnot. I, 3. — **20** Concilium Claromontanum, c. II (MANSI XX, 816). — **21** Urban. PP., Ep. ad omnes fideles in Flandria comm. — **22** Guibertus Novigensis, Historia quae dicitur Gesta Dei per Francos I, 4 (MPL CLVI; RHC Hist. occ. IV; GESTA). — **23** Guib. Novig. II, 4. — **24** Guillelmus Tyrensis, Historia rerum in partibus transmarinis gestarum I, 12 (MPL CCI; RHC Hist. occ. I; GESTA). — **25** ebd. — **26** Albertus Aquensis, Historia Hierosolymitana I, 8 (MPL CLXVI; RHC Hist. occ. IV; GESTA). — **27** Alb. Aquens. I, 5. — **28** Ekkeh. Uraug. XII, 4. — **29** Joseph Ben Joshua Ben Meir, Chronicles I, 33 (translated from the Hebrew by C. H. F. Bialloblotzky, London 1835). — **30** Guib. Novig. IV, 4. — **31** Elieser bar Nathan, Bericht S. 37 und 36 (HQ; Übers. S. Baer S. 154). — **32** Salomo bar Simeon, Bericht S. 31 (HQ; Übers. S. Baer S. 142). — **33** Salomo bar Simeon, Bericht S. 5 (HQ S. 92). — **34** Salomo bar Simeon, Bericht S. 7-8 (HQ S. 97-98; gekürzt). — **35** Talmud, Sanhedrin 102. — **36** Salomo bar Simeon, Bericht S. 2 (HQ S. 85). — **37** Salomo bar Simeon, Bericht S. 8 (HQ S. 98); Chronica regia Coloniensis a. 1096: »In Mainz wurden 1004 Juden getötet.« (MGH Rer. Germ. XVIII, 40). — **38** Alb. Aquens. I, 27. — **39** Anonymus, Bericht S. 50 (Darmstädter Handschrift, 14. Jh.; HQ S. 175). — **40** Otto episcopus Frisingensis, Chronica sive Historia de duabus civitatibus VII, 2 (MGH Rer. Germ. XLV). — **41** Zahlendiskussion: Hagenmeyer, Ekkehard-Edition S. 132; Th. Wolff, Die Bauernkreuzzüge, Tübingen 1891, S. 52 ff. — **42** Alb. Aquens. I, 8: 4000 Mann. — **43** Alb. Aquens. I, 8. — **44** Guib. Novig. II, 4. — **45** Annales Moguntini a. 1117 (MGH Script. XVII); vgl. Wolff, Bauernkreuzzüge S. 173. — **46** Anna Komnene, Alexias X (MPG CXXXI; ed. B. Leib, 3 Bde., Paris 1937-45; ed. Schopen und Reifferscheid, 2 Bde., Bonn 1839 und 1878). — **47** Guib. Novig. II, 4. — **48** Unweit von Helenopolis am Golf von Nikomedeia; Diskussion der Lage: Hagenmeyer, Epistulae ... S. 221 ff. — **49** Alb. Aquens. I, 16. — **50** Nahe dem heutigen Dorf Karadyn, etwa 10 km östlich von Isnik (Nikaia). — **51** Fulch. Carnot. I, 9. — **52** Anna Komn. X (MPG CXXXI, 735 ff.). — **53** Raimundus Agilensis, Historia Francorum qui ceperunt Ierusalem I (MPL CLV; RHC Hist. occ. III; GESTA). — **54** Fulch. Carnot. I, 4; dto. Joseph Ben Joshua Ben Meir S. 51; Ekkeh. Uraug. XIII, 5: 300000

Kämpfer. — **55** Anna Komn. X (MPG CXXXI, 725). — **56** Fulch. Carnot. I, 11. — **57** Ekkeh. Uraug. XXIV, 2; XXV, 2; XXXIII, 3. — **58** Guil. Tyr. II, 5. — **59** Ekkeh. Uraug. XIII, 3. — **60** Otto ep. Frising., Chron. VII, 2. — **61** Alb. Aquens. II, 21. — **62** Guil. Tyr. III, 2. — **63** Alb. Aquens. II, 28. — **64** (Anonymus) Gesta Francorum et aliorum Hierosolimitanorum VIII, 1 (ed. H. Hagenmeyer, Heidelberg 1890; ed. B. Lees, Oxford 1924; RHC Hist. occ. III; GESTA). — **65** Gesta VIII, 3. — **66** Alb. Aquens. II, 28. — **67** Guil. Tyr. III, 4. — **68** Gesta VIII, 3. — **69** Stephanus comes Carnotensis, Epistula ad Adelam uxorem suam vom 24.6.1097 (ed. Hagenmeyer, Epistulae et chartae ...). — **70** Reste der alten Stadt heute 3 km nördlich von Eskischehir, beim Ort Scharöjük; Diskussion der Schlachtlokalität: Hagenmeyer, Epistulae et chartae S. 259 f. — **71** Fulch. Carnot. I, 11; dto. Gesta IX, 9; Raim. Agil. (RHC Hist. occ. III, 240): 150000; Zahlenkritik: Hagenmeyer, Epistulae et chartae S. 260. — **72** Fulch. Carnot. I, 12. — **73** Alb. Aquens. III, 2. — **74** Alb. Aquens. III, 28. — **75** Epistula Patriarchae Hierosolymitani et aliorum episcoporum ad occidentales, vom Januar 1098 (ed. Hagenmeyer, Epistulae et chartae ...); Alb. Aquens. III, 37: 300000 Kämpfer; Kamal ad-din, Subdat al-haleb fi 'l-tarik Haleb (›Die Sahne der Geschichte Aleppos‹, frz. Übers. S. de Sacy bei Röhricht, Beiträge zur Geschichte der Kreuzzüge, Berlin 1874 und 1878, I, 219): 320000 Kämpfer. — **76** Alb. Aquens. III, 20. — **77** Ep. Patriarchae Hierosol. et al. episc. ad occident. — **78** Epistula Dagoberti Pisani archiepiscopi et Godefridi ducis et Raimundi de S. Aegidii et universi exercitus in terra Israel ad papam et omnes Christi fideles, Sept. 1099 (ed. Hagenmeyer, Epistulae et chartae ...). — **79** Stephan. com. Carnot., Ep. ad Adelam. — **80** Ep. Dagoberti Pisani archiep. — **81** Gesta XIV, 4. — **82** Matthaeus Edessensis, Chronica (Auszüge RHC Doc. arm. I). — **83** Guil. Tyr. IV, 17. — **84** Guil. Tyr. IV, 23. — **85** Guil. Tyr. II, 23. — **86** Kamal ad-din (Röhricht I, 221). — **87** Gesta XX, 1. — **88** Gesta XX, 9. — **89** Alb. Aquens. IV, 23. — **90** Alb. Aquens. IV, 23; dto. Guil. Tyr. V, 22: 10000; Lupus protospatarius Barensis, Annales (MGH Script. V, 63) a. 1098: 60000. — **91** Raim. Agil. (RHC Hist. occ. III, 251). — **92** Guil. Tyr. V, 22. — **93** Gesta XX, 9. — **94** Alb. Aquens. IV, 10: 200000 Reiter; dto. Guil. Tyr.; Fulch. Carnot. I, 21 – 1. Redaktion: 660000, 2. Red.:

300 000; Matth. Edessens. (RHC Doc. arm. I, 40): 1 100 000; Radulfus Cadomensis, Gesta Tancredi in expeditione Hierosolymitana (RHC Hist. occ. III; MPL CLV) LXIV und LXXII: 400 000. — **95** Raim. Agil. XVI. — **96** Alb. Aquens. IV, 34. — **97** Guil. Tyr. VI, 13. — **98** Johannes Evang. XIX, 31. — **99** Epistula cleri et populi Luccensis ad omnes fideles (ed. Hagenmeyer, Epistulae et chartae ...). — **100** Nikolaus Thingeyrensis, Catalogus Reliquiarum Constantinopolitanarum (ed. P. Riant, Exuviae ... II, 213 ff.). — **101** Epistula I Anselmi de Ribodimonte ad Manassem archiepiscopum Remorum (ed. Hagenmeyer, Epistulae et chartae ...). — **102** Gesta XXII, 4. — **103** Gesta XXIX, 5. — **104** Alb. Aquens. IV, 56. — **105** Ep. cleri et populi Lucc. — **106** Raim. Agil. (RHC Hist. occ. III, 281). — **107** Gesta XXXIII, 7. — **108** Gesta XXXIII, 8. — **109** Alb. Aquens. V, 4. — **110** Alb. Aquens. V, 45: 60 000 Pilger beiderlei Geschlechts; Raim. Agil. (RHC Hist. occ. III, 298): 12 000 Bewaffnete. — **111** Alb. Aquens. VI, 6. — **112** Ep. Dagoberti Pisani archiep.; Alb. Aquens. VI, 28 u. a. — **113** Gesta XXXVIII, 4. — **114** Raim. Agil. (RHC Hist. occ. III, 300). — **115** Gesta XXXVIII, 4; Ep. Dagoberti Pisani archiep.; Diskussion dieser Angaben: Hagenmeyer, Epistulae et chartae ... S. 389 f. — **116** Alb. Aquens. VI, 28. — **117** Gesta XXXVIII, 7. — **118** Fulch. Carnot. XXVII, 13. — **119** Alb. Aquens. VI, 23. — **120** Guil. Tyr. VIII, 20. — **121** ebd. — **122** Aziz S. Atiya, Kreuzfahrer und Kaufleute, Stuttgart 1964, S. 55. — **123** Fulch. Carnot. I, 28. — **124** Guil. Tyr. VIII, 21. — **125** Petrus Tudebodus, Historia de Hierosolymitano itinere (RHC Hist. occ. III, 110). — **126** Gesta XXXVIII, 7. — **127** Gesta XXXIX, 1. — **128** Matth. Edessens. (RHC Doc. arm. I, 45): 60 000; Abu 'l-Fida, Muktasar tarik al-baschar (RHC Hist. or. I, 4): 70 000. — **129** Guil. Tyr. VIII, 20. — **130** Fulch. Carnot. I, 21. — **131** Ekkeh. Uraug. XX, 2. — **132** Gesta XXXIX, 1. — **133** Guil. Tyr. VIII, 24.

II. Das wahre Jubeljahr

1 Johannes Saresberiensis, Historia pontificalis cap. XXXI (MGH Script. XX, 538). — **2** Schiller an Goethe am 17.3.1802. — **3** Ep. Dagoberti Pisani archiep. — **4** Alb. Aquens. VII, 48. — **5** Alb.

Aquens. VI, 50. — **6** Gesta XXXIX, 12. — **7** Gesta XXXIX, 14. — **8** Gesta XXXIX, 17; dto. Ordericus Vitalis, Historia ecclesiastica III, 619 (ed. A. Le Prévost, 5 Bde., Paris 1838-55); Otto ep. Frising., Chron. VII, 5: 100 000 Reiter und 300 000 Fußsoldaten; Alb. Aquens. VI, 50: 300 000. — **9** Gesta XXXIX, 15. — **10** Alb. Aquens. VI, 47. — **11** Ep. Dagoberti Pisani archiep. — **12** Radulf. Cadom. CXL. — **13** Alb. Aquens. VII, 15. — **14** Alb. Aquens. VII, 2. — **15** Alb. Aquens. VII, 3. — **16** Grabschrift Gottfrieds: Saxo Grammaticus (MGH Script. VI, 733). — **17** Otto ep. Frising., Chron. VII, 7. — **18** Ekkeh. Uraug. XX, 5. — **19** Matth. Evang. XXVII, 33, am Eingang der ›Adamskapelle‹ in der Grabeskirche; das Grab wurde 1244 von den Charismiern zerstört; die Basisbänke standen noch bis 1808. Abb. bei Kugler, Gesch. d. Kreuzzüge, Berlin 1880, S. 70. — **20** Baldr. Dol. (RHC Hist. occ. IV, 64). — **21** Paschalis II PP., Epistula ad archiepiscopos et episcopos et abbates Galliae, vom Dez. 1099 (ed. Hagenmeyer, Epistulae et chartae ...). — **22** Alb. Aquens. VIII, 7; Zahlendiskussion: Hagenmeyer, Ekkehard-Edition S. 223 N. 8. — **23** Alb. Aquens. VIII, 3. — **24** Ekkeh. Uraug. XXIII, 1. — **25** Alb. Aquens. VIII, 21. — **26** Zahlendiskussion: Hagenmeyer, Ekkehard-Edition S. 247 N. 9. — **27** Alb. Aquens. VII, 46. — **28** Conc. Neapolitan. a. 1120 cap. XII ff. (MANSI XXI, 264). — **29** Fulch. Carnot. III, 37. — **30** Kamal ad-din (Röhricht I, 313). — **31** Ibn al-Atir, Al-Kamil fi 'l-tarik (›Summe der Geschichte‹: RHC Hist. or. I, 443, Übers. Röhricht II, 92 N. 1). — **32** Eusebius Caesariensis, Kirchengeschichte I, 13 (ed. E. Schwartz, Berlin 1908). — **33** Eugenius III PP., Bulle ›Quantum predecessores‹ (ed. P. Rassow in: E. Caspar, Die Kreuzzugsbullen Eugens III., Neues Archiv 45, Berlin 1924); Jaffé, Reg. Pont. Rom. 6177. — **34** Anonymus, Historia Francorum (BOUQUET XII, 116). — **35** Otto Frising., Gesta Friderici I imperatoris XXXV (MGH Rer. Germ. XLVI). — **36** ebd. — **37** Bernardus abbas Claraevallensis, Epistolae 239 (MPL CLXXXII). — **38** Eugen. III PP., Quantum predecessores; ähnlich Otto Frising., Chron. VII, 29. — **39** Bern. Claraevall., Ep. 457. — **40** Bern. Claraevall., Ep. 247. — **41** Bern. Claraevall., Ep. 363; vgl. Otto Frising., Gesta XLIII. — **42** Joseph Ben Joshua Ben Meir, Chronicles CLIII (ed. Bialloblotzky I, 117); Bezug auf Psalm XLVIII, 7. — **43** Otto Frising., Gesta I, 38. — **44** Joseph Ben Joshua Ben Meir CLIII

(Bialloblotzky I, 117). — **45** Ephraim bar Jakob, Bericht S. 59 (HQ S. 189); Bezug auf Jesaja LIII, 8. — **46** Ephraim bar Jakob S. 60 (HQ S. 190). — **47** Ephraim bar Jakob S. 62 (HQ S. 192); ähnlich auch Joseph Ben Joshua Ben Meir CLXII (Bialloblotzky I, 124 f.). — **48** Psalm LIX, 12, zitiert bei Ephraim 59 (188) und Meir CLIII (118). — **49** Petrus Venerabilis, Epistolae IV, 36 (MPL CLXXXIX). — **50** Ephraim bar Jakob S. 64 (HQ S. 196). — **51** Joseph Ben Joshua Ben Meir CLIV (Bialloblotzky I, 118 f.). — **52** Bern. Claraevall., Ep. 365. — **53** ebd. — **54** Chronica regia Coloniensis a. 1152 (MGH Rer. Germ. XVIII). — **55** Konrad an Eugen: Wibaldus Stabulensis, Epistolae XXXIII (ed. P. Jaffé, Bibliotheca rerum Germanicarum I, Berlin 1864; MPL CLXXXIX). — **56** Bern. Claraevall., Ep. 196 — **57** Otto Frising., Gesta I, 42. — **58** Annales Herbipolenses a. 1147 (MGH Script. XVI, 3). — **59** Chron. reg. Colon. a. 1147. — **60** Contin. Valcell. a. 1147 (MGH Script. VI, 459): 50 000 Bewaffnete; Ann. Palidens. a. 1147 (MGH Script. XVI, 82): 70 000; Notae Pisanae (MGH Script. XIX, 266): 300 000; Ann. Magdeburgenses (MGH Script. XVI, 188): 650 000; Johannes Kinnamos, Epitome historiarum (ed. A. Meinecke, Bonn 1836) II, 12: 900 000; Abu 'l-Faradsch (Reinaud, Extraits des historiens arabes relatifs aux guerres des croisades, Paris 1829, S. 93): 800 000; Ann. Egmundani (MGH Script. XVI, 456): 1 600 000; Gerhohus Reicherspergensis, De investigatione Antichristi (ed. F. Scheibelberger, Gerhohi ... opera hactenus inedita, tom. I, Linz 1875): LXXVII (S. 153). — **61** Ann. Rodenses (MGH Script. XVI, 718). — **62** Odo Diogilensis, De profectione Ludovici VII in orientem III (MPL CLXXXV; MGH Script. XXVI; ed. H. Waquet, Paris 1949; ed. V. G. Berry, New York 1948). — **63** Niketas Choniates, Historia I, 5 (MPG CXXXIX; ed. I. Bekker, Bonn 1835) — **64** Otto Frising., Gesta I, 47. — **65** Briefwechsel bei Joh. Kinnamos II, 15 ff.). — **66** Joh. Kinn. II, 16. — **67** Ann. Palidenses (MGH Script. XVI, 84). — **68** Lambertus Ardensis, Historia comitum Ghisnensium (MGH Script. XXIV, 633 f.). — **69** Odo Diogil. V. — **70** Ann. Palid. (MGH Script. XVI, 82). — **71** Helmoldus Bosoviensis, Chronica Slavorum I, 60 (ed. B. Schmeidler und H. Stoob, Ausgew. Quellen zur dt. Gesch. d. MA, Bd. XIX, Darmstadt 1963; MGH Script. XXI; MGH Rer. Germ. XXXII). — **72** Gerhoh. Reichersp., De invest. Antichr. I, 69. — **73** Joh. Kinn. II, 17. — **74** Wib. Stabul., Ep.

CCXXXVII (Brief Konrads an Manuel, Febr. 1150). — **75** Odo Diogil. VI. — **76** Teilnehmerliste bei Guil. Tyr. XVII, 1. — **77** Gerh. Reichersp., De invest. Antichr. 1, 70. — **78** Abu Jali (Wilken, Gesch. d. Kreuzzüge III, 1 - Beilage S. 18). — **79** Guil. Tyr. XVII, 2. — **80** Ibn al-Atir (Wilken III, Beilage S. 24). — **81** Guil. Tyr. XVII, 4. — **82** ebd. — **83** Al-Hafedh Ibn Dschusi (Wilken III, 1 - Beilage S. 29). — **84** ebd. — **85** ca. 850 kg Gold. — **86** Abu 'l-Faradsch (Wilken III, 1 - Beilage S. 31). — **87** Guil. Tyr. XVII, 7 (vgl. Röhricht, Beiträge II, 101 N. 76). — **88** Abu 'l-Faradsch (Wilken III, 1 - Beilage S. 32). — **89** Ann. Herbipolenses (MGH Script. XVI, 7). — **90** Joh. Kinn. II, 19. — **91** Otto Frising., Gesta I, 65. — **92** Chron. reg. Colon. a. 1147. — **93** Eugenius III PP., Bulle ›Divina dispensatione‹ vom 11.4.1147 (MPL CLXXX, 1203 f.). — **94** Anonymus, Chronica Adefonsi imperatoris Vers 55 (ed. L. T. Belgrano, Frammento di poemmetto sincrono su la Conquista di Almeria nel MCXLVII, Atti della Società Ligure di Storia Patria XIX, 1887). — **95** Osbernus, De expugnatione Lyxbonensi S. 52 (ed. C. W. David, New York 1936; Portugaliae Monumenta Historica, Script. I, ed. A. Herculano, Lissabon 1861; ed. W. Stubbs, Rolls Series XXXVIII, 1, London 1864; Exzerpte: MGH Script. XXVII); Zahl nach Sigebertus, Continuatio Prämonstratensis a. 1147 (MGH Script. VI, 453). — **96** Osbern. S. 52; andere Angabe: 200 Schiffe: Duodechin, Brief an Abt Kuno von Disibodenberg - in Annales Disibodi (MGH Script. XVII, 27). — **97** Osbern. S. 58/60. — **98** Indiculum fundationis monasterii Sancti Vincentii Ulixbonae (Portugaliae Monumenta Historica, Script. I, 91). — **99** De expugnatione Scalabis (Portugaliae Monumenta Historica, Script. I, 35 und 33). — **100** (Psalm XXXIII, 12). — **101** (Psalm CXVIII, 23). — **102** (Proverb. XIV, 30). — **103** (Psalm CXLIX, 7). — **104** (Matth. Evang. XXVI, 52). — **105** S. Eusebius Hieronymus, Epistula ad Riparium presbyterum, CIX, 3 (ed. I. Hilberg, Corpus Scriptorum ecclesiasticorum Latinorum LIV-LV, Wien und Leipzig 1910-12; II, 354). — **106** (Paulus Apost., Ep. ad Rom. VI, 19). — **107** Osbern. S. 70-84 (die miserable Grammatik des Schlußsatzes entspricht dem Original). — **108** Osbern. S. 90. — **109** Osbern. S. 114-118. — **110** Osbern. S. 120. — **111** Duodechinus (MGH Skript. XVII, 27). — **112** alle Zahlen: Osbern. S. 94. — **113** Osbern. S. 128. — **114** Osbern. S. 130; 1 Saum = 290,8 l. — **115** Osbern.

S. 132. — **116** Duodech. (MGH Script. XVII, 27-28). — **117** Osbern. S. 142. — **118** Osbern. S. 142/44. — **119** Zahl: Duodech.; Osbern.: 30 Ellen. — **120** Osbern. S. 166. — **121** Osbern. S. 178. — **122** Osbern. S. 174. — **123** Chron. reg. Colon. a. 1147. — **124** Osbern. S. 178. — **125** Otto Frising., Gesta I, 35. — **126** Joannes Casae-Marii abbas, Ep. ad Bern. Claraevall. (Bern. Ep. 386: MPL CLXXXII, 590 ff.). — **127** Ann. Herbipol. a. 1147 (MGH Skript. XVI, 3). — **128** Martin Luther, Brief an Papst Leo X. vom 6.9.1520 (Weimarer Ausgabe VII, 10). — **129** Bern. Claraevall., De consideratione II, 1 (2) (MPL CLXXXII). — **130** ebd. II, 1 (4). — **131** ebd. IV, 3 (7). — **132** Nietzsche, Der Antichrist, ›Gesetz wider das Christentum‹, VI (ed. E. F. Podach, S. 158). — **133** Breviarium Romanum; C. Mirbt, Quellen ... S. 460. — **134** Johann Schenk, Der Adler, der in die Sonne blickt, Bernhard von Clairvaux, Regensburg 1953.

III. Ein Volk, das den Tod liebt

1 Fulch. Carnot. II, 12 (Wortspiel ›Krieg‹ – ›schön‹ – ›bellum‹ nicht übersetzbar). — **2** Ibn al-Kadisi bei Abu Schama, Kitab ar-raudatain fi 'l akbar ad-daulatain II, 72 (ed. Madschd ad-din abu musaffar jusuf ben Muhammed ibn Abdallah, 2 Bde. Kairo 1870-71: AQ 57). — **3** Imad ad-din, al-Bark asch-schami, bei Abu Schama II, 75 (AQ 59). — **4** Imad bei Abu Schma II, 217 (AQ 201/02). — **5** ebd. — **6** Imad bei Abu Schama II, 211 (AQ 197). — **7** Imad bei Abu Schama II, 74 (AQ 59). — **8** Chronique d'Ernoul et de Bernard le Trésorier (ed. L. de Mas-Latrie, Paris 1871): a. 1179 (S. 54 f.). — **9** Ibn Dschubair (AQ 45 N). — **10** Chronique d'Ernoul S. 69 ff. — **11** Ibn Dschubair (AQ 45 N). — **12** Imad ad-din, Al-fath al-kussi fi 'l-fath al-kudsi, bei Abu Schama II, 79 (AQ 66). — **13** Imad bei Abu Schama II, 74 (AQ 58). — **14** Imad bei Abu Schama II, 75 (AQ 60). — **15** Imad bei Abu Schama II, 76 (AQ 61); Heereszahlen gegenübergestellt bei: Röhricht, Beiträge I, 171 N 32. — **16** Arnoldus Lubecensis, Chronica Slavorum IV, 4 (MGH Rer. Germ. XIV; MGH Script XXI). — **17** Imad bei Abu Schama II, 77 (AQ 63). — **18** L'Estoire d'Eracles empereur et la conqueste de la Terre d'Outremer (RHC Hist. occ. I-II: II, 46 ff.). — **19** Itinerarium peregrinorum V (ed. H. E. Mayer, MGH Schriften XVIII, Stuttgart 1962: S. 258). — **20** Imad bei Abu Schama II, 78 (AQ 64). — **21** Oliverius scholasticus Coloniensis, Relatio de expeditione Iherosolimitana I (MGH Rer. Germ. XVIII: S. 325); hiernach Jacobus de Vitriaco, Historia Iherosolymitana III (GESTA: S. 1129); ebenfalls hiernach Chron. reg. Colon. a. 1217 (MGH Rer. Germ. XVIII, 242). — **22** Imad bei Abu Schama II, 77 (AQ 64). — **23** Imad bei Abu Schama II, 78 (AQ 64-65); Bezug auf Koran LXXVIII, 41. — **24** Imad bei Abu Schama II, 79 (AQ 66); ebenso: L'Estoire (RHC Hist. occ. II, 68). — **25** Itin. peregrin. V (ed. Mayer S. 259). — **26** Imad bei Abu Schama II, 79 (AQ 68). — **27** Albricus Trium Fontium, Chronica a. 1187 (MGH Script. XVIII). — **28** Zahlen nach Muhammed Ibn al-Kadisi bei Abu Schama II, 82 (AQ 70); weitere Zahlenübersicht: Röhricht, Beiträge I, 171 N 32. — **29** Zahlenübersicht: Röhricht, Beiträge I, 174 N 60. — **30** Ibn al-Atir, Kamil fi 'l-tarik (RHC Hist. or. I, 688). — **31** Ibn al-Kadisi bei Abu Schama II, 91 (AQ 81). — **32** Imad bei Abu Schama II, 94 (AQ 83). — **33** ebd. II, 94-95 (AQ 83-84). — **34** ebd. II, 95 (AQ 84). — **35** nach dem Itin. peregrin. IX (ed. Mayer S. 264): 1 Denar für jedes Kind. — **36** Imad bei Abu Schama II, 96 (AQ 86). — **37** Joseph Ben Joshua Ben Meir, Chronicles (Bialloblotzky I, 185). — **38** Imad bei Abu Schama II, 107 (AQ 86). — **39** nach Imad (Röhricht, Beiträge 1, 143) im Wert von 200 000 Denar. — **40** vgl. Lessing über Heraklios: »... bedaure nur, daß er in meinem Stücke noch bei weitem so schlecht nicht erscheint als in der Geschichte.« (Erläuterungen zum ›Nathan‹: Sämtl. Werke in XX Bdn., Bd. IV, ed. Hugo Göring, Stuttgart [Cotta] o. J.); Sündenverzeichnis des Heraklios: L'Estoire d'Eracles (RHC Hist. occ. II, 59 ff.). — **41** 8 000 – lt. Wilhelmus episcopus, Ep. de excidio terre Jehrosolimitane (ed. Röhricht, Beiträge I, 189 – Beilage A). — **42** Ibn Khallikan IV, 527 (Röhricht, Beiträge I, 201, Beilage B – englischer Text). — **43** Ibn al-Atir (RHC Hist. or. I, 691). — **44** Petrus de Gussanvilla, Kommentar zur Edition ›Petri Blesensis ... opera omnia‹, Paris 1667 (MPL CCVII, 1057). — **45** Gregorius VIII PP., Bulle ›Inter divinae‹ vom 27.10.1187 (MANSI XXI, 531; MPL CCII, 1537 f.). — **46** Jaffé, Reg. Pont. Rom. 16014, 16018-19, 16022, 16034, 16073, 16078. — **47** (Hosea IV, 1-2). — **48** Gregorius VIII PP., Bulle ›Audita tremendi‹ vom 29.10.1187 (MANSI XXI, 527; MPL

CCII, 1539 ff.). — **49** Boha ad-din (Wilken IV, Beilagen S. 70 f.). — **50** Ibn al-Atir (Wilken IV, Beilagen S. 70). — **51** Ibn al-Atir (Wilken IV, Beilagen S. 71). — **52** (sog. Ansbert), Historia de expeditione Friderici imperatoris (MGH Rer. Germ. Nova Series V, 12 f.). — **53** Elasar bar Juda 78 (HQ II, 218). — **54** H. E. Mayer, Der Brief Kaiser Friedrichs I. an Saladin vom Jahre 1188 (Deutsches Archiv zur Erforschung des MA, Jgg. 1958: XIV, 488-94). — **55** Ricardus Londiniensis, Itinerarium peregrinorum (MGH Script XXVII, 197; ed. Mayer S. 280). — **56** Heinrich von Dietz: Chron. reg. Colon. (MGH Rer. Germ. XVIII, 140). — **57** Der dazwischen stehende Satz über die drei noch in christlicher Hand befindlichen Städte Tyros, Tripolis und Antiocheia ist aufgrund der widersprüchlichen Lesarten nicht voll entscheidbar. — **58** Ricard. Londin. (MGH Script. XXVII, 199). — **59** Itin. peregrin. (ed. Mayer S. 295): 3 000 Milites, 80 000 Übrige; Imad bei Abu Schama II, 150 (AQ 131): 300 000 Kämpfer, davon 60 000 gepanzerte Ritter. — **60** Bargregorius, Brief an Salah ad-din, vom Ende 1189 (aus: Boha ad-din, Vita Saladini, ed. Schultens, Leyden 1732; Wilken IV, Beilagen S. 1). — **61** Imad bei Abu Schama II, 151 (AQ 132 f.). — **62** Bargregorius, Brief (Wilken, Beil. S. 2). — **63** Imad bei Abu Schama II, 151 (AQ 133). — **64** Ibn al-Atir (AQ 242) – ähnlich Imad bei Abu Schama II, 156 (AQ 138). — **65** Itin. peregrin. XVIII (ed. Mayer S. 279). — **66** Imad bei Abu Schama II, 156 (AQ 139). — **67** Itin. peregrin. XXIV (ed. Mayer S. 301). — **68** Ibn al-Atir (AQ 242). — **69** Petrus Blesensis, Passio Reginaldi principis olim Antiocheni (MPL CCVII, 957 ff.). — **70** Ambroise, L'Estoire de la guerre sainte (ed. G. Paris, Paris 1897: V. 819-20). — **71** Guilelmus Novobrigensis, De rebus anglic. (Wilken IV, 201). — **72** Niket. Choniat., Hist. (Wilken IV, 200). — **73** Boha ad-din, Vita Saladini S. 191 (Wilken IV, 201). — **74** Abu Schama II, 155 (AQ 138). — **75** Imad bei Abu Schama II, 144 (AQ 122). — **76** Chron. reg. Colon. Contin. I a. 1190 (MGH Rer. Germ. XVIII, 151 f.). — **77** Petrus Cantor, Verbum abbreviatum (MPL CCV, 528). — **78** Jacobus de Vitriaco, Historia occidentalis cap. VII (ed. Guillelmus Estius, Iacobi de Vitriaco ... libri duo ..., Douai 1597; S. 279). — **79** Imad bei Abu Schama II, 165 (AQ 150). — **80** Brief aus dem Lager Salah ad-dins nach Bagdad, bei Abu Schama II, 162 (AQ 146). — **81** ›Kumâme‹, wortspielerische Verzerrung von ›Kijâme‹ (Auferstehung). — **82** Brief wie (80), Abu Schama II, 161 f. (AQ 145). — **83** ebd. II, 162 (AQ 146). — **84** Zahlenübersicht: Röhricht, Beiträge II, 204 N 151. — **85** Etwa 17 Zentner Gold. — **86** Abu Schama II, 203 (AQ 188). — **87** Ibn al-Atir (AQ 253). — **88** Chron. reg. Colon. Contin. I, Rec. II a. 1191 (MGH Rer. Germ. XVIII, 154). — **89** Arn. Lubec., Chron. Slav. IV, 16 (MGH Rer. Germ. XIV, 145): 4000 Menschen; Chron. reg. Colon. (MGH Rer. Germ. XVIII, 154): 8000; Richard selbst in einem Brief an den Abt von Clairvaux vom 1.10.1191 (ed. T. Rymer u. a., Foedera, conventiones, litterae et acta publica inter reges Angliae et alios, London 1816-69: 54): 2600; weitere Angaben: Röhricht, Beiträge II, 204 N 151. — **90** Chron. reg. Colon. Contin. I, Rec. II a. 1191 (MGH Rer. Germ. XVIII, 154): 2000. — **91** Imad bei Abu Schama II, 196 (AQ 186). — **92** Bargregorius, Briefadresse (Wilken IV, Beilagen S. 1). — **93** Imad bei Abu Schama II, 214 (AQ 197).

IV. Die ›Mutter der Welt‹

1 Niket. Choniat., Historia, Dukas-Buch V (MPG CXXXIX, 960 f.; ed. I. Bekker, Bonn 1835, ›Corpus-Ed.‹: S. 763 f.). — **2** Comes Flandrensis, dux Venetiarum et marchio Montis ferati, Ep. ad reges et populos Christianos (ed. H. Simonsfeld, Ein Bericht über die Eroberung von Byzanz im Jahre 1204: Abhandlungen aus dem Gebiete der klassischen Alterthumswissenschaft, München 1891; auch BOUQUET XVIII; – Text wahrscheinlich ein Fabrikat des Florentiner Formelschriftstellers Buoncampagnus, Antiqua rhetorica, 1215). — **3** Niket. Choniat., Hist., Alexios-Angelos-Buch II (MPG CXXXIX, 856; Corpus-Ed. 633). — **4** Coelestinus III PP., Epistolae et privilegia CCVII (MPL CCVI, 1089 f.); Bezug auf Matth. Evang. XVI, 26. — **5** Coelest., Ep. CCXXIV vom 25.7.1195 (MPL CCVI, 1107 ff.). — **6** Innocentius III PP., Reg. I, 558 (MPL CCXIV, 513 f.). — **7** Niket. Choniat, Hist., Alex.-Ang.-Buch II (MPG CXXXIX, 856; Corpus-Ed. 635). — **8** Arn. Lubec. V, 26-27 (MGH Rer. Germ. XIV, 200). — **9** ebd. V, 28. — **10** ebd. V, 28. — **11** Niket. Choniat., Hist., Alex.-Ang.-Buch II (MPG CXXXIX, 853; Corpus-Ed. 633). — **12** Innoc. III PP., Reg. I, 1 (MPL CCXIV) vom 9.1.1198. — **13** Walther von der Vogelweide (ed. Paul-Leitzmann 67, 48). — **14** Innoc. III PP., Sermo II in consecratione pontificis maximi (MPL CCXVII, 657); Bezug auf Jerem. I, 10 und Matth. Evang. XVI, 19. — **15** Innoc. III PP., Ep. ad Alexium imp. Constant. (Prima collectio decretalium II, 2: MPL CCXVI, 1184). — **16** MPL CCXIV-CCXVII. — **17** Ed. princ. Köln 1552; beide MPL CCXVII. — **18** Joann. Evang. XIX, 23 f. — **19** Salimbene de Adam, Cronica (MGH Script. XXXII, 31). — **20** Otto IV imp., Ep. ad Innoc., 1208 (Innoc. III PP., Registrum de negocio Romani imperii CLX: MPL CCXVI, 1150; MGH Leges II, 214 f.). — **21** Catalogus Pontificum Romanorum Viterbiensis (MGH Script. XXII, 352). — **22** J. F. Böhmer, Regesta imperii V, 6099 (bearb. J. Ficker/E. Winkelmann, Innsbruck 1881 ff.); A. Potthast, Regesta Pontificum Romanorum 4213 (Berlin 1874/75). — **23** Innoc. III PP., Ep. an den Bischof von Regensburg, 18.1.1210: Böhmer, Regesta imp. V, 6081. — **24** Innoc. III PP., Reg. I, 336. — **25** Anonymus, Devastatio Constantinopolitana (in Ann. Herbipol.: MGH Script. XVI, 9). — **26** Innoc. III PP., Ep. I, 398. — **27** Gesta Innocentii III PP. XLVII (MPL CCXIV). — **28** Innoc. III PP., Ep. II, 270. — **29** ebd. — **30** Gesta Innoc. LXXXIV. — **31** Walther von der Vogelweide (ed. Paul-Leitzmann 75, 61 ff.). — **32** Innoc. III PP., Ep. II, 272 vom 30.12.1199. — **33** Innoc. III PP., Ep. II, 305 vom 5.1. 1200. — **34** Guntherus Parisiensis, De expugnatione Constantinopolitana (sive: Historia captae a Latinis Constantinopoleos: MPL CCXVII, 221 ff.; Ed. P. Riant, Genf 1875): III; Predigt vom Spätsommer 1201 in Basel. — **35** Gunth. Paris. VI. — **36** Geoffroi de Villehardouin, La conquête de Constantinople XVIII (ed. E. Faral: 2 Bde., Paris 1938/39). — **37** Etwa 5,5 Millionen Goldmark –: s. die Währungserläuterungen bei H. E. Mayer, Gesch. d. Kreuzzüge, Stuttgart 1965, S. 284. — **38** Devast. Constant. (MGH Script. XVI, 10). — **39** Verträge: G. L. F. Tafel und G. M. Thomas, Urkunden zur älteren Handels- und Staatsgeschichte der Republik Venedig, 2 Bde., Wien 1856: I, 362 ff. — **40** Gunth. Paris. VI. — **41** Gunth. Paris. VI. — **42** Villehard. XLI. — **43** Devast. Constant. (MGH Script. XVI, 10); Petrus Ramnusius, De bello Constantinopolitano ... (Venedig 1624): 240 Segelschiffe, 70 Galeeren, 120 Pferdefrachter, 50 venezian. Galeeren (nach Wilken V, 164). — **44** Robert de Clari, La conquête de Constantinople XIII, 30 (ed. Ph. Lauer, Paris 1924). — **45** Daten abweichend: Villehard.: 15.11.; Dev. Const.: 25.11.; Gunth.: 13.11. — **46** Devast. Constant. (MGH Script. XVI, 10). — **47** Gesta Innoc. III PP. LXXXIII. — **48** Devast. Constant. (MGH Script. XVI, 10). — **49** Gesta Innoc. III PP. LXXXV. — **50** Innoc. III PP. Ep. V, 161. — **51** Ep. crucesignatorum ad papam: Innoc. III PP., Ep. VI, 211 (MPL CCXV). — **52** Gunth. Paris. VII. — **53** Henricus Dandulus, Ep. ad papam, Innoc. III PP., Ep. VII, 202. — **54** Gesta Innoc. III PP. LXXXII. — **55** Zahl nach Gunth. Paris. VIII; etwa 19,2 Millionen Goldmark. — **56** Gunth. Paris. XI. — **57** Villehard. CXXVIII. — **58** Niket. Choniat., Hist., II. Alexios-Buch III (Corpus-Ed. 647). — **59** Niket. Choniat., Hist., III. Alexios-Buch X (MPG CXXXIX, 928 f.; Corpus-Ed. 723 f.). — **60** Villehard. CXLVI. — **61** Niket. Choniat., Hist., II. Isaak-Angelos-Buch I (MPG CXXXIX, 933; Corpus-Ed. 729). — **62** Villehard. CCIII-CCIV. — **63** Robert de Clari LIX, 27 ff. — **64** Niket. Choniat., Hist., II. Isaak-Ang.-Buch (MPG CXXXIX, 940 ff.; Corpus-Ed. 738-40). — **65** Albr. Tr. Font. a. 1204 (MGH Script. XXIII, 883). — **66** Gunth. Paris. XIV. — **67** Vertrag: Tafel u. Thomas, Urkunden ... I, 444 ff. — **68** Villehard. CCXLI. — **69** Devast. Constant. (MGH Script. XVI, 12). — **70** Gunth. Paris. XVIII. — **71** Niket. Choniat., Hist., Dukas-Buch V (MPG CXXXIX, 960; Corpus-Ed. 763 f.); gekürzt. — **72** Gunth. Paris. XVII. — **73** Devast. Constant. (MGH Script. XVI, 12). — **74** Villehard. CXXVIII. — **75** Gunth. Paris. XVII. — **76** Gunth. Paris XVIII. — **77** ebd. — **78** Niket. Choniat., Tou autou makaritou kyriou Niketa tou Choneiatou apo tes autou historias peri Konstantinoupoleos (= ›Aus des hochseligen Herrn Niketas von Chonai Geschichte Konstantinopels‹, das sogenannte ›Buch von den Bildsäulen‹: MPG CXXXIX, 1037 ff.): II. — **79** Novgorodskaja pervaja letopiś staršego i mladšego izvodov (= ›Die erste Nowgoroder Chronik in ihrer älteren und jüngeren Fassung‹, ed. N. A. Nasonow, Moskau und Leningrad 1950: S. 244 ff.; Übers. nach Régine Pernoud, Die Kreuzzüge in Augenzeugenberichten, Düsseldorf 1961, von Hagen Thürnau). — **80** Niket. Choniat., Hist., Dukas-Buch III (MPG CXXXIX, 956; Corpus-Ed. 758). — **81** Niket. Choniat., ›Bildsäulen‹ III. — **82** ebd. VIII. — **83** ebd. V. — **84** Arbeit aus dem 4. oder 3. Jh. v. Chr., von manchen Lysippos zugeschrieben, ursprünglich auf dem Trajansbogen in Rom, durch Konstantin nach K. gebracht. — **85** ›Ummet ad-dunja‹ – so

K. bei zahlreichen arabischen Schriftstellern. — **86** vgl. P. Riant, Exuviae sacrae Constantinopolitanae, ²Genf 1877/78. — **87** Robert de Clari LXXXII, 20 ff. — **88** Gunth. Paris. XIX. — **89** Gunth. Paris. V. — **90** Gunth. Paris XIX. — **91** Gunth. Paris. XXIV. — **92** Gunth. Paris V. — **93** Gunth. Paris. XXV. — **94** Gunth. Paris. XXIV; Bezug auf Ps. LXXI, 19. — **95** Devast. Constant. (MGH Script. XVI, 12). — **96** Villehard. CCLV. — **97** Niket. Choniat., ›Bildsäulen‹ IX. — **98** Gunth. Paris. XX. — **99** ebd. (Riant-Ed.; nicht in MPL CCXII). — **100** Gunth. Paris. XXVI. — **101** Gunth. Paris. VIII. — **102** Innoc. III PP., Ep. VI, 48. — **103** Innoc. III PP., Ep. VI, 102. — **104** ebd. VI, 210. — **105** ebd. VI, 229. — **106** ebd. VI, 230. — **107** ebd. II, 155 vom 28.4.1199. — **108** Balduinus imp., Ep. ad papam: Innoc. III PP., Ep. VII, 152. — **109** Innoc. III PP., Ep. VII, 153 vom 7.11.1204. — **110** ebd. VII, 154 vom 13.11.1204. — **111** ebd. VII, 201 ff. und VIII, 133. — **112** Steven Runciman, A History of the Crusades, Cambridge 1951 ff.: III, 130 (deutsch: Gesch. d. Kreuzzüge, München 1957: III, 134).

V. Gesetzt über Völker und Königreiche

1 Walther von der Vogelweide (ed. Paul-Leitzmann 75, 5-10). — **2** Beispiel für viele: im Brief VI, 230, wo Innozenz den Krieg im Heiligen Land als »potentissimum apud Deum meritum«, als »vor Gott stärkstes Verdienst«, hinstellen will und, um die Wahrheit zu bekennen, statt ›meritum‹ (Verdienst) ›meritorium‹ schreiben muß: eine durch Geld käufliche, unzüchtige Handlung ... — **3** Honorius III PP., Ep. ad archiep. Bituricens. (ed. E. Martène und U. Durand, Veterum scriptorum et monumentorum historicorum, dogmaticorum, moralium, amplissima collectio, 9 Bde., Paris 1724 ff.: I, 1150). — **4** vgl. P. Lehmann, Die Parodie des Mittelalters (1922), S. 44 ff., und Parodistische Texte (1923), S. 7 ff. — **5** Potho Presbyter Prumiensis, De statu domus Dei I (Maxima Bibliotheca veterum patrum, Lyon 1677 ff., XXI, 489 ff.). — **6** Conc. Biterrense a. 1233 XXIII (MANSI XXIII, 276). — **7** Caesarius Heisterbacensis, Dialogus miraculorum et visionum I, 24 (ed. J. Strange, Köln 1851). — **8** Conc. Palentin. a. 1129 XII (MANSI XXI, 387). — **9** Iac. Vitriac., Historia Iherosolymitana I, 82

(GESTA I, 1096 f.). — **10** Conc. Claromontanum a. 1130 XIII (MANSI XXI, 438). — **11** Caes. Heisterbac. III, 27. — **12** Conc. Juliobonense a. 1080 V (MANSI XX, 556). — **13** Petrus Cantor, Verbum abbreviatum XXIV (MPL CCV, 21 ff.). — **14** Petrus Blesensis, Ep. CCIX ad papam (MPL CCVII, 490). — **15** H. Ch. Lea, Geschichte der Inquisition (History of the Inquisition), New York 1888, dt. Bonn 1905 ff.: I, 31. — **16** S. Hildegardis, Liber divinorum operum simplicis hominis, pars III, visio X, 16 (MPL CXCVII). — **17** Gesta Innoc. III PP. XLI (MPL CCXIV). — **18** Bernardus Claraevallensis, Tractatus de moribus et officio episcoporum VII (MPL CLXXXII, 825 ff.). — **19** Caes. Heisterbac. VI, 20. — **20** Petr. Cant. LV; Bezug auf I. Tim. VI, 10. — **21** Matthaeus Parisiensis, Historia Anglorum a. 1245 (MGH Script. XXVIII, 420). — **22** Matth. Paris. a. 1252 (MGH Script. XXVIII, 433). — **23** Les registres d'Innocent IV. (ed. E. Berger, 4 Bde., Paris 1881 ff.). — **24** Petr. Cant. XXVII. — **25** Petrus Pilichdorffius, Contra sectam Waldensium liber, XVI (Max. Biblioth. vet. patr. XXV, 277 ff.). — **26** Conc. Avenionense a. 1209 I (MANSI XXII, 785). — **27** Conc. Lateranense IV generale, a. 1215 X (MANSI XXII, 998). — **28** S. Hildegardis, Liber divin. op. simplicis hominis, pars III, visio X, 16 (MPL CXCVII). — **29** Raimundus de Capua, Vita S. Catharinae Senensis (Acta Sanctorum Bollandiana, Antwerpen u. a. 1643 ff., 30. April, 891). — **30** Eine Darstellung auf 60 Seiten enthält die große Geschichte der Inquisition von H. Ch. Lea, dt. Bonn 1905 ff.; ihr ist auch dieser Abriß weitgehend gefolgt. — **31** Honorius III PP., Ep. ad archiep. Bituricens. (Martène/Durand, Amplissima Collectio I, 1150). — **32** Ep. eccles. Traiect. ad Frideric. archiep. Colon. (Acta Sanctorum Bollandiana, 1. Juni, 843 ff.). — **33** Guillelmus Novoburgensis, Historia rerum Anglicarum I, 19 (ed. R. Howlett, 2 Bde., London 1884 f.) und zahlreiche andere annalistische Quellen; s. A. Borst, Die Katharer, Stuttgart 1953, S. 87 N 20. — **34** Petrus Venerabilis, Tractatus adversus Petrobrusianos (MPL CLXXXIX, 719 ff.). — **35** Abaelardus (sämtl. Werke ed. Cousin, Paris 1849 ff.; Briefe und theolog. Schriften: MPL CLXXVIII). — **36** über Arnold: Giesebrecht, A. v. B. (München 1873); Clavel, Arnaud de B. (Paris 1868); de Stefano, Arnaldo da B. e i suoi tempi (Rom 1921); Greenaway, A. of B. (Cambridge 1931). — **37** Liber de duobos principiis (ed. A. Dondaine, Un traité néomanichéen du XIIIe siècle, Rom 1939; Apparat und Anmerkungen bei A. Borst, Die Katharer, Stuttgart 1953, S. 254 ff.). — **38** Interrogatio Johannis (Col. Doat Bd. XXXVI, Bibliothèque nationale, Paris). — **39** Le Rituel de Lyon (Edition Clédat o. J.). — **40** Voltaire, Essai sur les mœurs et l'esprit des nations LXII (Paris 1756). — **41** Guil. Novoburg. II, 13 (auch in den MGH-Exzerpten: Script. XXVII, 231 f.); Bezug Matth. Evang. V, 10. — **42** ebd.; Bezug auf Ps. XL, 6. — **43** Albr. Tr. Font. a. 1209 (MGH Script. XXIII, 889). — **44** Iac. Vitriac. Ep. I (ed. R. B. C. Huygens, Leiden 1960; ed. R. Röhricht, Zeitschrift für Kirchengeschichte XIV-XVI, Gotha 1894 ff.). — **45** Guil. Nangiac. a. 1207, Chronicon (ed. H. Géraud, 2 Bde., Paris 1843). — **46** Caesar. Heisterbac. V, 21. — **47** Conc. Lateranense III a. 1179 XXVII (MANSI XXII, 231). — **48** Ademarus Cabannensis, Historiae III, 59 (MGH Script. IV, 143). — **49** Caes. Heisterbac. V, 24. — **50** Guillelmus de Podio Laurentii, Historia Albigensium VIII (BOUQUET XIX, 193 ff.). — **51** Bern. Claraevall., Sermones in cantica LXVI (MPL CLXXXIII, 1093 ff.). — **52** Guil. Pod. Laur. I. — **53** Conc. Turonense a. 1163 IV (MANSI XXI, 1177). — **54** Conc. Lateranense III a. 1179 XXVII (MANSI XXII, 231 ff.). — **55** Conc. Veronense a. 1184 (MANSI XXII, 488). — **56** Innoc. III PP., Ep. I, 81 vom 1.4.1198. — **57** Canticum II, 15. — **58** Innoc. III PP., Ep. I, 94 vom 21.4.1198. — **59** ebd. — **60** Petrus Vallium Sarnaii, Hystoria Albigensium I (MPL CCXIII; BOUQUET XIX; ed. P. Guébin und E. Lyon, 3 Bde., Paris 1926-39). — **61** Petr. Vall. Sarn. I; Bezug auf Apocal. XI, 4. — **62** Innoc. III PP., Ep. VII, 76 vom 31.5.1204. — **63** ebd. VII, 79 vom 28.5.1204. — **64** ebd. VII, 212 vom 7.2.1205. — **65** Petr. Vall. Sarn. I. — **66** ebd. III. — **67** ebd. III; Bezug auf I. Reg. XVIII, 40. — **68** ebd. III; vgl. auch IV. — **69** Innoc. III PP., Ep. X, 69 vom 29.5.1207. — **70** Petr. Vall. Sarn. IV. — **71** Innoc. III PP., Ep. X, 149 vom 16.11.1207. — **72** ebd. XI, 26 o. Dat. — **73** ebd. XI, 29 vom 10.3.1208; aus Petr. Vall. Sarn. VIII. — **74** Innoc. III PP., Ep. XI, 29. — **75** ebd.; Bezug auf Gen. IV, 10. — **76** Emo Werumensis, Chronicon a. 1209 (MGH Script. XXIII, 475). — **77** Petr. Vall. Sarn. IX. — **78** ebd. X. — **79** ebd. XII. — **80** ebd. XIV. — **81** Arnaldus abbas Cisterciensis, Ep. ad papam: Innoc. III PP., Ep. XII, 108. — **82** Petr. Vall. Sarn. XVI. — **83** ebd. — **84** ebd. — **85** Arn. abb. Cisterc., Ep. ad pap.: Innoc. Ep. XII, 108. — **86** Petr. Vall. Sarn.

XVI. — **87** Caesar. Heisterbac. V, 21. — **88** Arnald. abb. Cisterc., Ep. ad papam: Innoc. Ep. XII, 108. — **89** Guillelmus Tudelensis, Canso de la Crozada XVIII-XXII (ed. E. Martin-Chabot, La chanson de la croisade albigeoise, 2 Bde., Paris 1931 f.; ed. P. Meyer, La Chanson de la Croisade contre les Albigeois, 2 Bde., Paris 1875-79). — **90** ebd. XXI, 15 ff. — **91** Arn. abb. Cisterc., Ep. ad pap.: Innoc. Ep. XII, 108. — **92** Caesar. Heisterbac. V, 21; Bezug auf II. Makk. XI, 11. — **93** ebd.; Bezug auf II. Tim. II, 19. — **94** Arn. Cisterc.: Innoc. Ep. XII, 108. — **95** Albr. Tr. Font. a. 1209 (MGH Script. XXIII, 889). — **96** Caesar. Heisterbac. V, 21. — **97** Guil. Tudel. XXI, 17 f. — **98** Petr. Vall. Sarn. XVI. — **99** ebd. XVII, 1. — **100** Guil. Tudel. XXXIV, 7 ff. — **101** Albr. Tr. Font. a. 1211 (MGH Script. XXIII, 892). — **102** ebd. (MGH Script. XXIII, 890) a. 1209. — **103** Chabanneau bei J. Vaissète, Histoire générale de Languedoc (ed. E. Dulaurier u. a., 15 Bde., ²Toulouse 1872 ff.; X, 292). — **104** Petr. Vall. Sarn. XVII, 2. — **105** Guillelmus Armoricus, De gestis Philippi Augusti (Historiae Francorum Scriptores, ed. Du Chesne, 5 Bde., Paris 1636-49: V, 89). — **106** Petr. Vall. Sarn. LXXXVI. — **107** Zahl nach: Fernand Niel, Albigeois et Cathares, Paris 1965, S. 6. — **108** Leo XIII PP., Encyclica ›Supremi apostolatus‹ vom 1.9.1883 (Sanctissimi Domini nostri Leonis divina providentia papae XIII Epistolae encyclicae, Freiburg 1881 ff.: S. 267). — **109** A. Borst, Die Katharer (MGH Schriften XII), Stuttgart 1953. — **110** Borst S. 118. — **111** Borst S. 128. — **112** Borst S. 131. — **113** Borst S. 132. — **114** Borst S. 134. — **115** Borst S. 230. — **116** Voltaire, Essai sur les mœurs ... LXII.

VI. Der Abgrund der göttlichen Ratschlüsse

1 Iac. Vitriac., Ep. I. — **2** H. E. Mayer, Geschichte der Kreuzzüge, Stuttgart 1965, S. 171. — **3** Mayer S. 258 f. — **4** Mayer S. 172. — **5** Albr. Tr. Font. a. 1212 (MGH Script. XXIII, 893 f.). — **6** Chronicon Ebersheimense a. 1212 (MGH Script. XXIII, 450): XXXVI. — **7** Annales Stadenses a. 1212 (MGH Script. XVI, 355). — **8** Chron. reg. Colon. Cont. II a. 1212 (MGH Rer. Germ. XVIII, 191). — **9** Chron. Ebersheim. a. 1212 (MGH Script. XXIII, 450). — **10** Albr. Tr. Font a.

1212 (MGH Script. XXIII, 893 f.). — **11** Continuatio Admuntensis a. 1212 (MGH Script. IX, 592). — **12** Chron. reg. Colon. Cont. II a. 1212 (MGH Rer. Germ. XVIII, 191). — **13** Contin. Admunt. a. 1212. — **14** Chron. Ebersheim. a. 1212. — **15** Albr. Tr. Font. a. 1212. — **16** Annales Marbacenses a. 1212 (MGH Script. XVII, 172). — **17** Albr. Tr. Font. a. 1212. — **18** Ogerius Panis, Annales Januenses a. 1212 (MGH Script. XVIII, 131). — **19** Ann. Marbac. a. 1212. — **20** Hermannus Altahensis, Annales a. 1212 (MGH Script. XVII, 386). — **21** Contin. Admunt. a. 1212. — **22** Chron. Ebersheim. a. 1212. — **23** Chron. reg. Colon. Cont. II a. 1212. — **24** ebd. — **25** Ann. Marbac. a. 1212. — **26** ebd. — **27** Chron. reg. Colon. Cont. II a. 1212 (MGH Rer. Germ. XVIII, 190 f.). — **28** Chron. reg. Colon. a. 1212 Cont. III (MGH Rer. Germ. XVIII, 234). — **29** Annales Scheftlarienses majores a. 1212 (MGH Script. XVII, 338). — **30** Ann. Marbac. a. 1212. — **31** Annales Stadenses a. 1212 (MGH Script. XVI, 355). — **32** Chron. reg. Colon. a. 1212 Cont. II (MGH Rer. Germ. XVIII, 191). — **33** Albr. Tr. Font. a. 1212. — **34** Chron. reg. Colon. Cont. III (MGH Rer. Germ. XVIII, 234). — **35** Chron. Ebersheim. a. 1212. — **36** Ann. Stad. a. 1212. — **37** Oger. Pan. Ann. (MGH Script. XVIII, 131). — **38** Ann. Marbac. a. 1212. — **39** ebd. — **40** ebd. — **41** Albr. Tr. Font. a. 1212. — **42** Contin. Admunt. a. 1212. — **43** Chron. reg. Colon. Cont. II a. 1212. — **44** Chron. Ebersheim. a. 1212. — **45** Ann. Marbac. a. 1212. — **46** Innoc. III PP., Bulle ›Quia major‹: Ep. XVI, 28 (MPL CCXVI, 817 ff.); Bezug auf Apocal. XIII, 18. — **47** Lenau, Die Albigenser, Stuttgart und Tübingen 1842 (›Das Gesicht‹); ins Präteritum verändert. — **48** Innoc. III PP., Ep. ad Saphildinum soldanum Damasci et Babyloniae: Ep. XVI, 37 – ohne Datum. — **49** fast 700 000 Goldmark. — **50** Conc. Lateranense IV (MANSI XXII, 1057 ff.). — **51** Anonymus, Grabrede auf Innozenz: bei Ryccardus de San Germano, Chronica regni Siciliae a. 1216 (MGH Script. XIX, 338). — **52** Iac. Vitriac., Ep. I. — **53** ebd. — **54** Honorius III PP., Brief an Johann von Jerusalem vom 25.7.1216 (MGH Ep. Pont. I, 1). — **55** ebd. — **56** Iac. Vitriac., Ep. I. — **57** Chron. reg. Colon. Contin. III a. 1217 (MGH Rer. Germ. XVIII, 242). — **58** Rycc. S. Germ. (MGH XIX, 336). — **59** Oliverius Coloniensis Scholasticus, Relatio de expeditione Iherosolimitana (Damiatina) I (MGH Rer. Germ.

XVIII, 325; GESTA). — **60** ebd. — **61** ebd. — **62** ebd. II. — **63** Bezug auf Matth. Evang. XXI, 2. — **64** Oliv. Colon. II. — **65** ebd. — **66** ebd. IV. — **67** Anonymus, Historia expeditionum in terram sanctam III (MGH Rer. Germ. XVIII). — **68** Oliv. Colon. V. — **69** ebd. — **70** Chron. reg. Colon. Contin. III a. 1218 (MGH Rer. Germ. XVIII, 245). — **71** ebd. — **72** Anon. Hist. exped. VI. — **73** Conc. Claromontanum a. 1095 (MANSI XX, 816). — **74** Oliv. Colon. XIII. — **75** Anon. Hist. exped. VII. — **76** ebd. — **77** Oliv. Colon. V. — **78** Anon. Hist. exped. VII. — **79** Oliv. Colon. V. — **80** ebd. VI. — **81** ebd. VII. — **82** ebd. IX. — **83** ebd. XIII. — **84** ebd. XIV. — **85** ebd. — **86** Pelagius episcopus Albanensis, Epistola ad clerum et populum Ianuensium, 31.10.1220: in Marchisius Scriba, Annales a. 1220 (MGH Script. XVIII, 143). — **87** Anon. Hist. exped VI. — **88** Oliv. Colon. XIV. — **89** ebd. — **90** ebd. XV. — **91** Pelagius ep. Alban., Ep. ad cler. et. pop. Ianuens. — **92** Anon. Hist. exped. VI und in den anderen Parallelquellen. — **93** Iac. Vitriac., Historia occidentalis XXXVIII und andere Berichte: (Acta Sanctorum, Dies quarta Octobris, cap. 351, 352 und 357: S. 612-13). — **94** Chron. reg. Colon. Contin. IV a. 1221. - Zahl bei Makrîsi (Röhricht, Beiträge I, 96): 200 000 Mann Fußvolk; 10 000 Reiter. — **95** ebd. — **96** ebd. — **97** Nietzsche, Jenseits von Gut und Böse, Aph. 200. — **98** Nietzsche, Der Antichrist, Aph. 60. — **99** Gregorius IX PP., Bulle vom 20.3.1239 (Potthast, Reg. Pont. Roman. 10721; Böhmer, Reg. imp. V, ed. Ficker/Winkelmann, 7226 ff.). — **100** Joannes Vitoduranus, Chronica a. 1348 (ed. de Wyß, in: Archiv für Schweizergeschichte XI, Zürich 1856; MGH Rer. Germ. Nova Series III, 280). — **101** Fridericus II imp., Promissio Egrensis (MGH Const. II, 58 f.). — **102** Frider. II imp. Constitutio in basilica Beati Petri §§ 6-7 (MGH Const. II, 107 ff.). — **103** Frider. II imp., Constitutio contra haereticos Lombardiae (MGH Const. II, 126). — **104** Frider. II imp., Mandatum de haereticis Teutonicis persequendis (MGH Const. II, 196 f.). — **105** Conc. Tolosanum a. 1229 (MANSI XXIII, 197). — **106** Annales Stadenses a. 1237 (MGH Script. XVI, 363). — **107** Gregorius IX PP., Ep. an den Erzbischof von Reims und Suffraganen vom 1.7.1239 (MGH Ep. Pont. I, 645 ff.). — **108** Honorius III PP., Ep. ad Frider. II imp., 19.11.1221 (MGH Ep. Pont. I, 129). — **109** 5,2 Millionen Goldmark. — **110** Vertragstext

MGH Const. II, 255. — **111** Gregorius IX PP., Ep. ad Frider. II imp. (MGH Ep. Pont. I, 604). — **112** Frider. II imp., Brief an Heinrich III. von England, August 1241 (ed. J. L. A. de Huillard-Bréholles, Historia diplomatica Frederici secundi, Paris 1852-61: V, 1166). — **113** Matth. Paris., Hist. Angl. a. 1229 (MGH Script. XXVIII, 403). — **114** Gregorius IX PP., Ep. ad Marsicanum, Valvensem, Theatinum etc. ... episcopos, 10.10.1227 (MGH Ep. Pont. I, 281 ff.). — **115** Frider. II imp., Ep. (Encyclica) de excommunicatione sua (MGH Const. II, 148 ff.). — **116** Gregorius IX PP., Ep. (MGH Ep. Pont. I, 288). — **117** Annales Dunstaplenses a. 1228 (MGH Script. XXVII, 507). — **118** Matth. Paris., Hist. Angl. a. 1228 (MGH Script. XXVIII, 402). — **119** Annales Sancti Rudberti Salisburgenses a. 1228 (MGH Script. IX, 784); ähnlich auch: Rycc. S. Germ. a. 1228 (MGH Script. XIX, 349). — **120** Matth. Paris., Hist. Angl. a. 1228. — **121** Albr. Tr. Font. a. 1229 (MGH Script. XXIII, 925). — **122** Salimbene de Adam, Cronica (MGH Script. XXXII, 31); Bezug auf Jer. LI, 25. — **123** As-Sibt (ed. M. Amari, Biblioteca Arabo-Sicula, Leipzig 1859: S. 515; Röhricht, Beiträge I, 88 ff.). — **124** Chronik des Baibars (bei Amari, Biblioteca S. 511; Röhricht, Beiträge I, 88 ff.). — **125** As-Sibt (Amari, Biblioteca S. 517; Röhricht, Beiträge I, 88 ff.). — **126** Matth. Paris., Hist. Angl. a. 1249 (ed. H. R. Luard, Rerum Britannicarum medii aevi scriptores, Nr. 57, London 1872-84; nicht in MGH Script. XXVIII). — **127** Emo abbas Floridihorti Werumensis, Chronicon a. 1234 (MGH Script. XXIII, 517). — **128** Gregorius IX PP., Bulle vom 17.6.1233 (MGH Ep. Pont. I, 436); große Dokumentendarstellung: H. A. Schumacher, Die Stedinger, Bremen 1865. — **129** Emo Werumensis, Chronicon a. 1234. — **130** Gundolf Gieraths O. P., Kleine katholische Kirchengeschichte (Kirchentraktat), Kevelaer 1962.

Nordsee
Brügge
Rhein
Rouen
Boullion
Mainz
Speyer
Paris
Vitry
Metz
Clairvaux
Loire
Vezelay
Citeaux
Atlantischer Ozean
Cluny
Clermont
Lyon
Venedig
Piacenza
Po
Santiago
Rhône
Genua
Toulouse
Béziers
Pisa
Marseille
Operto
Ebro
Viterbo
Rom
Tajo
Lissabon
Mittelmeer
Tunis
0 100 200 300 400 500 km

N
S
Schwarzes Meer
Donau
Semlin
Belgrad
Nisch
Philippopel
Adrianopel
Konstantinopel
Nicomedeia
Nikaia
Durazzo
Otranto
Dorylaion
Kaisareia
Euphrat
Trapezunt
Edessa
Smyrna
Sardes
Ephesus
Ikonion
Antiocheia
Attaleia
Seleukeia
Tripolis
Damaskus
Tyrus
Hattin
Akkon
Nazareth
Mittelmeer
Jaffa
Jerusalem
Askalon
Bethlehem
Damiette
Alexandria
Mansurah
Kairo
Nil

Die bewaffneten Wallfahrten gen Jerusalem: Geschrieben zwischen Oktober 1968 und Juni 1969; erstmals erschienen als ›Drittes Buch‹ in: Karlheinz Deschner (Hg.), Kirche und Krieg – Der christliche Weg zum Ewigen Leben, mit Beiträgen von Karlheinz Deschner, K. H. Poppe, Klaus Ahlheim, Hans Wollschläger und Wolfgang Beutin, Stuttgart 1970; Nachdrucke als eigenständiges Buch: Zürich [1]1973, [2]1984, [3]1990.

Bibliografische Information Der Deutschen Bibliothek

Die Deutsche Bibliothek verzeichnet diese Publikation in der Deutschen Nationalbibliografie; detaillierte bibliografische Daten sind im Internet über http://dnb.ddb.de abrufbar.

Erste Auflage 2003

www.wallstein-verlag.de
Vom Verlag gesetzt aus der Stempel Garamond
Druck und Verarbeitung: Hubert & Co, Göttingen

ISBN 3-89244-659-8